JN140903

わかりやすい！　平成30年改訂

幼稚園・保育所・認定こども園「要録」記入ハンドブック

神長美津子／塩谷 香［編著］

ぎょうせい

はじめに

平成29年３月に、幼稚園教育要領と幼保連携型認定こども園教育・保育要領の改訂、保育所保育指針の改定が同時に行われました。同時の幼保改訂（定）は、平成20年に引き続き二度目ですが、今回は、幼稚園、保育所、幼保連携型認定こども園の３施設が、それぞれの目的をもちつつ、幼児教育を行う施設としての役割を等しく果たしていくことでは、幼保二元の行政において新たな段階を踏み出したと言えます。

特に今回の改訂（定）では、幼児教育から小学校教育への円滑な接続を図ることから、要領・指針それぞれにおいて「幼児期の終わりまでに育ってほしい姿」を示しています。これは、幼児教育から小学校教育への発達や学びの連続性を確保して、指導の継続性を図ることで、学校教育において子どもたちの資質・能力を確実に育んでいくことを目指しています。

幼稚園幼児指導要録と幼保連携型認定こども園園児指導要録、また保育所児童保育要録の作成における基本的な考え方である「一人一人のよさや可能性を捉えた評価」はこれまで通りであり、今回も継承しています。その上で、幼稚園幼児指導要録と幼保連携型認定こども園園児指導要録の最終年度、また保育所児童保育要録を作成する際、「幼児期の終わりまでに育ってほしい姿」を活用し、子どもの中に芽生えつつある資質・能力をわかりやすく記入して、小学校に送付することになりました。

本書は、こうした幼児教育・保育の改革の流れの中で平成30年３月に新たに示された幼稚園幼児指導要録、保育所児童保育要録、幼保連携型認定こども園園児指導要録の作成のための参考書として編集したものです。その内容の特色としては、日頃の保育と要録作成を関連させることの必要を解説するとともに、日常の保育と要録の記入の関連を示す実践例を豊富に示していることです。

本書が、幼稚園や保育所、認定こども園の関係者の方々に広く読まれ、要録作成に役立てていただけることを願うものです。

平成30年10月

神長美津子

塩谷　香

目　次

序　章　子どもの育ちと評価

第1章　保育記録と評価

第2章　「要録」の基礎知識

第3章　「要録」記入の実際　ケーススタディ　Part 1

第4章 「要録」記入の実際 ケーススタディ Part 2

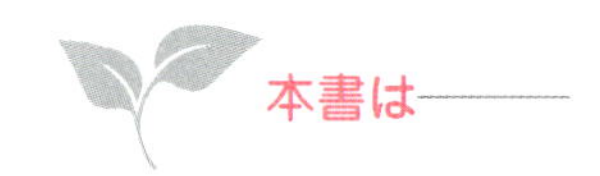

本書は

○幼稚園幼児指導要録、保育所児童保育要録、幼保連携型認定こども園園児指導要録に関する各通知（平成30年3月30日、文部科学省、厚生労働省、内閣府）をふまえて、『わかりやすい！ 幼稚園幼児指導要録・保育所児童保育要録 記入ハンドブック』（ぎょうせい、平成21年刊行）を全面的にリニューアルしたものです。新しい要録の考え方やポイントの解説を盛り込んだほか、第３章・第４章の事例をすべて刷新しています。

第３章・第４章の事例は

○どこの幼稚園・保育所・認定こども園にでもいると思われる子どもの姿を想定して保育記録から要録までの評価の流れを描いたものであり、実在の特定の子どもの保育記録・要録を紹介するものではありません。登場する名前もすべて架空のものです。
○第３章は各事例４ページ構成で、「保育記録⇒発達の見取り⇒要録記入例」の流れを紹介し、評価方法のさまざまなパターンを取り上げます。
○第４章はコンパクトに各事例２ページ構成で、左ページに具体的なエピソード、右ページに実際の要録記入例を紹介します。
○第３章・第４章の事例は、それぞれの最後のページに掲載している要録の様式に対応させて、「幼稚園」「保育所」「認定こども園」と区分し収録してはいますが、事例の内容は“どこにでもいると思われる子どもの姿”を描いたものですので、施設種の違いにかかわらず、どの事例も参考にしていただけます。

序　章

子どもの育ちと評価

序　章　子どもの育ちと評価

1　保育における評価

毎年、年度終了の時期になると、子ども一人一人の育ちを実感すると思いますが、いざ書く段になると構えてしまい、うまく書けないということはないでしょうか。もちろん、それは書き方の問題もあるかもしれませんが、それだけではないと思います。その理由の一つには、「評価」というと、テストとか、レベルチェックなどをイメージしてしまい、子どもとともにつくる保育の世界に何となく馴染まない言葉なので、評価に対し消極的になってしまうということがあると思います。また、行きつ戻りつしながら育っていく幼児期の子どもの発達を評価として示すことができるのだろうかという、危惧もあると思います。いずれにせよ、そこには、子どもの育つ力に期待をもちながらも、保育における評価の難しさを実感する保育者がいるのではないでしょうか。

評価は、物事の価値をある一定の価値との関連で捉えていくことを意味しています。したがって、保育における評価では、幼稚園教育要領や保育所保育指針、幼保連携型認定こども園教育・保育要領に照らし、それとの関連で、子どもの発達の状況や保育の進め方、保育者の子どもとの関わりを評価することになります。

しかし、評価をする際、子どもの生活経験は多様なので、それによりその育ち方が異なることを踏まえなくてはなりません。つまり、幼児期は家庭生活や園生活の中で多様な環境の影響を受けつつ育っていくので、その生活経験は子ども一人一人異なり、発達の特性があります。このため、その指導は子どもの発達の課題を踏まえ一人一人の特性に応じたものでなくてはなりません。保育における評価は、小学校以上の教科等の学習を中心とする評価のように、一定の規準に照らして評価するものではなく、一人一人の変容を捉え、その子なりのよさや可能性を見いだすものでなくてはなりません。

また、保育では、子どもの内面の心の動きを感じてその発達を理解し、それにそって保育を展開していくわけですから、非常に見えにくいものを評価の対象としていくことになります。したがって、その評価は、数値などの客観的なデータで示されるというよりは、保育者自身のもつ子ども観、発達観、教育観等の価値観によるところが大きいと考えられます。このため、評価者としての保育者一人一人には、「子どもを見る目」を磨きつつ、園の他の保育者と子ども観や発達観、教育観などの価値観を共有して評価に臨むことが必要です。

大事なことは、こうした保育における評価の課題を踏まえつつ、よりよい指導を生み出すための評価の在り方について理解を深めることです。すなわち、教育における評価として基本的なことをおさえるとともに、保育における評価の方法は小学校以上と異なることを十分に理解し、評価に臨むことが大切です。

2 子どもの育ちを支える評価

評価というと、保育が終了した後に行うことと理解されていますが、必ずしもそれは保育が終了した後に考えればよいということではありません。子どもと接する日々の保育の中で、保育者が子どもを理解しつつその育ちに関わっていく過程で、すでに評価をしていることを意識することが必要です。この場合、保育者の知らず知らずの子どもとの関わりが、子どもの育ちを促していることもありますが、反対に、子どもの育ちを阻害していることもあります。子ども理解の立場から、子どもの育ちを支える評価について、５歳児のある実践から考えてみます。

事例 「入りたい、入れない」（2年保育５歳児５月）

ある幼稚園での５歳児の５月の姿です。進級すると仲間関係が広がり、サッカーごっこなどのチームに分かれる遊びが、活発に行われるようになりました。ただ、ルールの理解や仲間意識には個人差が大きく、こうした遊びに憧れつつも思うように遊びの仲間に入れない子どももいます。

Ａ男とＢ男は、いずれも一人っ子で４歳児の頃からの仲良しです。これまで二人は一緒に遊ぶことが多く、二人の関係を維持していくことで集団の中で安定していました。ところが、Ａ男がサッカーごっこに興味をもち始め、その仲間に入って遊ぶようになると、Ｂ男の行動に落ち着きがなくなってきました。時には、木の陰からサッカーごっこをそっとのぞいて見ていました。担任が、Ｂ男も仲間に入れるようにと思い、「Ａちゃん楽しそうね」と声をかけると、Ｂ男は、知らんぷりしてスッとその場を去ってしまいました。

担任は、Ｂ男のその姿を一人ぼっちになってしまった寂しさやＡ男がやっているサッカーごっこへの関心を人に気付かれまいとしていると受け止め、その場では、それ以上Ｂ男に働きかけることをやめ、Ｂ男の近くにいてしばらく様子を見守ることにしました。

その後、同じような光景を何度も見かけましたが、担任は、Ｂ男に行動を起こさせるための直接的な援助ではなく、Ｂ男と一緒に遠くからサッカーごっこの様子を見ながら、時々その様子を話題にすることにしました。それは、何事にも慎重なＢ男には、Ａ男が入っているサッカーごっこの様子を伝えることで、その様子が理解でき、自分からサッカーごっこの仲間に入っていけるのではないかと予測したからです。例えば、担任が、「あっ、Ｃちゃん、ルールちがうよね」と、サッカーごっこのルールを守らずボールを蹴り続けるＣ男のことをＢ男に話すと、Ｂ男は、「Ｃちゃんは、いつもそうなんだよ」と答え、いつものＣ男の行動を嬉しそうに話していました。

こうした保育者とのやりとりが続いた数日後のことです。Ｂ男が、サッカーごっこの仲間に入り、Ａ男と一緒にサッカーごっこを楽しむ姿を見ることができました。

事例を読んでいると、保育者自身が問題の解決を急ぎ過ぎず、子ども自身の伸びようとする心を受け止め、それを支えていくことが大切であることを痛感します。保育者のＢ男についての理解は、単に「Ｂ男はサッカーごっこに入れない」ではありません。保育者は、「Ｂ男は、何となく様子がわからないので遊びの仲間に入れないでいる」と、受け止めています。すなわち、保育者は、Ｂ男の新しいことに対しては慎重であるという特性を踏まえ、Ｂ男自身が仲間との遊びの雰囲気や遊びのルールがわかることにより、自分から行動できるのではないかと予測したのです。ここには、Ｂ男の育ちを支える子ども理解があります。

保育は、子ども理解に始まります。保育者が、どう子どもを理解するかにより、保育の方向は大きく変わります。すなわち、子どもの姿をどう受け止めるのかが、保育者の子どもへの関わりを方向付け、さらに子どもの育ちを左右するのです。保育終了後に行う評価では、こうした保育者の知らず知らずの子ども理解や子どもとの関わりを取り上げ、検討することが大切です。

3　よりよい保育実践を生み出すための評価

評価というと、つい、子どもの姿はどうであったかだけを振り返り、それを羅列してしまいがちですが、そうではありません。保育における評価で大切なことは、保育をする中で、その子どもがどのように変容してきたのか、その変容を生み出した背景にある保育者の関わりや環境の構成などの指導の過程を振り返り、適切であったかどうかを検討し、よりよい指導を生み出す手がかりを求めることです。

このことについて、幼稚園教育要領（第１章 総則／第４／４）では、「(1)指導の過程を振り返りながら幼児の理解を進め、幼児一人一人のよさや可能性などを把握し、指導の改善に生かすようにすること」と述べ、さらに『幼稚園教育要領解説』には、「評価の実施に当たっては、指導の過程を振り返りながら、幼児がどのような姿を見せていたか、どのように変容しているか、そのような姿が生み出されてきた状況はどのようなものであったかといった点から幼児の理解を進め、幼児一人一人のよさや可能性、特徴的な姿や伸びつつあるものなどを把握するとともに、教師の指導が適切であったかどうかを把握し、指導の改善に生かすようにすることが大切である」と、具体的に幼児の発達の理解と指導の改善という両面から行うことについて解説しています。

本来、保育は、一人一人の発達が、望ましい方向に向かって促されるように援助する営みですから、一人一人の発達の実情を理解することが不可欠であることは言うまでもありません。しかし、一方で幼児の発達は、保育者の指導により、大きく左右されることは確かですから、指導の過程の反省・評価を十分に行うことも必要です。

特に、要録の作成では、単に当該子どもの発達の状況のみを記載するではなく、その子どもについて１年間どのような指導をしてきたのか、その結果幼児はどのように変容し発達してきているのかという、指導の過程全体を踏まえて記載することが大切です。「なぜ、子どもはそのような行動をしたのだろうか」「子どもが実現したいと思っていることは何か」等、子どもの思いや願いを捉えるとともに、「子どもは、保育者の働きかけをどのように受け止めていたのか」と、保育者の子どもとの関わりと関連させながら、指導の在り方を考察していくことが必要なのです。

4 保育における評価に臨む保育者の姿勢

保育における評価に臨むにあたって、保育者の姿勢として大事なことをまとめると、次の通りです。

日頃の触れ合いを通して子ども理解を深める

保育における評価は、子ども理解に始まります。すなわち、子どもとの温かい関係を育てることそのものが、子どもを理解する過程であり、こうした子ども理解の積み重ねが、評価につながっていきます。したがって、評価のために特別な場を設定したり、特別な準備をしたりするのではなく、日頃より子どもとの触れ合いを通して、保育者が子どもの心の揺れ動きを感じ取ったり、また保育者の心が子どもに届くように表現したりして、子どもがありのままの姿を見せるようになることが大切です。

よさを捉える目をもつ

保育における評価では、子ども一人一人のよさや伸びようとするところを捉え、期待や願いをもって見ることにより、その育ちを支えることが大切です。このため、日頃より、子どもとの温かな関係を保ちつつ、その子のよさを感じながら、期待をもって子ども一人一人と接することが必要です。特に、子どもは、まわりが自分をどう受け止めているかに敏感ですから、その子どもなりの取り組みをしっかりと受け止め、安心して自分を出せるような雰囲気をつくっていくことが大切です。

長い目で見る

幼児期の子どもの発達は、可塑性に富み、挫折や葛藤を乗り越えて発達していきます。したがって、先の事例「入りたい、入れない」に示すように、一見マイナスの姿として受け止められる姿の中に、実は発達にとって肯定的な意味をもつ体験が潜んでいることもあります。このため、発達の見通しをもち、長い目で、目の前の子どもの姿を理解するように努めることが大切です。

保育者自身の関わりに気付く

保育記録を通して、反省・評価を深める際、子どもの姿だけを取り出すのではなく、保育者との関わりから子ども理解を深めていくことが大切であり、そのことにより、初めてよりよい指導の手がかりを見つけることができます。

5 評価の妥当性と信頼性を高めることと、小学校との連携

子ども理解に基づく評価は、一定の規準をもって「十分達成している」「ほぼ達成している」などと、評価するものではありません。「その子なりの一歩」を捉え、その子どものよさや伸びようとしているところを捉えていくことです。要録であれば、年度当初と比較してその子どもがどのように変容してきたかを捉えていくものであり、その子ども自身の伸び率を観ていくものでもあり、この意味で、個人内評価と言えます。したがって、保育者自身がもっている子どもの見方や発達観によるところが大きく、主観的であると言えるかもしれません。大切なことは、常に、保育を振り返り省察する、他の保育者と話し合い、多面的に子どもが育つ姿を確認することなどを通して、保育者自身のもつ子どもの見方や発達観を磨き、評価の妥当性や信頼性を高めていくことです。

このことについて、幼稚園教育要領（第１章 総則／第４／４）では、「⑵評価の妥当性や信頼性が高められるよう創意工夫を行い、組織的かつ計画的な取組を推進するとともに、次年度又は小学校等にその内容が適切に引き継がれるようにすること」と述べています。すなわち、日々の実践では、保育記録を取りつつ継続的に子どもの姿を観ていく、あるいは視点をもって子どもの姿を捉えていく、また同僚の保育者と話し合い多面的に子どもが育つ姿を確認したりすることです。園としては園内研修を通して保育者間で子どもの見方や発達を共有する、カリキュラム・マネジメントを通して保護者に子どもの見方や発達観を伝え、理解と協力を得るなどの組織的・計画的な取り組みが求められます。

さらに今回の幼稚園教育要領では、「次年度又は小学校等にその内容が適切に引き継がれるようにすること」と、子ども理解に基づく評価が、次の指導者に伝わり指導の継続性が図れるようにすることを述べています。指導の継続性を図る上で特に問題となることは、教育課程の構成原理が異なる小学校に、どのようにして当該子どものよさや可能性を伝え、幼児期の教育において芽生え始めた資質・能力を小学校教員と共有していくかです。

このことについて、５歳児の要録を作成する際には、「幼児期の終わりまでに育ってほしい姿」を活用して子どもに育まれている資質・能力を捉え、指導の過程と育ちつつある姿をわかりやすく記入することとしています。

今回の学習指導要領改訂では、各学校段階において、これからの学校教育において育成することが求められている資質・能力の３つの柱（知識・技能の習得、思考力・判断力・表現力等の育成、学びに向かう力・人間性等の涵養）を明確に教育課程に位置付け、子どもたちの生きる力を確実に培っていくことが確認されています。「幼児期の終わりまでに育ってほしい姿」は、18歳までに身に付けていく資質・能力が、幼児教育の終わりの段階で芽生えている子どもの姿を表しているものです。５歳児の要録の記入にあたっては、「幼児期の終わりまでに育ってほしい姿」を活用しながら、子どもの中に芽生えている資質・能力を伝え、指導の継続性を図ることが求められているのです。この場合、「幼児期の終わりまでに育ってほしい姿」が到達すべき目標ではないことに留意し、項目別に子どもの育ちつつある姿を記入するのではなく、全体的、総合的に捉えて記入する必要があります。（神長）

Column

ピグマリオン効果

一般に、「評価」は、事実による客観的な判断に基づくことが望ましいとされています。このことを否定するわけではありませんが、教育における評価は、こうした客観的な判断がすべてではないと思われます。それは、教師が、子どもに期待をもって関わることから、子どもの変容をもたらすことができると考えられるからです。

1968年、ローゼンサールとジャコブソンが、教師の期待が子どもの学習成績に効果をもたらすことを、ギリシャ神話のピグマリオン王の故事にたとえ「ピグマリオン効果」として報告しています。その報告は、心理学的な実験に基づくものです。初めに、全く関係のないテストを行ってランダムに子どもを抽出し、教師に、「この子どもたちは知能が伸びると予測される」と告げます。半年後、再びテストを実施すると、抽出された子どもたちの方が、抽出されなかった子どもたちよりも成績が伸びているという結果が見られました。教師が、子どもの伸びる可能性を信じて指導を重ねることで、子どもの学習への積極的な取り組みを引き出し、成績の向上をもたらしたと推測できます。

この報告から、教育の評価の在り方を学ぶことができます。教育評価を行う目的は、単に「できる子」と「できない子」等の優劣をつけることではなく、すべての子どもを「伸びる可能性をもった子」として受け止め、よりよい指導を追求することです。特に、幼い子どもを対象とする保育の評価では、子ども一人一人を温かく見守る保育者のまなざしが、子どものすこやかな発達を促すことを忘れてはなりません。

（神長）

第1章

保育記録と評価

第１章　保育記録と評価

1　記録と評価の間にあるもの

子どもと保育者の毎日の生活は日々止まることなく、連続しているものです。その生活のすべては、保育者が子どもにふさわしいものとして健やかな育ちを願って、作り上げているのです。保育者は専門職として、その責任があります。

しかし、時としてあまりにも慌ただしい毎日に流されてしまい、創意工夫や改善を忘れてしまいがちです。子どもとの関わり方も生活の仕方も、変わることなく同じように流れてしまいます。しかし、それではプロとは言えません。プロに要求されるものは、現状を改善し、よりよいものに変えていくことです。その際有効な手段の一歩となるのが保育の記録です。

改定保育所保育指針（第１章 総則／３ 保育の計画及び評価／⑷ 保育内容等の評価／ア（ア））には、次のように記されています。

> 保育士等は、保育の計画や記録を通して、自らの保育実践を振り返り、自己評価することを通して、その専門性の向上や保育実践の改善に努めなければならない。

そして、『保育所保育指針解説』では、「記録を通して、保育士等は子どもの表情や言動の背後にある思いや体験したことの意味、成長の姿などを的確かつ多面的に読み取る。その上で、指導計画に基づく保育の実践やそこでの一人一人の子どもに対する援助が適切であったかどうかを振り返り、そこで浮かび上がってきた改善すべき点を次の指導計画に反映させていく」と記録の意義について述べています。

保育の記録からは、その場面の状況、子どもの様子、保育者の援助の詳細、関わりややりとり、保育者が子どもの行動をどのように読み取ったか（解釈したか）、また保育者がその場面でどのような思いをもったのかを知ることができます。つまり、子どもの育ちの記録と保育者としての育ちの両面をうかがい知ることができるということでもあります。

記録を評価の資料としていくためには、保育者が記録によって自らの子ども観や保育観に気付き、保育指針や教育要領に流れる発達観や求められている専門性について、また園の理念に適っているのかどうかを改めて考えていこうとする姿勢が必要なのです。記録の解釈は、保育者の意識や考え、思いや願いによって変わってきます。だからこそ基本的な発達観、保育指針や教育要領の根底にあるものを十分に理解しなくてはならないのです。

文部科学省作成による『幼稚園教育指導資料第３集　幼児理解と評価』にはこのように

記されています。

・人は周囲の環境に自分から能動的に働き掛けようとする力をもっていること
・幼児期は能動性を十分に発揮することによって発達に必要な経験を自ら得ていくことが大切な時期であること
・能動性は、周囲の人に自分の存在や行動を認められ、温かく見守られていると感じるときに発揮されるものであること

ここでいう能動性の発揮とは幼児が活発に活動する姿のみを指しているのではありません。黙って周囲の動きを見つめている幼児の姿も、相手の話に聞き入る姿も、その幼児が能動的に周囲の環境とかかわっている姿として受け止めることが大切です。このように教師には幼児の行動や心の動きを温かく受け止め、理解しながら、幼児との間に信頼関係を築くことが求められています。幼稚園においては、そうした教師と幼児の温かい関係が幼児の発達を促す上で重要な意味をもつことを踏まえて、保育を展開することが必要なのです。

生活の中で、子どもとの温かい関係を築き、子どものよさを発見し伸ばすことのできる保育者であることが、プロとしての教師であり保育士の基本姿勢となります。その姿勢があってこそ、記録は評価に生き、評価が次の保育に生かされ、よりよい保育につながっていきます。記録と評価の間にあるものは、保育者の保育への意識であり、子どもへの思いなのです。

2 保育の記録から自己評価へ

次の事例は、２歳児の排泄の自立をめぐって担任である保育者がMちゃんの様子を記録したものです。

Mちゃん（2歳10か月男児）

トイレで排尿することもスムーズになり、パンツで過ごすことにもすっかり慣れた様子のMちゃんで、もう大丈夫と保育者は思っていたが、遊びに夢中になってか時々失敗する。そわそわと体を動かしているので、保育者はトイレに行くよう声をかけているが、「デナイ」ときっぱり言い切るMちゃんである。ちゃんと行くこともできるのになぜ？ と保育者は思っていた。トイレにも慣れてはきたが、時々面倒になるのかもしれない、今は仕方がないかなと様子を見ることにした。

おやつも終わって夕方の遊びの場面で、Mちゃんはお気に入りのブロック遊びに熱中している。このところ気の合う様子のAちゃん、Uちゃんと同じものを作って遊びに参加しようと一生懸命である。そんな時、またそわそわと体が動き始めている。「Mちゃん、トイレじゃないの？ 行っておいで」と保育者が声をかけた。やっぱり「デナイ」と言う。「おもらししちゃうよ、早く行っておいで、先生が一緒に行ってあげるよ」と言ってもそわそわのままである。どうしたものかと思って見ていると、「Aチャン、Mチャンノトットイテ！」と持っていたブロックの車を放り出すようにして、トイレに走って行った。

この記録は、保育者がMちゃんの思いを理解できたと感じ、また自分の行動の読み取りが間違っていたのではないかと考えた事例記録です。言い換えれば、保育者の深い理解、そうだったのかと実感できたことから残った記録とも言えます。トイレに行ってしまうと使っていたブロックが誰かに取られてしまうのではないか、Aちゃん、Uちゃんとの遊びも終わってしまっているのではないかなど、不安があってトイレになかなか行くことができなかったのだと保育者は理解できたのです。面倒なのではないか、一緒に行ってあげることで解決するのではないかと考えていた保育者でしたが、この場面では、このような不安を受け止め安心してトイレに行けるような方策を考えるべきであったことを、保育者は反省から学ぶことができたのです。

『幼稚園教育要領解説』（第１章第４節２⑸）では、このように記されています（下線筆者）。

保育における評価は、このような指導の過程の全体に対して行われるものである。この場合の評価は幼児の発達の理解と教師の指導の改善という両面から行うことが大切である。幼児理解に関しては、幼児の生活の実態や発達の理解が適切であったかどうかなどを重視することが大切である。指導に関しては、指導計画で設定した具体的なねらいや内容が適切であったかどうか、環境の構成が適切であったかどうか、幼児の活動に沿って必要な援助が行われたかどうかなどを重視しなければならない。さらに、これらの評価を生かして指導計画を改善していくことは、充実した生活をつくり出す上で重要である。

『保育所保育指針解説』（第１章３⑶）では、記録の観点として次のような記載があります。

記録をする際には、子どもに焦点を当てて、生活や遊びの時の様子を思い返してみる視点と、一日の保育やある期間の保育について、保育士等が自分の設定したねらいや内容・環境の構成・関わりなどが適切であったかといったことを見直してみる視点がある。この双方の視点から保育を記録することによって、子どもの生活や遊びにおける保育士等と子どもとの多様な相互作用の様子が明らかとなる。

さらに評価については、次のように述べられています（同解説、第１章３⑷）。

保育士等は、保育の記録を通して計画とそれに基づく実践を振り返り、自己評価を行う。子どもの活動を予想しながら作成した指導計画のねらいや内容と、実際に保育を行う中で見られた子どもの姿を照らし合わせ、子どもの生活や育ちの実態を改めて把握し、子どもの経験がどのような育ちにつながるものであったかを捉え直す。それによって、次の計画のねらいや内容を設定する上で必要な情報や観点を得るとともに、環境の構成や子どもに対する援助について改善すべき点を見いだし、その具体的な手立ての考察につなげていく。また、保育を展開していく上で、他の保育士等や保護者等との連携が十分に図られていたかといったことについても、同様に検証する。

こうした保育の過程が継続的に繰り返されていくことによって、日々の保育の改善が図られる。同時に、保育士等が子どもの内面や育ちに対する理解を深め、自らの保育のよさや課題に気が付くことにもつながっていく。

ここでは評価のこの二つの側面について、先述の事例から考えてみましょう。

保育者の自己評価――Mちゃんの事例の場合

① 幼児の発達の理解（子どもの育ちを捉える視点）

・排泄の自立はできているし、ある程度のコントロールもできるようになっている。

・友達関係が日々深まっていて、仲の良い友達とは同じように遊びたい、一緒に遊びたいという気持ちが強くなっている。

・まだ次の行動の見通しがつけられないこともあるので、保育者の援助が必要である。

② 保育者の指導の改善（自らの保育を捉える視点）

・トイレに行かなくてはいけないことは、Mちゃん自身がよくわかっていたのに、必要以上に声をかけていた（面倒なのだと決めつけていた）。

・よくMちゃんの様子を見ていれば読み取れたのに、不安があることに気付かなかった。

・「先生が見ててあげるね」「先生がAちゃんにお願いしてみるね」など、Mちゃんが安心してトイレに行くことができるようにすべきだった。

・Aちゃん、Uちゃんなどと一緒に行くなど、つながりがより深くなるような働きかけもできたのではないか。

この記録から読み取れることを整理してみると、今後の保育に生かせるような保育者としての「学び」ができていることがわかります。今後のMちゃんへの対応だけでなく、排泄の自立に向けてどのような援助を行っていくかについて深く考えることができた事例と言えます。

このように、日々の保育の一場面に過ぎないかもしれませんが、記録を残すことで保育の評価につながっていきます。小さな記録からの省察が積み重なることで、保育者としての成長（専門性の向上）とともに保育そのものの質が高まることが期待されます。

また保育者間での学び合いにも記録は役立ちます。他の保育者の記録をカンファレンス等の機会で共に学ぶことは、自分だけでは気付かなかった保育の視点に気付き、新たな課題を見つけていくことが可能になります。一人の保育者の保育の向上だけでなく、その園全体の保育者集団の力を高めていくような機会、例えば園内研究や研修などは不可欠です。そうした機会を通じて、全職員が共通の見通しをもつことができるようにすることが必要であり、改めて保育理念や保育課程が生きてくることになります。各園においては、園の実状や現況に合わせた形での工夫が求められています。

3 評価から改善そして次の計画へ

『幼稚園教育指導資料第３集　幼児理解と評価』（文部科学省）には次のように記されています。

> 保育は一般に次のようなプロセスで進められます。
> ①　幼児の姿から、ねらいと内容を設定する。
> ②　ねらいと内容に基づいて環境を構成する。
> ③　幼児が環境にかかわって活動を展開する。
> ④　活動を通して幼児が発達に必要な経験を得ていくような適切な援助を行う。
> 具体的な保育は、この①～④の循環について、幼児の活動と経験を予想した指導計画を立てて行われますが、この計画は一つの仮説ですので、実際の幼児の生活する姿に応じて、これらの全ての点について適切かどうかを検討しながら改善していかなければなりません。

すなわち、次のような反省・評価を行うことになります。

- ねらいと内容は妥当なものであったか
- 環境の構成はふさわしいものであったか
- 保育者の援助は適切であったか

さらには、保育の展開にあたって保護者との連携が十分に図られたかということも振り返る必要があるでしょう。

つまり、このような評価を経て、改善された計画（次の計画）ができていきます。このような、実践、省察、評価、見直し、改善という一連のプロセス全体を『保育所保育指針解説』では「保育の過程」と呼んでいます。

計画作成にあたっては、子ども一人一人の発達状況の把握・理解とともに集団としての育ちについても着目します。もちろん年齢によって違いはありますが、集団で生活することのメリットをどのように生かしていくのか、またデメリットをどのようにカバーしていくのかを子どもの発達に応じて方策を考えていく必要があります。保育所においては、養護と教育の一体性、健康や安全について、また長時間にわたる保育や乳児保育などにはより一層の配慮が必要とされるでしょう。また、各園ではそれぞれの園の児童観や理念に基づく保育目標との調整が欠かせません。

「立案には、保育者個人の保育観や遊びの内容を具体的に明示しますが、園全体の計画会議の場を設けて、保育者全体が共通理解の上で実践する方法もあります。計画会議を経て各担当者の計画を、保育者間で知り合える体制にあることは、児童の健全な生活の場の提供を容易にし、発達を支え守る意味から、或いは、各保育者間の信頼と日々の生活の安定感を与える意味でも大切な過程と言えるでしょう」(『「保育所保母業務の効率化に関する調査研究」日本保育協会調査研究報告』1998)。

各園においては、このような「保育の過程」を運営システムとして機能させていくことが今後ますます重要になってきます。園長や主任のリーダーシップの下に、職員の協力体制を強固に築いていくことで、安定した保育の質の向上につながります。具体的に、計画から児童票(幼稚園においては指導要録)記載に至るまでの流れを見通しておくことが必要になります。

ある保育所の「保育の過程」、カリキュラム作成から児童票記録に至る実際を示したものを例として下記に挙げてみました。このように、全職員が同じ見通しをもって保育にあたることは大変重要であり、また効果的であるとも言えます。

■カリキュラム作成から保育実践、児童票記録までの経過表■

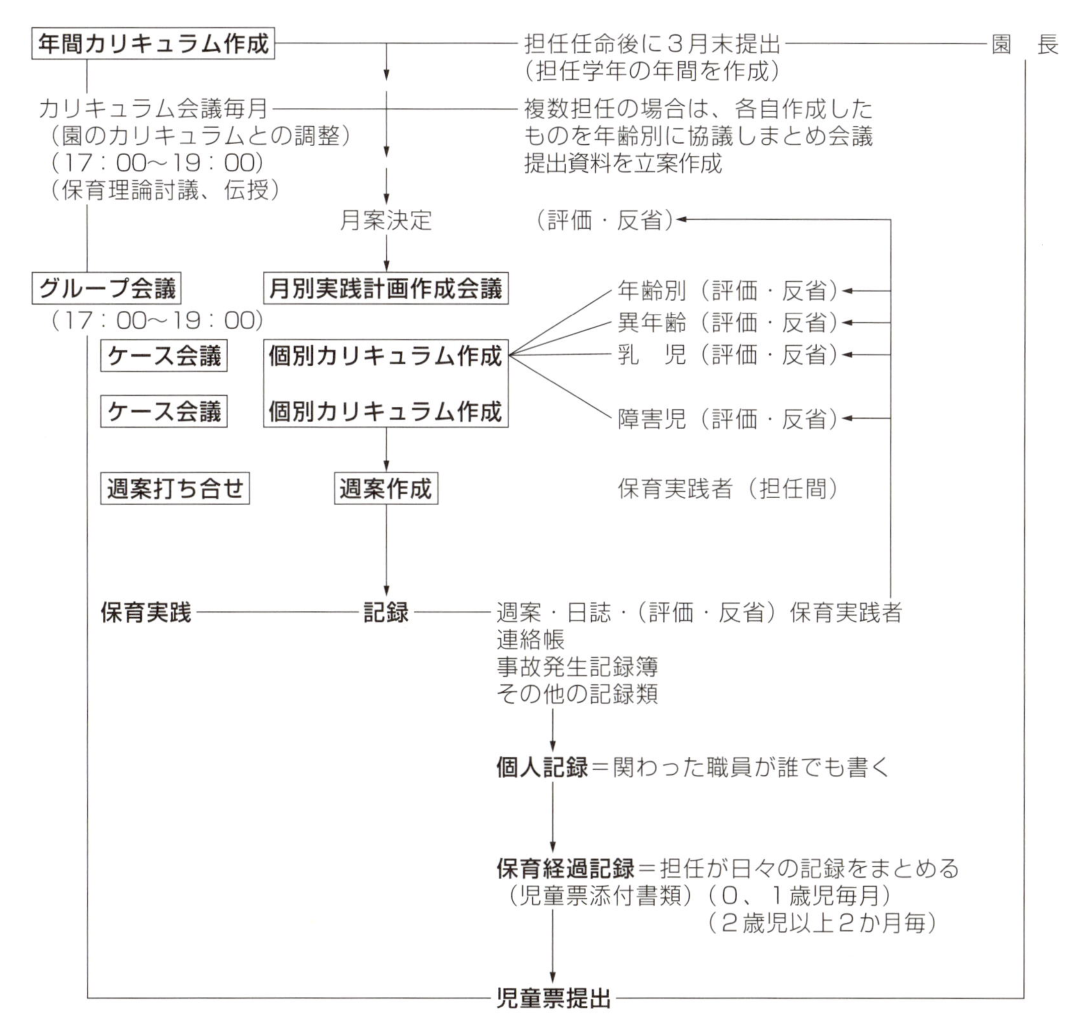

出典：『「保育所保母業務の効率化に関する調査研究」日本保育協会調査研究報告』1998

4 日常の保育記録（保育日誌）と個人記録

計画に基づいて実践を行った経過を記録していくのが、日常の保育記録（保育日誌）です。仮説である計画を実施していくうえで、思いもかけないような変化や動きがあったことなど保育者と子どもたちの間で展開される生きた保育の経過がありのままにつづられます。計画通りには必ずしも行かないところが保育の難しさであり、また面白さでもあります。

通常、担任保育者は担当するクラスやグループの運営を考えつつ、その日の生活全体を捉えて保育記録（日誌）を作成しています。記録するにあたっては、経過を詳細に書いていくことも大切ですが、その日の保育の中で気付いた課題や問題点などについても残しておくと後で役に立ちます。つまり、「子どもの育ち」と「自らの保育」がよくわかる記録にすることです。

具体的には次のように心がけて記録していくようにするとよいでしょう。

① その場にいた保育者だけでなく、基本的には誰にでもわかるような表現や読みやすいものにする。
② その場面がはっきりとイメージできるように書く。
③ 発達の姿、特徴がよく見えるように書く。
④ 子どもの発話や会話、やりとりなどは具体的に詳しく書く。
⑤ 保育者の願いやその時の心情なども織り込んでいく。
⑥ 保育者として感じた反省点や改善点などにも触れる。

日常の保育記録の他に個人記録を残すことも必要になります。年齢やクラス形態、複数担任制など様々な状況がありますが、あまり期間をあけての記録よりも日々の保育に組み込んでいくようにした方が効率的です。すぐに書き込めるような個人名を入れたメモ、ノートや一覧表などをすぐに出して記入できるような場所に常備する、日誌や連絡帳を活用するなど、様々に工夫ができます。

次ページの図は、ある保育園の乳児クラスの個人記録の工夫の例です。この園では、日々の記録に連絡帳を活用し、月に１回その記録をまとめるようにしています。そうすることで、家庭の様子もつかめることになり、まとめるのに役立ちます。また、さらにその記録を様々な側面から練り直すことで、全体的な計画の編成や指導計画作成に役立つ資料にもなると言えます。

■個人記録の工夫の例■

① 日々の連絡帳 ……………………保護者との連絡ノートは複写式のため１部は園に児童票として残り、もう１部は家庭に残せるようになっている。

② 個別の生活と育ちのまとめ …………日々の記録をもとに月に１回まとめる。要点をとらえることと、子どもの成長がつかめるようにしていく。また、家庭の姿も重視し、家庭と園との共通理解を図りながら子どもの保育を進めていく。

③ 成長記録のまとめ ……………………身体発達や健康、遊び、家庭の様子などさまざまな側面をポイントを押さえて記録しておく。ここでは年度途中クラスも変わることもあるが、途中で変わっても継続して記録していく。

＊①が個別記録の基本的な資料になるが、全体の職員が読んでもわかるようにしておくことのひとつに②のまとめがあり、さらに全体をまとめた③を見ればいつでもある程度の育ちや問題がつかめるようにしておく。

出典：『「保育所保母業務の効率化に関する調査研究」日本保育協会調査研究報告』1998

5 保育所における児童票（子ども理解の指標）との関連

幼稚園では「学校教育法施行規則」で法的に義務付けられた指導要録があります。学籍に関する記録と指導に関する記録が必要とされますが、その指導に関する記録に相似するものとして、保育所には各自治体の保育所保育の施行規則等に挙げられている「児童票」があります。児童福祉施設の設備及び運営に関する基準第14条により、児童福祉施設には、入所者の処遇状況を明らかにする帳簿が整備されなければなりません。その一つとして、児童票は保育所長の責任の下必ず作成しなければならないものです。入所状況や健康状態（健診記録等）の資料とともに、保育経過記録を残すことが義務付けられています。年齢によって、例えば３歳未満児は１か月に１回、３歳以上児は３～４か月に１回というように記録時期が決められています。しかし、その様式は設置者によって様々です。項目等がまったくなく、園に記入方法を任せているところもあれば、年齢によって発達のチェック項目を挙げて発達状況を記入していくところもあります。

どのような形であれ、求められるのはその子どもの発達や現況が、誰にでも理解できるための資料であるということです。年度によって担任が替わることは珍しいことではありませんが、その申し送りのための資料という点でも大きな意味があります。つまり、その子どもを理解し保育を組み立てていくための指標とも言えるものです。

日々、または１週間の週案検討時などに個人の記録を少しずつでも残しておき、児童票記入時期にそれらをまとめるようにします。複数担任で運営をしている場合には、お互いの記録にも目を通すようにすると共通理解ができ、クラス全体の課題についてもそこから見えてくるものがあるかもしれません。

保育所の場合は長期間・長時間保育の子どもが多いので、どうしても内容は生活全般にわたることになります。養護と教育の両面から子どもの状況を理解できるようなものにします。特に情緒の安定に関わることや育ちを記録する上で必要な家庭の状況なども記入する必要もあるでしょう。生活習慣の自立についても、園や家庭での様子の変化がわかるようにします。また健康状態に問題があるような場合は、状態の説明とともに生活場面でどのような配慮が必要であったのかが大変重要な情報となるので、必ず記録するようにしましょう。また、幼稚園の指導要録と同様に、教育的な内容については特にその子どもの「心情、意欲、態度」について書くことになります。つまりその記録は、担任保育者がどのようにその子どもの「心情、意欲、態度」を読み取ってどのように働きかけたのかが表れています。日々の記録とは違い、長期のまとめとしての意味があります。

さらにこの記録にある子どもの姿は、園の保育理念や保育課程や全体的な計画に適ったものになっているのか、検証する資料にもなります。一人一人の子どもの姿にその園の全体的な計画がどのように反映されたのかを十分に検証し、理解していくことが求められています。

6　5歳児の発達と「幼児期の終わりまでに育ってほしい姿」

「子どもを取り巻く環境は様々なものがあり、そこでいろいろな出会いが可能となる。その出会いを通して、更に子どもの興味や関心が広がり、疑問をもってそれを解決しようと試みる。その子どもなりのやり方やペースで繰り返しいろいろなことを体験してみること、その過程自体を楽しみ、その過程を通して友達や保育士等と関わっていくことの中に子どもの学びがある」(『保育所保育指針解説』第2章4(2))。

5歳児の姿は、こうした体験を積み重ねて育ってきた結果であり、その園の保育の集大成とも言えるものです。保育者の助けを借りながらも自分のやりたいこと、実現したいと考えたことを実行させようと取り組む姿は、まさに学ぶ姿勢そのものです。そして、その学びを伝え合い、共有し、さらに学びを深めようとするところに5歳児の保育の目指すところがあります。

■幼児期の終わりまでに育ってほしい姿■

健康な心と体
自立心
協同性
道徳性・規範意識の芽生え
社会生活との関わり
思考力の芽生え
自然との関わり・生命尊重
数量や図形、標識や文字などへの関心・感覚
言葉による伝え合い
豊かな感性と表現

５歳児の事例

数人で木の実をつぶして色水（ジュース）作りに取り組んでいる５歳児。水の量を調整して色の変化をつけたり、ペットボトルやプリンカップなど容器もいろいろ用意して工夫をしている。自分なりにたくさん作ったA児は「Bちゃんのはつぶつぶがある」と気付いた。B児に「どうやってやるの？」と聞いている。B児は砂ふるい（目の細かいザル）を使ってつぶしたことを伝え、その際に出てきた種？を入れていたということがわかった。保育者が「これを使ってみたら？」と持ってきたすりこぎやおたまを使って、A児、B児はせっせとつぶ入りのジュースを作る。「つぶつぶ入りです！」とジュース屋さんになってお客さんを呼び込んでいた。

この事例からも「幼児期の終わりまでに育ってほしい姿」（10の姿）が読み取れます。保育者がねらいをもって設定した環境で自然に関わりながら遊ぶ中で、つぶ入りを作りたい、どうするんだろうと考えたことを言葉で友達に伝え、また知っていることも伝える（自立心／言葉による伝え合い）。協力し道具を試行錯誤して使いながら、作り上げていく（協同性／思考力の芽生え）。ジュース屋さんという共通の目的にそって遊びを進める（社会生活との関わり）など、実践の中での子どもの姿をどう読み取るかで育ちを確認することができます。

そしてこの解釈も、保育者すべてが同じとは限りません。読み取り方によっては、解釈が異なり、違う育ちが見えてくるかもしれません。同じ事例を職員間で共有し、保育の成果（子どもの育ち）を確認し合い、課題解決に向かい、保育をよりよいものにしていく、こうした営みがカンファレンスです。もちろん子どもの育ちを確認するのみでなく、保育者の環境構成や援助はねらいに合っていたのか、もっとこうすればよかったのでは、などについても共有できれば、確実に保育の質の向上につながります。

要録作成においてはこの10の姿を参考に、担任の解釈のみならず、職員で共有した子どもの育ちが見えるようにしていくことが園全体の保育が向上することにつながっていくことになります。保育者間で共有された子どもの育ちを小学校へ伝え、その後の学びに効果的につながるようにすることが何より重要なことです。保育者の作成した要録が、小学校でより生かされるよう、また保護者にも理解してもらえるように、わかりやすく伝わるような言葉で記入していくことも大切です。

（塩谷）

【参考文献】＊現代保育研究所編『やってみよう！　私の保育の自己評価』2009
＊厚生労働省『保育所における自己評価ガイドライン』2009
＊『エデュカーレ』2009年９月号
＊文部科学省『幼稚園教育指導資料第３集　幼児理解と評価』2010
＊文部科学省『幼稚園教育指導資料第５集　指導と評価に生かす記録』2013
＊『「保育所保母業務の効率化に関する調査研究」日本保育協会調査研究報告』1998

Column

保護者についての情報をどう扱うか

保育所の特性として、家庭との緊密な連携が求められることは周知のことです。幼稚園でも保護者の協力は欠かせません。また乳幼児期の発達は、その家庭環境に大きく影響を受けることは言うまでもないことです。昨今の地域や家庭の状況を考慮すれば、子どもの最善の利益のためには、保護者への支援も欠かせないものになります。

また、保育所児童保育要録作成に際して、『保育所保育指針解説』では、要録送付に関して保護者に周知することとともに、「保護者との信頼関係を基盤として、保護者の思いを踏まえつつ記載」することを求めています。今後も、保護者や家庭に関する情報の必要性が高まることになってくると考えられます。

もちろん個人情報の取り扱いについては、すでに各幼稚園・保育所・認定こども園において職員への周知徹底、配布物・掲示物への配慮など、様々に改善されてきているところです。

しかし反面、小学校をはじめとして、児童相談所や子育て支援センター、学童保育などとの間で、保護者に関する情報の共有が必要になってくることも考えられます。地域の諸機関の緊密かつ緊急な連携も今後さらに必要になってくるでしょう。

また要録等について、保護者からの要請があれば情報を開示する必要もあります。

そのためにはまず、各幼稚園・保育所・認定こども園においては、基本的な個人情報の取り扱いや管理について今まで以上に十分な対応が必要であるとともに、情報を整理していくことが求められます。そして、その情報を適正に管理し、必要に応じて少しでも早く提供できるような方法を、地域諸機関との連携を図りながら確立していくことが必要になってきます。

子どもの最善の利益のために、日頃から必要な情報の整理・管理を行い、必要に応じて提供できるようなシステムが求められています。（塩谷）

第2章

「要録」の基礎知識

■「要録」の基礎知識早わかり表

	幼稚園幼児指導要録
法律や関係通知では、「要録」についてどのように示している？	**●学校教育法施行規則** 「第24条　校長は、その学校に在学する児童等の指導要録（〔略〕児童等の学習及び健康の状況を記録した書類の原本をいう。以下同じ。）を作成しなければならない。 ２　校長は、児童等が進学した場合においては、〔略〕当該児童等の指導要録の抄本又は写しを作成し、これを進学先の校長に送付しなければならない。 ３　校長は、児童等が転学した場合においては、〔略〕当該児童等の指導要録の写しを作成し、その写し（転学してきた児童等については転学により送付を受けた指導要録〔略〕の写しを含む。）及び前項の抄本又は写しを転学先の校長、保育所の長又は認定こども園の長に送付しなければならない。」 **●「幼稚園及び特別支援学校幼稚部における指導要録の改善について（通知）」** （平成30年３月30日 文部科学省通知） 「指導要録は、幼児の学籍並びに指導の過程及びその結果の要約を記録し、その後の指導及び外部に対する証明等に役立たせるための原簿となるもの」
幼・保・こども園共通の平成30年改善のポイントは？	○平成30年度施行の幼稚園教育要領／保育所保育指針／幼保連携型認定こども園 例中にも明記された。最終学年（５歳児）の記入に当たっては、特に小学校に れている資質・能力を捉え、指導の過程と育ちつつある姿を分かりやすく記入
保存年数は？	○学籍に関する記録：20年間 ○指導に関する記録：５年間　（学校教育法施行規則第28条）
取扱い上の注意や個人情報保護の取扱いは？	「指導要録の記載事項に基づいて外部への証明等を作成する場合には、その目的に応じて必要な事項だけを記載するよう注意すること」（上記通知）

要録の「様式」

「幼稚園幼児指導要録」「保育所児童保育要録」「幼保連携型認定こども園園児指導要録」の様式は、国がそれぞれ示した「様式の参考例」（「認定こども園こども要録」については、相当する資料として「幼保連携型認定こども園園児指導要録」の「様式の参考例」）などを参考にして、各自治体（設置者等）が地域の実情などを踏まえて適宜作成します。

<table>
<tr><th>保育所児童保育要録</th><th>幼保連携型認定こども園園児指導要録</th></tr>
<tr><td>●保育所保育指針（平成29年３月31日 厚生労働省告示）
第２章４(2)小学校との連携
「子どもに関する情報共有に関して、保育所に入所している子どもの就学に際し、市町村の支援の下に、子どもの育ちを支えるための資料が保育所から小学校へ送付されるようにすること。」
●「保育所保育指針の適用に際しての留意事項について」（平成30年３月30日 厚生労働省通知）
「保育所と小学校との連携を確保するという観点から、保育所から小学校に子どもの育ちを支えるための資料として、従前より保育所児童保育要録が送付されるよう求めている」</td><td>●就学前の子どもに関する教育、保育等の総合的な提供の推進に関する法律施行規則
第30条：園児指導要録について、学校教育法施行規則第24条（幼稚園幼児指導要録）と同じ趣旨の規定
●「幼保連携型認定こども園園児指導要録の改善及び認定こども園こども要録の作成等に関する留意事項等について（通知）」（平成30年３月30日 内閣府ほか通知）
「園児指導要録〔略〕は、園児の学籍並びに指導の過程及びその結果の要約を記録し、その後の指導及び外部に対する証明等に役立たせるための原簿となるもの」</td></tr>
<tr><td colspan="2">教育・保育要領に盛り込まれた「幼児期の終わりまでに育ってほしい姿」（10の姿）が、様式の参考
おける児童の指導に生かされるよう、「幼児期の終わりまでに育ってほしい姿」を活用して幼児に育ま
することが求められている。</td></tr>
<tr><td>「保育所においては、作成した保育所児童保育要録の原本等について、その子どもが小学校を卒業するまでの間保存することが望ましい」（上記通知）</td><td>○幼稚園幼児指導要録に同じ</td></tr>
<tr><td>「保護者との信頼関係を基盤として、保護者の思いを踏まえつつ記載するとともに、その送付について、入所時や懇談会等を通して、保護者に周知しておくことが望ましいこと。その際には、個人情報保護及び情報開示の在り方に留意すること」（上記通知）
「児童の氏名、生年月日等の個人情報を含むものであるため、個人情報の保護に関する法律〔略〕等を踏まえて適切に個人情報を取り扱うこと」（同）</td><td>「記載事項に基づいて外部への証明等を作成する場合には、その目的に応じて必要な事項だけを記載するよう注意すること」（上記通知）
「『個人情報の保護に関する法律』〔略〕等を踏まえて適切に個人情報を取り扱うこと」（同）</td></tr>
</table>

「認定こども園」の４類型と「要録」

- 幼保連携型認定こども園 → ①を作成
- 幼稚園型認定こども園 → ②か③のいずれかを作成
- 保育所型認定こども園 → ②か④のいずれかを作成
- 地方裁量型認定こども園 → ②を作成

①幼保連携型認定こども園園児指導要録 ＝ 相当する資料 ②認定こども園こども要録

③幼稚園幼児指導要録

④保育所児童保育要録

「幼稚園幼児指導要録」の基礎知識

1　「幼稚園幼児指導要録」とは？

(1)　指導要録の法的根拠

文部科学省では各幼稚園長に、幼稚園教育要領の趣旨にそって、指導要録の作成を義務付けています。その法的根拠は、学校教育施行規則第24条、第28条にあります。まず、第24条において、校長の義務として指導要録の作成について示されています。幼稚園の場合、園長に作成の義務があります。また、幼児が進学あるいは転園した際には、進学先あるいは転園先に送付することが義務付けられています。さらに、同施行規則第28条において、学校に備えなければならない表簿の一つとして、指導要録を挙げています。保存期間は、学籍の記録は20年間、それ以外は５年間です。

指導要録関連の学校教育法施行規則は、下記の通りです。

■学校教育法施行規則

第24条　校長は、その学校に在学する児童等の指導要録（学校教育法施行令第31条に規定する児童等の学習及び健康の状況を記録した書類の原本をいう。以下同じ。）を作成しなければならない。

２　校長は、児童等が進学した場合においては、その作成に係る当該児童等の指導要録の抄本又は写しを作成し、これを進学先の校長に送付しなければならない。

３　校長は、児童等が転学した場合においては、その作成に係る当該児童等の指導要録の写しを作成し、その写し（転学してきた児童等については転学により送付を受けた指導要録〔略〕の写しを含む。）及び前項の抄本又は写しを転学先の校長、保育所の長又は認定こども園の長に送付しなければならない。

第28条　学校において備えなければならない表簿は、概ね次のとおりとする。

一　学校に関係のある法令

二　学則、日課表、教科用図書配当表、学校医執務記録簿、学校歯科医執務記録簿、学校薬剤師執務記録簿及び学校日誌

三　職員の名簿、履歴書、出勤簿並びに担任学級、担任の教科又は科目及び時間表

四　指導要録、その写し及び抄本並びに出席簿及び健康診断に関する表簿

五　入学者の選抜及び成績考査に関する表簿

六　資産原簿、出納簿及び経費の予算決算についての帳簿並びに図書機械器具、標本、模型等の

教具の目録
七　往復文書処理簿
2　前項の表簿（第24条第２項の抄本又は写しを除く。）は、別に定めるもののほか、５年間保存しなければならない。ただし、指導要録及びその写しのうち入学、卒業等の学籍に関する記録については、その保存期間は、20年間とする。
3　学校教育法施行令第31条の規定により指導要録及びその写しを保存しなければならない期間は、前項のこれらの書類の保存期間から当該学校においてこれらの書類を保存していた期間を控除した期間とする。

(2)　指導要録の基本的性格

各幼稚園長は、幼稚園教育要領の趣旨にそって、指導要録を作成する義務があります。指導要録は、「幼児の学籍並びに指導の過程及びその結果の要約を記録し、その後の指導及び外部に対する証明等に役立たせるための原簿」となるものです。

すなわち、指導要録の基本的性格には、法令に基づき外部の証明としての制度的な位置付けと、幼児一人一人が次の段階でよりよい指導を受けるための資料としての機能的な位置付けとの二つの側面があります。このことについて、さらに具体的に述べると、次の通りです。

●在籍を証明するものとなる

指導要録の役割の第一は、その幼児の在籍の証明です。したがって、学籍に関する記録は、入園や転園により、幼児がその園に在籍した時、ただちに作成することになります。もし何らかの理由で、外部から幼児の在籍の証明が求められれば、指導要録に記載された内容に基づいて証明を作成することになります。その際、目的に応じて、必要事項だけを記載することが必要です。

●幼児の入園から修了までの発達を記す

指導要録は、毎年書き加えていくことになりますが、その結果、最終的には幼児の入園から修了までの発達の状況が記されることになります。毎年学年末の記録により、幼児についての全体的な発達の様相を知ることができます。

●１年間の指導の過程とその結果の記録となる

指導要録は、日々の保育記録をもとにして、幼児一人一人について、１年間の指導の過程とその結果について要約して記すことになります。この意味で、指導要録は、「次の指導者に送るメッセージ」と言えます。

●進級、進学や転園の際には、引き継ぎの資料となる

進級や小学校入学、転園等した時、指導の引き継ぎのための資料となります。次の指導者は、前年度のその幼児についての発達と指導の過程や結果の要約を知ることにより、指

導の継続性が図られることになります。なお、小学校入学に際しては、指導要録の抄本ではなく、原簿をコピーして、そのまま送付してよいことになっています。

⑶ 指導要録の構成

指導要録は、「**学籍に関する記録**」と「**指導に関する記録**」より、構成されます。

「**学籍に関する記録**」は、外部に対する証明等の原簿としての性格をもつものとして、入園時及び異動の生じた時に記入するものです。幼児の学籍として必要な事項を簡潔に記入する必要があります。具体的には、次の内容を記入します。

- 幼児の氏名、性別、生年月日及び現住所
- 保護者（親権者）氏名及び現住所
- 学籍の記録
  - 入園年月日
  - 転入園年月日
  - 転・退園年月日
  - 修了年月日
- 入園前の状況
- 進学先等
- 園名及び所在地
- 各年度の入園（転入園）・進級時の幼児の年齢
- 園長の氏名及び学級担任の氏名

「**指導に関する記録**」は、１年間の指導の過程とその結果を要約し、次の年度の適切な指導に資するための資料としての性格をもつものとして記入するものです。幼稚園で教育を受けたことの事実を一人一人の個性を生かす観点やプライバシーを守る観点に配慮して、簡潔に記入する必要があります。具体的には、次の内容を記入します。

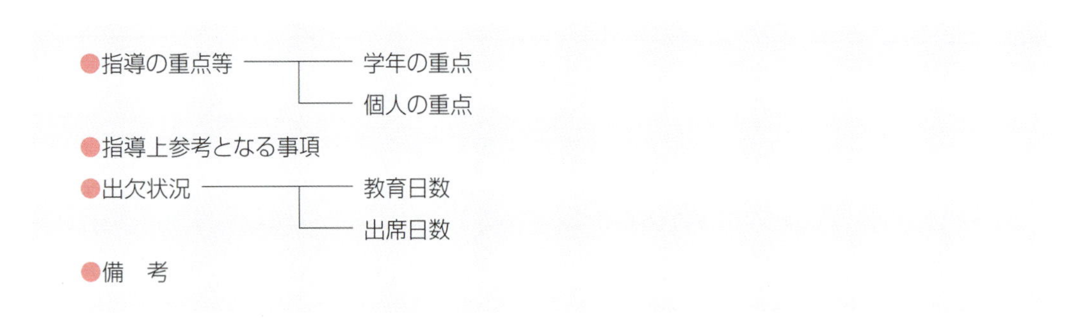

なお、平成30年３月30日付けの文部科学省通知「幼稚園及び特別支援学校幼稚部における指導要録の改善について」（29文科初第1814号）には、様式の参考例が示されています（028〜030ページ参照）。

⑷ 指導要録の保存・取り扱いの注意点

学校教育法施行規則第28条において、指導要録は、「学籍に関する記録」は20年間、「指導に関する記録」は５年間保存することが定められています。

なお、「学籍に関する記録」と「指導に関する記録」の保存期間が異なることから、本書028～030ページ掲載の文部科学省通知に示す様式の参考例は、「学籍に関する記録」が１枚、「指導に関する記録」が２枚というように分かれており、計３枚にわたり様式例と記入にあたっての留意事項が書かれています。

また、指導要録の作成では、幼稚園で受けた教育の事実を一人一人の個性を生かす観点から書くとともに、プライバシーを守ることに十分留意する必要があります。かけがえのない幼児の大切な１年間の指導の記録を教師の責任として書き記すことが求められます。

したがって、指導要録の作成は必ず幼稚園で行い、安易に持ち出さない、記載事項を絶対に他言しないということはもちろんです。また、耐火金庫等で保存するなどの十分な配慮が必要です。

「幼稚園幼児指導要録」様式の参考例（平成30年３月30日通知／別添資料）

別添資料1

（様式の参考例）

幼稚園幼児指導要録（学籍に関する記録）

区分＼年度	平成　年度	平成　年度	平成　年度	平成　年度
学　級				
整理番号				

<table>
<tr><td rowspan="3">幼　児</td><td>ふりがな
氏　名</td><td colspan="4"></td><td rowspan="2">性　別</td><td rowspan="2"></td></tr>
<tr><td></td><td colspan="4">平成　　年　　月　　日生</td></tr>
<tr><td>現住所</td><td colspan="6"></td></tr>
<tr><td rowspan="2">保護者</td><td>ふりがな
氏　名</td><td colspan="6"></td></tr>
<tr><td>現住所</td><td colspan="6"></td></tr>
<tr><td>入　園</td><td>平成　年　月　日</td><td rowspan="2">入園前の
状　況</td><td colspan="5" rowspan="2"></td></tr>
<tr><td>転入園</td><td>平成　年　月　日</td></tr>
<tr><td>転・退園</td><td>平成　年　月　日</td><td rowspan="2">進学先等</td><td colspan="5" rowspan="2"></td></tr>
<tr><td>修　了</td><td>平成　年　月　日</td></tr>
<tr><td colspan="2">幼稚園名
及び所在地</td><td colspan="6"></td></tr>
<tr><td colspan="2">年度及び入園（転入園）
・進級時の幼児の年齢</td><td colspan="2">平成　年度
歳　か月</td><td colspan="2">平成　年度
歳　か月</td><td>平成　年度
歳　か月</td><td>平成　年度
歳　か月</td></tr>
<tr><td colspan="2">園　長
氏名　印</td><td colspan="2"></td><td colspan="2"></td><td></td><td></td></tr>
<tr><td colspan="2">学級担任者
氏名　印</td><td colspan="2"></td><td colspan="2"></td><td></td><td></td></tr>
</table>

（様式の参考例）

幼稚園幼児指導要録（指導に関する記録）

			平成　年度	平成　年度	平成　年度
ふりがな		指導の重点等	（学年の重点）	（学年の重点）	（学年の重点）
氏名	平成　年　月　日生				
性別			（個人の重点）	（個人の重点）	（個人の重点）
ねらい（発達を捉える視点）					
健康	明るく伸び伸びと行動し、充実感を味わう。	指導上参考となる事項			
	自分の体を十分に動かし、進んで運動しようとする。				
	健康、安全な生活に必要な習慣や態度を身に付け、見通しをもって行動する。				
人間関係	幼稚園生活を楽しみ、自分の力で行動することの充実感を味わう。				
	身近な人と親しみ、関わりを深め、工夫したり、協力したりして一緒に活動する楽しさを味わい、愛情や信頼感をもつ。				
	社会生活における望ましい習慣や態度を身に付ける。				
環境	身近な環境に親しみ、自然と触れ合う中で様々な事象に興味や関心をもつ。				
	身近な環境に自分から関わり、発見を楽しんだり、考えたりし、それを生活に取り入れようとする。				
	身近な事象を見たり、考えたり、扱ったりする中で、物の性質や数量、文字などに対する感覚を豊かにする。				
言葉	自分の気持ちを言葉で表現する楽しさを味わう。				
	人の言葉や話などをよく聞き、自分の経験したことや考えたことを話し、伝え合う喜びを味わう。				
	日常生活に必要な言葉が分かるようになるとともに、絵本や物語などに親しみ、言葉に対する感覚を豊かにし、先生や友達と心を通わせる。				
表現	いろいろなものの美しさなどに対する豊かな感性をもつ。				
	感じたことや考えたことを自分なりに表現して楽しむ。				
	生活の中でイメージを豊かにし、様々な表現を楽しむ。				
出欠状況	（下表）	備考			

出欠状況	年度	年度	年度
教育日数			
出席日数			

学年の重点：年度当初に、教育課程に基づき長期の見通しとして設定したものを記入
個人の重点：1年間を振り返って、当該幼児の指導について特に重視してきた点を記入
指導上参考となる事項：
(1) 次の事項について記入すること。
　①1年間の指導の過程と幼児の発達の姿について以下の事項を踏まえ記入すること。
　・幼稚園教育要領第2章「ねらい及び内容」に示された各領域のねらいを視点として、当該幼児の発達の実情から向上が著しいと思われるもの。
　　その際、他の幼児との比較や一定の基準に対する達成度についての評定によって捉えるものではないことに留意すること。
　・幼稚園生活を通して全体的、総合的に捉えた幼児の発達の姿。
　②次の年度の指導に必要と考えられる配慮事項等について記入すること。
(2) 幼児の健康の状況等指導上特に留意する必要がある場合等について記入すること。
備考：教育課程に係る教育時間の終了後等に行う教育活動を行っている場合には、必要に応じて当該教育活動を通した幼児の発達の姿を記入すること。

（様式の参考例）

幼稚園幼児指導要録（最終学年の指導に関する記録）

ふりがな		
氏名		平成　年　月　日生
性別		
指導の重点等		平成　年度
		（学年の重点）
		（個人の重点）
ねらい（発達を捉える視点）		指導上参考となる事項
健康	明るく伸び伸びと行動し、充実感を味わう。	
	自分の体を十分に動かし、進んで運動しようとする。	
	健康、安全な生活に必要な習慣や態度を身に付け、見通しをもって行動する。	
人間関係	幼稚園生活を楽しみ、自分の力で行動することの充実感を味わう。	
	身近な人と親しみ、関わりを深め、工夫したり、協力したりして一緒に活動する楽しさを味わい、愛情や信頼感をもつ。	
	社会生活における望ましい習慣や態度を身に付ける。	
環境	身近な環境に親しみ、自然と触れ合う中で様々な事象に興味や関心をもつ。	
	身近な環境に自分から関わり、発見を楽しんだり、考えたりし、それを生活に取り入れようとする。	
	身近な事象を見たり、考えたり、扱ったりする中で、物の性質や数量、文字などに対する感覚を豊かにする。	
言葉	自分の気持ちを言葉で表現する楽しさを味わう。	
	人の言葉や話などをよく聞き、自分の経験したことや考えたことを話し、伝え合う喜びを味わう。	
	日常生活に必要な言葉が分かるようになるとともに、絵本や物語などに親しみ、言葉に対する感覚を豊かにし、先生や友達と心を通わせる。	
表現	いろいろなものの美しさなどに対する豊かな感性をもつ。	
	感じたことや考えたことを自分なりに表現して楽しむ。	
	生活の中でイメージを豊かにし、様々な表現を楽しむ。	
出欠状況		年度
	教育日数	
	出席日数	
備考		

幼児期の終わりまでに育ってほしい姿

「幼児期の終わりまでに育ってほしい姿」は、幼稚園教育要領第２章に示すねらい及び内容に基づいて、各幼稚園で、幼児期にふさわしい遊びや生活を積み重ねることにより、幼稚園教育において育みたい資質・能力が育まれている幼児の具体的な姿であり、特に５歳児後半に見られるようになる姿である。「幼児期の終わりまでに育ってほしい姿」は、とりわけ幼児の自発的な活動としての遊びを通して、一人一人の発達の特性に応じて、これらの姿が育っていくものであり、全ての幼児に同じように見られるものではないことに留意すること。

健康な心と体	幼稚園生活の中で、充実感をもって自分のやりたいことに向かって心と体を十分に働かせ、見通しをもって行動し、自ら健康で安全な生活をつくり出すようになる。
自立心	身近な環境に主体的に関わり様々な活動を楽しむ中で、しなければならないことを自覚し、自分の力で行うために考えたり、工夫したりしながら、諦めずにやり遂げることで達成感を味わい、自信をもって行動するようになる。
協同性	友達と関わる中で、互いの思いや考えなどを共有し、共通の目的の実現に向けて、考えたり、工夫したり、協力したりし、充実感をもってやり遂げるようになる。
道徳性・規範意識の芽生え	友達と様々な体験を重ねる中で、してよいことや悪いことが分かり、自分の行動を振り返ったり、友達の気持ちに共感したりし、相手の立場に立って行動するようになる。また、きまりを守る必要性が分かり、自分の気持ちを調整し、友達と折り合いを付けながら、きまりをつくったり、守ったりするようになる。
社会生活との関わり	家族を大切にしようとする気持ちをもつとともに、地域の身近な人と触れ合う中で、人との様々な関わり方に気付き、相手の気持ちを考えて関わり、自分が役に立つ喜びを感じ、地域に親しみをもつようになる。また、幼稚園内外の様々な環境に関わる中で、遊びや生活に必要な情報を取り入れ、情報に基づき判断したり、情報を伝え合ったり、活用したりするなど、情報を役立てながら活動するようになるとともに、公共の施設を大切に利用するなどして、社会とのつながりなどを意識するようになる。
思考力の芽生え	身近な事象に積極的に関わる中で、物の性質や仕組みなどを感じ取ったり、気付いたりし、考えたり、予想したり、工夫したりするなど、多様な関わりを楽しむようになる。また、友達の様々な考えに触れる中で、自分と異なる考えがあることに気付き、自ら判断したり、考え直したりするなど、新しい考えを生み出す喜びを味わいながら、自分の考えをよりよいものにするようになる。
自然との関わり・生命尊重	自然に触れて感動する体験を通して、自然の変化などを感じ取り、好奇心や探究心をもって考え言葉などで表現しながら、身近な事象への関心が高まるとともに、自然への愛情や畏敬の念をもつようになる。また、身近な動植物に心を動かされる中で、生命の不思議さや尊さに気付き、身近な動植物への接し方を考え、命あるものとしていたわり、大切にする気持ちをもって関わるようになる。
数量や図形、標識や文字などへの関心・感覚	遊びや生活の中で、数量や図形、標識や文字などに親しむ体験を重ねたり、標識や文字の役割に気付いたりし、自らの必要感に基づきこれらを活用し、興味や関心、感覚をもつようになる。
言葉による伝え合い	先生や友達と心を通わせる中で、絵本や物語などに親しみながら、豊かな言葉や表現を身に付け、経験したことや考えたことなどを言葉で伝えたり、相手の話を注意して聞いたりし、言葉による伝え合いを楽しむようになる。
豊かな感性と表現	心を動かす出来事などに触れ感性を働かせる中で、様々な素材の特徴や表現の仕方などに気付き、感じたことや考えたことを自分で表現したり、友達同士で表現する過程を楽しんだりし、表現する喜びを味わい、意欲をもつようになる。

学年の重点：年度当初に、教育課程に基づき長期の見通しとして設定したものを記入
個人の重点：１年間を振り返って、当該幼児の指導について特に重視してきた点を記入
指導上参考となる事項：
(1) 次の事項について記入すること。
①１年間の指導の過程と幼児の発達の姿について以下の事項を踏まえ記入すること。
・幼稚園教育要領第２章「ねらい及び内容」に示された各領域のねらいを視点として、当該幼児の発達の実情から向上が著しいと思われるもの。
その際、他の幼児との比較や一定の基準に対する達成度についての評定によって捉えるものではないことに留意すること。
・幼稚園生活を通して全体的、総合的に捉えた幼児の発達の姿。
②次の年度の指導に必要と考えられる配慮事項等について記入すること。
③最終年度の記入に当たっては、特に小学校等における児童の指導に生かされるよう、幼稚園教育要領第１章総則に示された「幼児期の終わりまでに育ってほしい姿」を活用して幼児に育まれている資質・能力を捉え、指導の過程と育ちつつある姿を分かりやすく記入するように留意すること。また、「幼児期の終わりまでに育ってほしい姿」が到達すべき目標ではないことに留意し、項目別に幼児の育ちつつある姿を記入するのではなく、全体的、総合的に捉えて記入すること。
(2) 幼児の健康の状況等指導上特に留意する必要がある場合等について記入すること。
備考：教育課程に係る教育時間の終了後等に行う教育活動を行っている場合には、必要に応じて当該教育活動を通した幼児の発達の姿を記入すること。

(5) 指導要録の変遷と今回の改善内容

幼稚園における指導要録の変遷

戦後、文部科学省（文部省時代を含む）による幼稚園の指導要録に関する通知は、昭和26年、昭和30年、昭和40年、平成２年、平成12年、平成21年、そして今回（平成30年、143ページ参照）の７回あります。昭和40年の通知以降は、幼稚園教育要領改訂にともなって、その改訂の趣旨にそって指導要録の改善の通知がなされています。

それは、指導要録は、日々の保育と切り離されたところで作成されるものではないからです。日々の保育の記録の集約が指導要録であり、次の指導の始まりに指導要録の記録が生かされることが大切です。したがって、指導要録の様式からは、保育を展開するうえで基本となることが読み取れることが必要です。このため、幼稚園教育要領改訂後に、指導要録の在り方が検討され、新しい幼稚園教育要領の趣旨にそって指導要録の改善がなされるのです。

特に、戦後の幼稚園の指導要録の変遷の流れの中で、大きな転機となったのは、平成元年幼稚園教育要領改訂後、平成２年に通知された指導要録です。

平成２年の指導要録は、それ以前の昭和40年に通知された指導要録では、指導の記録が「評定」となっていましたが、それが改められ、一人一人のよさや可能性を生かした評価の形式に改善されています。具体的には、平成２年通知の指導要録の「発達の状況」において、年度当初と比較して向上が著しいと思われるものに○印を記入すること、「指導の重点等」に学年の重点と個人の重点を記入することなどです。一人一人のよさや可能性を生かす評価であること、指導との関わりの中で評価することという考え方が示されていました。

平成12年通知の指導要録は、この考え方を引き継ぐものであり、評価項目については変更はありませんでした。また、平成21年通知の指導要録では、「発達の状況」の欄に○印を付けることがなくなりました。

参考資料として、次ページの表１（昭和40年通知「幼稚園幼児指導要録」）、表２（平成２年通知「幼稚園幼児指導要録」）、次々ページの表３（平成21年通知「幼稚園幼児指導要録」）に、指導の記録の一部を紹介します。

表1 昭和40年通知「幼稚園幼児指導要録」の一部

指導のねらい		評定			指導上参考となる事項
		昭和　年度	昭和　年度	昭和　年度	
健康	健康の習慣や態度を身につける				昭和
	運動に興味をもち進んで行なう				
	安全の習慣や態度を身につける				
社	個人生活の習慣や態度を身につける				
絵画製作	のびのびと絵をかいたりものを作ったりする				年度
	感じや考えをくふうして表現する				
	いろいろな材料や用具を使う				
	美しいものに興味や関心をもつ				

注 1 各項目の評定は、指導のねらいを達成していると認められるもの、おおむね指導のねらいを達成していると認められるもの、指導のねらいからみて特に指導を要すると認められるものの3段階とし、その段階の順にしたがって左端に○印を付して表示すること。

2 評定は、全項目にわたって行なうことを原則とするが、幼児の発達段階等により、評定の困難なものは除いて評定することができること。

3 指導上参考となる事項については、幼児の性格・行動、情緒の傾向、習癖、才能等について、指導上特に参考となる事項および指導・処置を具体的に記入すること。

表2 平成2年通知「幼稚園幼児指導要録」の一部

氏名		性別				指導の重点等	平成　年度	平成	年度
	平成　年　月　日生								
ねらい（発達を捉える視点）		発達の状況							
		平成　年度	平成　年度	平成　年度					
心身の健康	明るく伸び伸びと行動し、充実感を味わう					指導上参考となる事項			
	自分の体を十分に動かし、進んで運動しようとする								
	健康、安全な生活に必要な習慣や態度を身に付ける								
人とのかかわり	幼稚園生活を楽しみ、自分の力で行動することの充実感を味わう								
	進んで身近な人とかかわり、愛情や信頼感をもつ								
	社会生活における望ましい習慣や態度を身に付ける								
身近な環境とのかかわり	身近な環境に親しみ、自然と触れ合う中で様々な事象に興味や関心をもつ								
	身近な環境に自分からかかわり、それを生活に取り入れ大切にしようとする								
	身近な事象を見たり考えたり扱ったりする中で、物の性質や数量などに対する感覚を豊かにする								
言葉の獲得	自分の気持ちを言葉で表現し、伝え合う喜びを味わう								
	人の言葉や話などをよく聞き、自分の経験したことや考えたことを話そうとする								
	日常生活に必要な言葉が分かるようになるとともに、絵本や物語などに親しみ、想像力を豊かにする								
感性と表現	いろいろなものの美しさなどに対する豊かな感性をもつ								
	感じたことや考えたことを様々な方法で表現しようとする								
	生活の中でイメージを豊かにし、様々な表現を楽しむ								
出欠の状況	教育日数					備考			
	出席日数								

平成21年の指導要録の改善事項

平成21年の指導要録の主な改善事項は、様式の参考例において、これまでの「ねらいと発達の状況」及び「指導上参考となる事項」をまとめ、「指導上参考となる事項」として、一本化したことです。これまで指導要録では、「発達の状況」については、幼児の姿を幼稚園教育要領第２章「ねらい及び内容」に示す15の「ねらい」にそって、年度当初と比較して著しく発達したと思われるものについて○印を付けてきました。まさに、個人内評価をここに示してきたわけですが、平成21年の指導要録の様式の参考例では、あえてこの欄を設けていません（表３参照）。

しかし、確かに「発達の状況」における○印の欄がなくなりましたが、それは、幼稚園教育要領に示す15の「ねらい」にそった発達の姿を捉えないということではありません。これまで通り、５領域のねらいにそった評価は必要です。その中で必要事項について「指導上参考となる事項」に記載することが必要なのです。

表３　平成21年通知「幼稚園幼児指導要録」の一部

ふりがな			平成　年度	平成	年度
氏名	平成　年　月　日生	指導の重点等	（学年の重点）	（学年の	
			（個人の重点）	（個人の	
性別					
ねらい（発達を捉える視点）					
健康	明るく伸び伸びと行動し、充実感を味わう。	指導上参考となる事項			
	自分の体を十分に動かし、進んで運動しようとする。				
	健康、安全な生活に必要な習慣や態度を身に付ける。				
人間関係	幼稚園生活を楽しみ、自分の力で行動することの充実感を味わう。				
	身近な人と親しみ、かかわりを深め、愛情や信頼感をもつ。				
	社会生活における望ましい習慣や態度を身に付ける。				
環境	身近な環境に親しみ、自然と触れ合う中で様々な事象に興味や関心をもつ。				
	身近な環境に自分からかかわり、発見を楽しんだり、考えたりし、それを生活に取り入れようとする。				
	身近な事象を見たり、考えたり、扱ったりする中で、物の性質や数量、文字などに対する感覚を豊かにする。				
言葉	自分の気持ちを言葉で表現する楽しさを味わう。				
	人の言葉や話などをよく聞き、自分の経験したことや考えたことを話し、伝え合う喜びを味わう。				
	日常生活に必要な言葉が分かるようになるとともに、絵本や物語などに親しみ、先生や友達と心を通わせる。				
表現	いろいろなものの美しさなどに対する豊かな感性をもつ。				
	感じたことや考えたことを自分なりに表現して楽しむ。				
	生活の中でイメージを豊かにし、様々な表現を楽しむ。				
出欠状況	年度／　　年度／　　年度／　　年度	備考			
	教育日数				
	出席日数				

このことについて、通知では以下のように書かれています。

■「幼稚園幼児指導要録の改善について」（平成21年１月28日通知）別紙

２　指導上参考となる事項

⑴　次の事項について記入すること。

１．１年間の指導の過程と幼児の発達の姿について以下の事項を踏まえ記入すること。

・幼稚園教育要領第２章「ねらい及び内容」に示された各領域のねらいを視点として、当該幼児の発達の実情から向上が著しいと思われるもの。その際、他の幼児との比較や一定の基準に対する達成度についての評定によって捉えるものではないことに留意すること。

・幼稚園生活を通して全体的、総合的に捉えた幼児の発達の姿。

幼稚園の指導は、幼稚園教育要領にそって展開することは当然ですし、幼稚園の評価で大切なことは、その子なりの一歩を捉えていくことですから、○印でなくて、「指導上参考となる事項」において文章表現になることにより、より具体的でわかりやすいものとなります。

しかし、「指導上参考となる事項」の欄では、限られたスペースの中での文章表現ですから、明瞭な文章表現が必要であり、次の指導者に参考となるよう、より一層工夫することが求められるところです。

平成30年の指導要録の改善事項

今回の指導要録の考え方や書き方については、基本的なところでは、平成21年の指導要録を継承していますが、小学校との接続を踏まえて、「最終学年の指導に関する記録」では、「指導上参考となる事項」の欄において、より指導の継続性が図れるような工夫がされています。すなわち、小学校の指導の際に生かされるよう「幼児期の終わりまでに育ってほしい姿」を活用して、幼児に育まれている資質・能力を記入することとしています。

「幼児期の終わりまでに育ってほしい姿」は、幼稚園において幼児期にふさわしい遊びや生活を積み重ねることにより、５歳児の後半になると見られる姿です。したがって、最終年度の「指導上参考となる事項」の記入にあたっては、「幼児期の終わりまでに育ってほしい姿」にそって、幼児の中に芽生えつつある資質・能力とその指導の過程を書くようにします。

また、それを読む小学校教員が、「幼児期の終わりまでに育ってほしい姿」についての理解を深めて具体的な指導に生かせるよう、「幼児期の終わりまでに育ってほしい姿」10項目にそって必要な説明が様式の中に記載されています（030ページ参照）。

2 「幼稚園幼児指導要録」の記入方法

年度終了の時期を迎えると、どの幼稚園においても、幼稚園幼児指導要録の作成に取りかかると思います。その際、備えておかなければならない書類だからといった義務的な気持ちだけで取り組んでは問題です。なぜ、幼稚園で作成するのか、それはどのような形で幼稚園の指導に反映していくのかなどの指導要録の基本的性格を踏まえ、各評価項目の主旨を十分に理解した上で作成に臨むことが必要です。

本節では、指導要録の各評価項目の主旨を解説するとともに、指導要録作成にあたって留意すべきことについて述べます。

●学籍に関する記録

「学籍に関する記録」は、外部に対する証明の原簿であり、その幼児が確かにその園での教育を受けたことを示すものです。原則として、入園時及び転入園時に作成することとなります。

記載事項としては、

①幼児の氏名、性別、生年月日及び現住所
②保護者（親権者）氏名及び現住所
③入園や修了の年月日などの学籍の記録
④幼稚園名及び所在地
⑤入園前の状況
⑥進学先等
⑦各年度の入園（転入園）・進級時の年齢
⑧園長の氏名及び学級担任者の氏名

です。

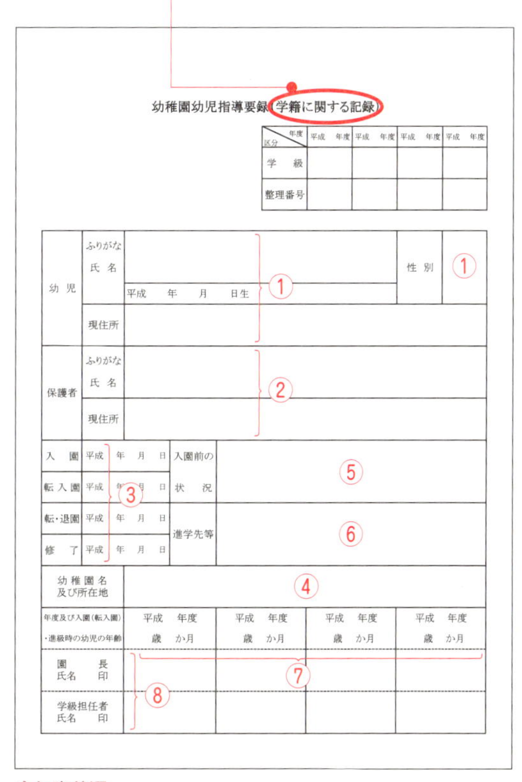

幼稚園幼児指導要録（学籍に関する記録）

区分＼年度	平成　年度	平成　年度	平成　年度	平成　年度
学　級				
整理番号				

幼　児	ふりがな 氏　名	平成　年　月　日生 ①	性　別	①
	現住所			
保護者	ふりがな 氏　名	②		
	現住所			

入　園	平成　年　月　日	入園前の状況	⑤
転 入 園	平成　年　月　日 ③		
転・退園	平成　年　月　日	進学先等	⑥
修　了	平成　年　月　日		

幼 稚 園 名 及び所在地	④			
年度及び入園（転入園）・進級時の幼児の年齢	平成　年度 歳　か月	平成　年度 歳　か月	平成　年度 歳　か月	平成　年度 歳　か月
園　長 氏名　印	⑦			
学級担任者 氏名　印	⑧			

全年度共通

特に、「⑤入園前の状況」については、保育所等での集団経験の有無を記入します。「⑥進学先等」では、進学した学校や転園した幼稚園等の名称及び所在地を記入します。各項目について、簡潔にわかりやすく記入する必要があります。

学籍に関する記録を記入する際、その園で教育を受けたことの事実について、プライバシーを守る観点に配慮して作成する必要があります。

●指導に関する記録

「指導に関する記録」は、１年間の指導の過程とその結果を要約し、次の年度の適切な指導に資するための資料です。したがって、作成にあたっては、何をどう書き記すことで、次の指導者が、その幼児についての適切な指導を具体的にイメージできるのかを考えることが大切です。丁寧に記入したつもりでも、次の指導者が理解できなかったら意味がありません。また、その幼児についての情報をいろいろ書いても、次の指導者がそれらの情報を生かせないこともあります。「次の指導者へのメッセージとなる」ということを十分踏まえて、必要な情報を書き記すことが大切です。

記入項目としては、

⑨指導の重点等

⑩指導上参考となる事項

⑩′最終年度の指導上参考となる事項

⑪出欠の状況

⑫備考

の四つの欄が設けられています。

以下、それぞれの欄に、何をどう記入していくかについて解説するとともに、指導の記録を作成する際に、事前にまとめておくとよい資料などについて、述べることとします。

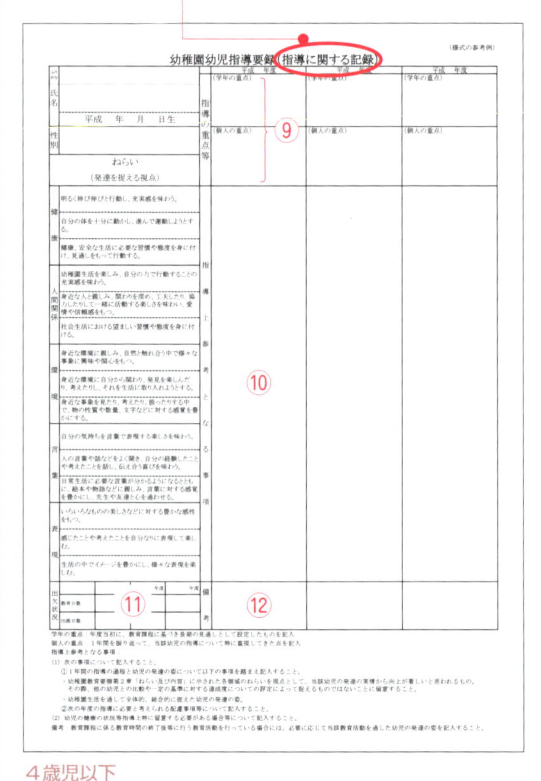

（様式の参考例）

幼稚園幼児指導要録（指導に関する記録）

ふりがな／氏名	平成　年　月　日生	指導の重点等	平成　年度	平成　年度	平成　年度
			（学年の重点） ⑨	（学年の重点）	（学年の重点）
性別			（個人の重点）	（個人の重点）	（個人の重点）
ねらい（発達を捉える視点）					
健康	明るく伸び伸びと行動し、充実感を味わう。	指導上参考となる事項	⑩		
	自分の体を十分に動かし、進んで運動しようとする。				
	健康、安全な生活に必要な習慣や態度を身に付け、見通しをもって行動する。				
人間関係	幼稚園生活を楽しみ、自分の力で行動することの充実感を味わう。				
	身近な人と親しみ、関わりを深め、工夫したり、協力したりして一緒に活動する楽しさを味わい、愛情や信頼感をもつ。				
	社会生活における望ましい習慣や態度を身に付ける。				
環境	身近な環境に親しみ、自然と触れ合う中で様々な事象に興味や関心をもつ。				
	身近な環境に自分から関わり、発見を楽しんだり、考えたりし、それを生活に取り入れようとする。				
	身近な事象を見たり、考えたり、扱ったりする中で、物の性質や数量、文字などに対する感覚を豊かにする。				
言葉	自分の気持ちを言葉で表現する楽しさを味わう。				
	人の言葉や話などをよく聞き、自分の経験したことや考えたことを話し、伝え合う喜びを味わう。				
	日常生活に必要な言葉が分かるようになるとともに、絵本や物語などに親しみ、言葉に対する感覚を豊かにし、先生や友達と心を通わせる。				
表現	いろいろなものの美しさなどに対する豊かな感性をもつ。				
	感じたことや考えたことを自分なりに表現して楽しむ。				
	生活の中でイメージを豊かにし、様々な表現を楽しむ。				
出欠状況	年度／教育日数／出席日数 ⑪	備考	⑫		

学年の重点：年度当初に、教育課程に基づき長期の見通しとして設定したものを記入

個人の重点：１年間を振り返って、当該幼児の指導について特に重視してきた点を記入

指導上参考となる事項：

(1) 次の事項について記入すること。

①１年間の指導の過程と幼児の発達の姿について以下の事項を踏まえ記入すること。

・幼稚園教育要領第２章「ねらい及び内容」に示された各領域のねらいを視点として、当該幼児の発達の実情から向上が著しいと思われるもの。その際、他の幼児との比較や一定の基準に対する達成度についての評定によって捉えるものではないことに留意すること。

・幼稚園生活を通して全体的、総合的に捉えた幼児の発達の姿。

②次の年度の指導に必要と考えられる配慮事項等について記入すること。

(2) 幼児の健康の状況等指導上特に留意する必要がある場合等について記入すること。

備考：教育課程に係る教育時間の終了後等に行う教育活動を行っている場合には、必要に応じて当該教育活動を通した幼児の発達の姿を記入すること。

４歳児以下

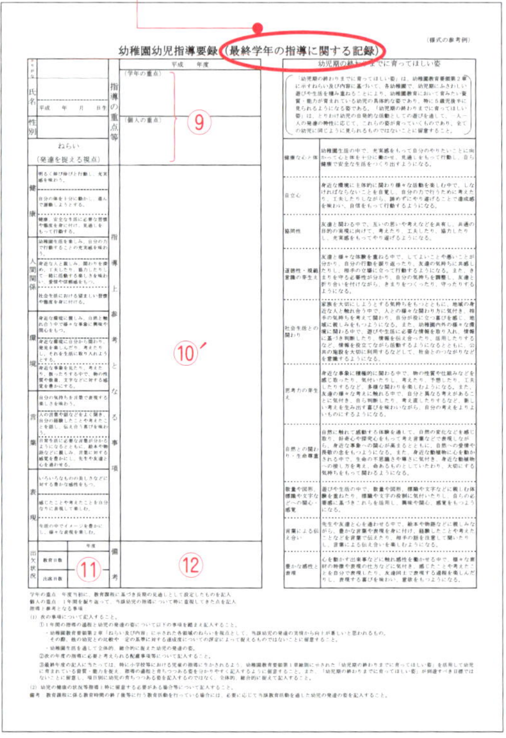

（様式の参考例）

幼稚園幼児指導要録（最終学年の指導に関する記録）

最終年度（５歳児）

(1)「指導に関する記録」記入のポイント

「指導の重点等」欄（前ページ図⑨の欄）記入のポイント

「指導に関する記録」は、指導の継続性を図るために作成するものです。つまり、幼児の発達の状況を捉えるとともに、その背景にある教師自らの指導の反省・評価を行い、次のよりよい指導につなげていくことが大切です。特に、「**指導の重点等**」では、教師自身の指導の反省・評価を行うため、その年度を振り返り、当該学級や当該幼児に対してどのような指導を行ってきたのかを明確にします。この欄には、次の二つのことを明記します。

一点は、その年度、その学年で何を重点として指導をしてきたかを「**学年の重点**」として記入することです。幼稚園における教育は、計画的な営みですから、必ず、年度当初には、その年度はどのようなことを目標にして指導を行うのか、1年間の見通しを立てます。そうした指導の目標を「**学年の重点**」として記入します。したがって、学級のどの幼児についても同じことを記入することになります。

もう一点は、1年間を振り返り、その子にどのような指導をしてきたのか、「**個人の重点**」を記入することです。1年間、当該幼児とどのような関わりをしてきたのかを、その事実を簡潔に記入します。

保育を進める際には、まず学級全体の目標に向かって指導を進めると思います。しかし、保育の展開では、幼児一人一人の特性や発達の課題にそって、それに応じる指導を重ねていくことになります。1年間を振り返ってみて、実際に当該幼児との関わりで大切にしてきたこと、あるいは結果的に重視してきたことは何かを記入することになります。

その際、日頃書いてきた記録を振り返ることが大切です。その時々には、あまり意識してきませんでしたが、記録を振り返ってみると、その幼児に対する知らず知らずの関わりがあったことに気付くこともあります。もちろん、そうした教師の関わりが、幼児の発達にどのような意味をもったかを反省・評価することが必要です。場合によっては、さらに心身の調和のとれた発達を確保するために引き続きの指導が必要であり、そのことを「指導上参考となる事項」に記入し、次の指導者にメッセージとして送ることも必要になります。

ここで大切なことは、「**個人の重点**」は、1年間を振り返って初めて得られるものであり、初めから幼児一人一人に定めるものではないということです。全体の目標に向かって保育を展開する中で、幼児一人一人とどう向き合い、関わってきたかを反省することで、次へのよりよい指導につなげていくことなのです。

例えば、3年保育4歳児クラスのA子の場合で考えてみます。集団生活に慣れてきて個々の遊びが充実してくる時期なので、学年の指導の重点は、「友達と一緒に遊ぶ楽しさを味わいつつ、身近な環境に自分から働きかけながら、伸び伸びとして遊ぶ」としました。様々な環境に幼児自らが働きかけながら、遊びが充実することを願って保育を進めてきたわけですが、おとなしいA子の場合は、友達とのつながりもあまりもっていなかったの

で、教師が誘いかけながら、あるいは一緒に行動しながら、身近な環境と関わる機会や友達と触れ合う場をつくってきました。したがって、Ａ子の個人の指導の重点は、「先生や友達と一緒に行動しながら、様々な環境との関わりを楽しむ」となります。さらに、こうした個人の指導の重点は、Ａ子の健やかな発達につながっているかどうかを反省・評価していくことが必要です。１年間のＡ子に対する指導を振り返ってみると、特に、後半は、特定の友達と関わる機会が見られてきたので、Ａ子自身の行動に任せる、あるいは幼児同士のつながりを深める指導が必要だったかもしれません。こうした反省は、「指導上参考となる事項」に記入し、５歳児の指導者に伝えていくことが必要です。この場合、「指導上参考となる事項」に、個人の指導の重点について課題として残っており、今後もＡ子の行動をよく見て必要な援助をしていくこととして、記入することが必要です。

「指導上参考となる事項」欄（次ページ図⑩の欄）記入のポイント

〔発達の状況を捉える〕

幼稚園教育要領第２章ねらい及び内容に示した各領域のねらいを視点として、１年間の指導の過程を振り返り、当該幼児の年度当初の姿をもとにして、どのように変化したかを捉えます。その際、うまくできているところや他の幼児と比べて発達していると思われるところを捉えるのではなく、その幼児なりの一歩を見つけることが大切です。次の指導者と、当該幼児の発達の理解を共通にすることで、一貫性のある指導が可能となっていくのです。また、あくまでも個々の幼児の実情を捉えるためのものですから、ある規準に当てはめる必要はありません。その幼児の中で向上が著しいものを捉えることが必要なのです。なお、様々な発達の側面の相互関連性などを十分考慮して、記入していくことが大切です。

〔「その子らしさ」を捉えて記入する〕

これからの学校教育に求められることは、いつもみんなと同じことを同じようにできることではありません。たとえ同じことであっても、一人一人がもつ個性を発揮し、つまり、その子らしさを発揮しながら「生きる力」を培うことが大切です。したがって、「**指導上参考となる事項**」の欄の記載にあたっては、その子がその子らしく生きる場面を捉えることが必要です。「まだ、○○ができない」ということではなく、「このような場面であれば、○○ができる」といったように、その子のよさや可能性が伝わる書き方の工夫が必要です。

また、この欄は「指導上参考となる事項」を記入するためのものですから、どのようなことを記録することが、次の時期のよりよい指導を生み出すために役立つかを、十分に考えて記入することが大切です。

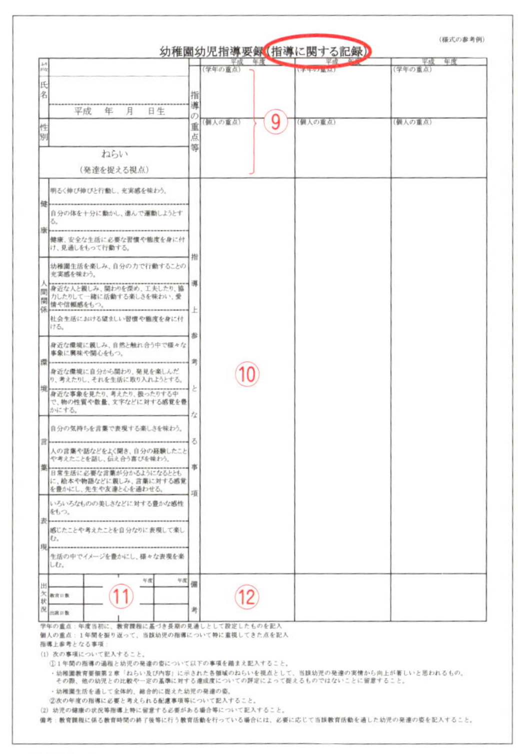

（様式の参考例）

幼稚園幼児指導要録（指導に関する記録）

氏名		平成　年度	平成　年度	平成　年度
	平成　年　月　日生	（学年の重点）	（学年の重点）	（学年の重点）
性別		（個人の重点）⑨	（個人の重点）	（個人の重点）
ねらい（発達を捉える視点）		指導の重点等		
健康	明るく伸び伸びと行動し、充実感を味わう。	指導上参考となる事項 ⑩		
	自分の体を十分に動かし、進んで運動しようとする。			
	健康、安全な生活に必要な習慣や態度を身に付け、見通しをもって行動する。			
人間関係	幼稚園生活を楽しみ、自分の力で行動することの充実感を味わう。			
	身近な人と親しみ、関わりを深め、工夫したり、協力したりして一緒に活動する楽しさを味わい、愛情や信頼感をもつ。			
	社会生活における望ましい習慣や態度を身に付ける。			
環境	身近な環境に親しみ、自然と触れ合う中で様々な事象に興味や関心をもつ。			
	身近な環境に自分から関わり、発見を楽しんだり、考えたりし、それを生活に取り入れようとする。			
	身近な事象を見たり、考えたり、扱ったりする中で、物の性質や数量、文字などに対する感覚を豊かにする。			
言葉	自分の気持ちを言葉で表現する楽しさを味わう。			
	人の言葉や話などをよく聞き、自分の経験したことや考えたことを話し、伝え合う喜びを味わう。			
	日常生活に必要な言葉が分かるようになるとともに、絵本や物語などに親しみ、言葉に対する感覚を豊かにし、先生や友達と心を通わせる。			
表現	いろいろなものの美しさなどに対する豊かな感性をもつ。			
	感じたことや考えたことを自分なりに表現して楽しむ。			
	生活の中でイメージを豊かにし、様々な表現を楽しむ。			
出欠状況	年度／年度／年度　教育日数　出席日数 ⑪	備考 ⑫		

学年の重点：年度当初に、教育課程に基づき長期の見通しとして設定したものを記入
個人の重点：１年間を振り返って、当該幼児の指導について特に重視してきた点を記入
指導上参考となる事項：
(1) 次の事項について記入すること。
①１年間の指導の過程と幼児の発達の姿について以下の事項を踏まえ記入すること。
・幼稚園教育要領第２章「ねらい及び内容」に示された各領域のねらいを視点として、当該幼児の発達の実情から向上が著しいと思われるもの。その際、他の幼児との比較や一定の基準に対する達成度についての評定によって捉えるものではないことに留意すること。
・幼稚園生活を通して全体的、総合的に捉えた幼児の発達の姿。
②次の年度の指導に必要と考えられる配慮事項等について記入すること。
(2) 幼児の健康の状況等指導上特に留意する必要がある場合等について記入すること。
備考：教育課程に係る教育時間の終了後等に行う教育活動を行っている場合には、必要に応じて当該教育活動を通した幼児の発達の姿を記入すること。

４歳児以下

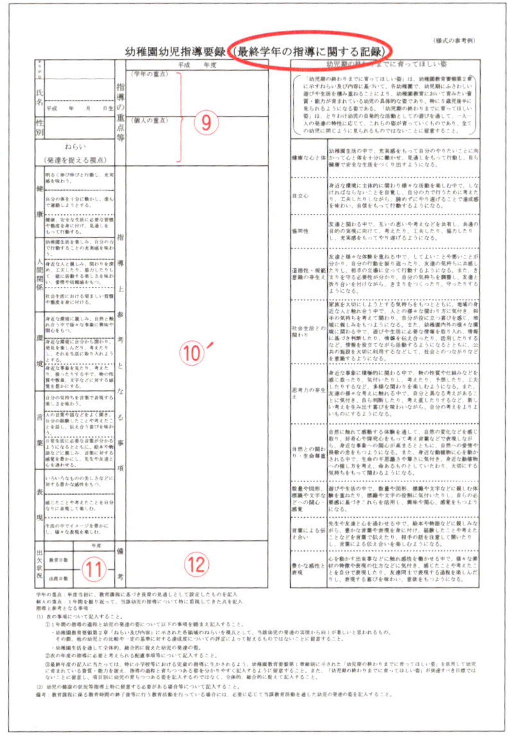

（様式の参考例）

幼稚園幼児指導要録（最終学年の指導に関する記録）

（学年の重点）⑨　（個人の重点）　指導の重点等　指導上参考となる事項 ⑩´　出欠状況 ⑪　備考 ⑫

幼児期の終わりまでに育ってほしい姿

「幼児期の終わりまでに育ってほしい姿」は、幼稚園教育要領第２章に示すねらい及び内容に基づいて、各幼稚園で、幼児期にふさわしい遊びや生活を積み重ねることにより、幼稚園教育において育みたい資質・能力が育まれている幼児の具体的な姿であり、特に５歳児後半に見られるようになる姿である。「幼児期の終わりまでに育ってほしい姿」は、とりわけ幼児の自発的な活動としての遊びを通して、一人一人の発達の特性に応じて、これらの姿が育っていくものであり、全ての幼児に同じように見られるものではないことに留意すること。

健康な心と体	幼稚園生活の中で、充実感をもって自分のやりたいことに向かって心と体を十分に働かせ、見通しをもって行動し、自ら健康で安全な生活をつくり出すようになる。
自立心	身近な環境に主体的に関わり様々な活動を楽しむ中で、しなければならないことを自覚し、自分の力で行うために考えたり、工夫したりしながら、諦めずにやり遂げることで達成感を味わい、自信をもって行動するようになる。
協同性	友達と関わる中で、互いの思いや考えなどを共有し、共通の目的の実現に向けて、考えたり、工夫したり、協力したりし、充実感をもってやり遂げるようになる。
道徳性・規範意識の芽生え	友達と様々な体験を重ねる中で、してよいことや悪いことが分かり、自分の行動を振り返ったり、友達の気持ちに共感したりし、相手の立場に立って行動するようになる。また、きまりを守る必要性が分かり、自分の気持ちを調整し、友達と折り合いを付けながら、きまりをつくったり、守ったりするようになる。
社会生活との関わり	家族を大切にしようとする気持ちをもつとともに、地域の身近な人と触れ合う中で、人との様々な関わり方に気付き、相手の気持ちを考えて関わり、自分が役に立つ喜びを感じ、地域に親しみをもつようになる。また、幼稚園内外の様々な環境に関わる中で、遊びや生活に必要な情報を取り入れ、情報に基づき判断したり、情報を伝え合ったり、活用したりするなど、情報を役立てながら活動するようになるとともに、公共の施設を大切に利用するなどして、社会とのつながりなどを意識するようになる。
思考力の芽生え	身近な事象に積極的に関わる中で、物の性質や仕組みなどを感じ取ったり、気付いたりし、考えたり、予想したり、工夫したりするなど、多様な関わりを楽しむようになる。また、友達の様々な考えに触れる中で、自分と異なる考えがあることに気付き、自ら判断したり、考え直したりするなど、新しい考えを生み出す喜びを味わいながら、自分の考えをよりよいものにするようになる。
自然との関わり・生命尊重	自然に触れて感動する体験を通して、自然の変化などを感じ取り、好奇心や探究心をもって考え言葉などで表現しながら、身近な事象への関心が高まるとともに、自然への愛情や畏敬の念をもつようになる。また、身近な動植物に心を動かされる中で、生命の不思議さや尊さに気付き、身近な動植物への接し方を考え、命あるものとしていたわり、大切にする気持ちをもって関わるようになる。
数量や図形、標識や文字などへの関心・感覚	遊びや生活の中で、数量や図形、標識や文字などに親しむ体験を重ねたり、標識や文字の役割に気付いたりし、自らの必要感に基づきこれらを活用し、興味や関心、感覚をもつようになる。
言葉による伝え合い	先生や友達と心を通わせる中で、絵本や物語などに親しみながら、豊かな言葉や表現を身に付け、経験したことや考えたことなどを言葉で伝えたり、相手の話を注意して聞いたりし、言葉による伝え合いを楽しむようになる。
豊かな感性と表現	心を動かす出来事などに触れ感性を働かせる中で、様々な素材の特徴や表現の仕方などに気付き、感じたことや考えたことを自分で表現したり、友達同士で表現する過程を楽しんだりし、表現する喜びを味わい、意欲をもつようになる。

最終年度（５歳児）

一人一人のかけがえのない幼児の大切な１年間の記録ですから、教師が自分の目で見て、自分で言葉を選んで記入するのでなければ、その幼児の姿を浮き彫りにすることはできないのではないでしょうか。１年間の指導の過程やその結果のまとめであることを十分心にとめて、教師の責任として一人一人丁寧に書くことを基本にすることが重要です。

また、教師自身の指導に対する反省・評価も記入し、よりよい指導を生み出す記録となるようにする必要があります。なお、健康の状況などについて、指導上特に留意する必要がある場合は、この欄に記入することとします。

「指導上参考となる事項」を記入する際には、次の指導者を意識して、指導の参考となる事項を明瞭で簡潔にまとめる必要があります。つまり、当該幼児に対してどのような教師の関わりがあれば、その子らしさを発揮し自信をもって行動できるのかを考えて記入することです。

最終年度の「指導上参考となる事項」欄（上図⑩´の欄）記入のポイント

この欄は、基本的には、⑩の欄の記入の仕方と同じです。特に今回は、最終年度では、幼稚園教育要領に示す「幼児期の終わりまでに育ってほしい姿」を活用して、子どもの中に芽生えつつある資質・能力を指導の過程との関係も踏まえてわかりやすく記入し、次の指導者である小学校教員に伝えていくこととなっています。この場合、あくまでも「幼児期の終わりまでに育ってほしい姿」は到達すべき目標ではないこと、項目別に子どもの中に育ちつつある姿を記入するのではなく、全体的、総合的に捉えて記入することとしています。

「出欠状況」欄（前ページ図⑪の欄）記入のポイント

「**教育日数**」の欄には、１年間に教育した実際の総日数を記入します。この教育日数は、原則として同一年齢のすべての幼児について同日数になります。ただし、転入園等をした幼児については、転入園などをした日以後の教育日数を記入し、転園または退園をした幼児については、転園のため幼稚園を去った日または退園をした日までの教育日数を記入します。なお、夏休み、冬休みなどの休業期間中における幼児の登園日などは、それが教育課程として実施されたものでないかぎり、教育日数とはみなされません。あくまでも、この欄に記入するのは、実際に教育した日数です。

「**出席日数**」欄には、出席日数を記入します。早退、遅刻などをした日も出席日数に含めます。

「備考」欄（前ページ図⑫の欄）記入のポイント

欠席理由の主なものなどを記入します。なお、伝染病などによる出席停止や忌引きについても、この欄に記入します。また、教育課程に係る教育時間終了後等に行う教育活動を行っている場合には、必要に応じて当該教育活動を通した幼児の姿を記入することも可能です。

⑵ 「指導に関する記録」記入の配慮点

１年間の保育記録を整理し、指導の過程を捉える

指導要録を作成するにあたっては、１年間の保育記録を読み直し、どのような指導をしてきたのか、その幼児はどのような変容をしてきたのかなど、その指導の過程の概要をつかんだり、その結果をまとめたりすることが必要です。

日々の保育記録を１年間通して読み返すことにより、日々の保育では気付かなかった幼児の姿に気付くことがあります。例えば、友達とのトラブルを繰り返してきた幼児を捉えた保育記録を読み返してみると、幼児はトラブルを起こすことで教師とのつながりを求めていたのではないかと反省することもあります。保育記録を読み返すことで、教師自身の幼児との関わりを意識し、見直すべきことがあれば改善していくよう心がけることが必要なのです。

その子なりの一歩を捉える

「指導上参考となる事項」の記入にあたっては、幼稚園教育要領第２章に示すねらい及び内容をどのような形で身に付けているかなど、幼児の発達の状況を捉えることが必要です。その際、他児と比べたり、一定の規準に照らしたりするのではなく、年度当初の姿と比較し、成長や発達している姿をその幼児なりの一歩として捉えていくことが大切です。

明瞭で簡潔な言葉で書く

いざ書き始めると、その子の性格や活動の姿等、いろいろな姿が浮かんできて、あれもこれも書いてしまいがちですが、「指導に関する記録」で必要なことは、次の指導者の指導に参考となる事項ですから、この視点から明瞭で簡潔にまとめることが必要です。指導要録は、次の指導者に送るメッセージなのです。

なお、幼児の健康の状況等は、指導上特に留意する必要がある場合についてのみ記入するようにします。

小学校教員に伝わる書き方を工夫する

進学に際しては、幼児一人一人の指導の継続性を図ることを目的として、幼稚園幼児指導要録抄本を小学校に送付することになっています。その際、幼稚園と小学校では、教育の内容や方法が異なっていることを踏まえた上で、小学校教員にその幼児のよさが伝わるような書き方の工夫をする必要があります。

例えば、いい考えをもっていてもなかなか自分から友達に考えを伝えたりすることができない幼児の場合は、「自分の考えをもっているが、緊張して自分から言葉で伝えたりすることができない時には、教師が、話をするきっかけをつくったり、聞き手になることで、安心して考えたことなどを言葉で伝えることができる」と、「幼児期の終わりまでに育ってほしい姿」の「言葉による伝え合い」の視点に焦点を当てて、どういう状況の中でその幼児のもつよさが発揮できるかを考え、教師の関わりを記入していきます。この場合、小学校では、みんなの前で自分の意見を発表する機会が増えることを予想しながら、そうした場面で、当該幼児にどのように関わったらよいか、その場面で教師に求められる援助を記入していきます。

このため、日頃から小学校教員と意見交換を重ねながら幼小の連携を進め、互いの教育の違いを理解して「幼児期の終わりまでに育ってほしい姿」を共有しながら、いかにして幼児一人一人の育ちをつないでいくかを共に考え合う関係をつくる必要があります。

個人情報に配慮する

指導要録は、当該幼児の情報についてたくさんあることが必要ではなく、幼児が次の指導の段階で困らないようにする視点から、または次の指導者がよりよい指導を展開できるための資料を提供する視点から精選することが大切です。記入や管理にあたっては、プライバシーに配慮する必要があります。

特に、障害のある幼児などの場合、幼児との関わりについて丁寧に引き継ぎ、指導の継続性を図ることが大切ですが、指導要録ですべてを伝えることは難しいかもしれません。平成30年度施行の幼稚園教育要領では、障害のある幼児については、保護者や他の専門機関等と連携し、個別の指導計画や個別の教育支援計画を作成することになっています。幼児との関わりについては、こうした資料等も活用しながら、次の指導者に伝えていくことが必要です。いずれにしても、日頃から保護者と密接に連携し、保護者の思いや不安を受け止めながら、当該幼児についてのよりよい指導を生み出す体制をつくり、信頼関係を築いていくことが重要です。（神長）

「保育所児童保育要録」の基礎知識

1 「保育所児童保育要録」とは？

(1) 指針改定と保育要録

保育ニーズの高まりとともに保育所在所児数が増え続けています。昨今の社会状況の変化により保育所への期待も高まる一方です。そのような中で、平成29年３月保育所保育指針が改定されました。このことは保育所にとって様々な意味があると思われます。指針は基本であり、規範性を有する基準としての性格をもっています。

今回の指針改定では「乳児保育の記載の充実」とともに「養護の重視」が改定の大きなポイントになっています。養護は保育所保育の基盤であり、指針全体にとって重要なものであるという認識から総則において記載されています。この点においては前回の指針同様家庭との連携協力が大事なことであることは言うまでもなく、子どもの毎日の生活の環境や援助が実に重要であるということです。生活の中での子どもの育ちをしっかりと読み取っていくことが求められています。

さらに大きなポイントとして「幼児教育の積極的な位置付け」が挙げられます。今回の改定により、幼稚園・幼保連携型認定こども園と共に幼児教育を担う施設と位置付けられたのです。以前より保育所は「養護と教育の一体化」を進めてきましたが、今回の改定では「幼児教育において育みたい子どもたちの資質・能力」を定義し、「幼児期の終わりまでに育ってほしい姿」を明確化しました。そしてこの10の姿を小学校と共有するなどの連携も求めており、より具体的な連携体制が詳細に示されたと言えます。『保育所保育指針解説』（第２章４(2)ア）では「保育所と小学校がそれぞれ指導方法を工夫し、保育所保育と小学校教育との円滑な接続が図られることが大切である」として双方の努力を求めているのです。

子どもは発達に伴い、形を変えながら、遊びや生活の中で様々な学びをしています。学びは確実に生きる力の礎となるもので、成長発達には欠かせません。その学びもまた保育所だけで終わるものではなく、小学校へと連続し、生涯の学びへと続いていくことを前提に保育所児童保育要録作成が義務付けられています。保育所保育指針第２章４(2)ウ（小学校との連携）には、「子どもに関する情報共有に関して、保育所に入所している子どもの就学に際し、市町村の支援の下に、子どもの育ちを支えるための資料が保育所から小学校へ送付されるようにすること」とあり、「保育所児童保育要録」が位置付けられています。

保育所での子どもの育ちをそれ以降の生活や学びへとつなげていくことは、保育所の重要な役割です。就学への意欲を育てていくとともに、「保育所の生活を通して一人一人の子どもが育ってきた過程を振り返り、保育における援助の視点や配慮を踏まえ、その育ちの姿を的確に記録することが必要である」（『保育所保育指針解説』第２章４⑵ウ）と言えます。

⑵ 保育要録作成の留意点

「保育所児童保育要録」は、小学校へ子どもの育ちを伝えていくための資料です。保育所には様々な保育記録がありますが、児童票等まとめとしての個人記録の内容を中心として作成していくことになります。

様式については、各市町村で定めることとされていますが、基本（参考例）となるものは「保育所保育指針の適用に際しての留意事項について」（平成30年３月30日厚生労働省子ども家庭局保育課長通知）の別紙に示されています（通知本文は147ページ、様式の参考例は044～046ページ参照）。

作成上の留意点として、『保育所保育指針解説』（第２章４⑵ウ他）では次の事項が挙げられています。

- 子どもの状況等に応じて柔軟に作成する
- 一人一人の子どものよさや全体像が伝わるように工夫する
- 子どもの最善の利益を考慮し、保育所から小学校へ子どもの可能性を受け渡していくものであると認識する
- 保護者との信頼関係を基盤にして、保護者の思いを踏まえつつ記載する
- 保育要録の送付について、入所時や懇談会などを通して、保護者に周知することも必要
- 保育要録は、個人情報を含むものであるため、個人情報の保護に関する法律等を踏まえて適切に個人情報を取り扱うこと

前述のように、保育要録は子どもの育ちを小学校へ伝え、生活と学びの連続性を図るための重要な資料です。子どもが小学校においてもそのよさと可能性を発揮できるように、保育所での育ちをわかりやすく伝えることも必要です。その際保護者の思いを踏まえることも大切ですが、園の保育理念がこめられていることも重要です。子どもの全体像を伝えるにあたってもそれが反映されてきます。そのことを、作成した担任保育者だけでなく、職員全体の意識となるようにすることが、保育所全体の保育の質を向上させていくためにも必要なことなのです。

「保育所児童保育要録」様式の参考例（平成30年３月30日通知／別紙資料）

別紙資料１
（様式の参考例）

保育所児童保育要録（入所に関する記録）

<table>
<tr><td rowspan="3">児　童</td><td>ふりがな
氏　名</td><td colspan="3"></td><td rowspan="2">性　別</td><td rowspan="2"></td></tr>
<tr><td></td><td colspan="3">年　　月　　日生</td></tr>
<tr><td>現住所</td><td colspan="5"></td></tr>
<tr><td rowspan="2">保護者</td><td>ふりがな
氏　名</td><td colspan="5"></td></tr>
<tr><td>現住所</td><td colspan="5"></td></tr>
<tr><td>入　所</td><td colspan="2">年　　月　　日</td><td>卒　所</td><td colspan="3">年　　月　　日</td></tr>
<tr><td>就学先</td><td colspan="6"></td></tr>
<tr><td colspan="2">保育所名
及び所在地</td><td colspan="5"></td></tr>
<tr><td colspan="2">施　設　長
氏　　名</td><td colspan="5"></td></tr>
<tr><td colspan="2">担当保育士
氏　名</td><td colspan="5"></td></tr>
</table>

（様式の参考例）

保育所児童保育要録（保育に関する記録）

本資料は、就学に際して保育所と小学校（義務教育学校の前期課程及び特別支援学校の小学部を含む。）が子どもに関する情報を共有し、子どもの育ちを支えるための資料である。

ふりがな	
氏名	
生年月日	年　月　日
性別	

ねらい（発達を捉える視点）	
健康	明るく伸び伸びと行動し、充実感を味わう。
	自分の体を十分に動かし、進んで運動しようとする。
	健康、安全な生活に必要な習慣や態度を身に付け、見通しをもって行動する。
人間関係	保育所の生活を楽しみ、自分の力で行動することの充実感を味わう。
	身近な人と親しみ、関わりを深め、工夫したり、協力したりして一緒に活動する楽しさを味わい、愛情や信頼感をもつ。
	社会生活における望ましい習慣や態度を身に付ける。
環境	身近な環境に親しみ、自然と触れ合う中で様々な事象に興味や関心をもつ。
	身近な環境に自分から関わり、発見を楽しんだり、考えたりし、それを生活に取り入れようとする。
	身近な事象を見たり、考えたり、扱ったりする中で、物の性質や数量、文字などに対する感覚を豊かにする。
言葉	自分の気持ちを言葉で表現する楽しさを味わう。
	人の言葉や話などをよく聞き、自分の経験したことや考えたことを話し、伝え合う喜びを味わう。
	日常生活に必要な言葉が分かるようになるとともに、絵本や物語などに親しみ、言葉に対する感覚を豊かにし、保育士等や友達と心を通わせる。
表現	いろいろなものの美しさなどに対する豊かな感性をもつ。
	感じたことや考えたことを自分なりに表現して楽しむ。
	生活の中でイメージを豊かにし、様々な表現を楽しむ。

保育の過程と子どもの育ちに関する事項
（最終年度の重点）
（個人の重点）
（保育の展開と子どもの育ち）
（特に配慮すべき事項）

最終年度に至るまでの育ちに関する事項

幼児期の終わりまでに育ってほしい姿 ※各項目の内容等については、別紙に示す「幼児期の終わりまでに育ってほしい姿について」を参照すること。
健康な心と体
自立心
協同性
道徳性・規範意識の芽生え
社会生活との関わり
思考力の芽生え
自然との関わり・生命尊重
数量や図形、標識や文字などへの関心・感覚
言葉による伝え合い
豊かな感性と表現

保育所における保育は、養護及び教育を一体的に行うことをその特性とするものであり、保育所における保育全体を通じて、養護に関するねらい及び内容を踏まえた保育が展開されることを念頭に置き、次の各事項を記入すること。

○保育の過程と子どもの育ちに関する事項

＊最終年度の重点：年度当初に、全体的な計画に基づき長期の見通しとして設定したものを記入すること。

＊個人の重点：１年間を振り返って、子どもの指導について特に重視してきた点を記入すること。

＊保育の展開と子どもの育ち：最終年度の１年間の保育における指導の過程と子どもの発達の姿（保育所保育指針第２章「保育の内容」に示された各領域のねらいを視点として、子どもの発達の実情から向上が著しいと思われるもの）を、保育所の生活を通して全体的、総合的に捉えて記入すること。その際、他の子どもとの比較や一定の基準に対する達成度についての評定によって捉えるものではないことに留意すること。あわせて、就学後の指導に必要と考えられる配慮事項等について記入すること。別紙を参照し、「幼児期の終わりまでに育ってほしい姿」を活用して子どもに育まれている資質・能力を捉え、指導の過程と育ちつつある姿をわかりやすく記入するように留意すること。

＊特に配慮すべき事項：子どもの健康の状況等、就学後の指導において配慮が必要なこととして、特記すべき事項がある場合に記入すること。

○最終年度に至るまでの育ちに関する事項

子どもの入所時から最終年度に至るまでの育ちに関し、最終年度における保育の過程と子どもの育ちの姿を理解する上で、特に重要と考えられることを記入すること。

（様式の参考例）

（別紙）

幼児期の終わりまでに育ってほしい姿について

保育所保育指針第１章「総則」に示された「幼児期の終わりまでに育ってほしい姿」は、保育所保育指針第２章「保育の内容」に示されたねらい及び内容に基づいて、各保育所で、乳幼児期にふさわしい生活や遊びを積み重ねることにより、保育所保育において育みたい資質・能力が育まれている子どもの具体的な姿であり、特に小学校就学の始期に達する直前の年度の後半に見られるようになる姿である。「幼児期の終わりまでに育ってほしい姿」は、とりわけ子どもの自発的な活動としての遊びを通して、一人一人の発達の特性に応じて、これらの姿が育っていくものであり、全ての子どもに同じように見られるものではないことに留意すること。

健康な心と体	保育所の生活の中で、充実感をもって自分のやりたいことに向かって心と体を十分に働かせ、見通しをもって行動し、自ら健康で安全な生活をつくり出すようになる。
自立心	身近な環境に主体的に関わり様々な活動を楽しむ中で、しなければならないことを自覚し、自分の力で行うために考えたり、工夫したりしながら、諦めずにやり遂げることで達成感を味わい、自信をもって行動するようになる。
協同性	友達と関わる中で、互いの思いや考えなどを共有し、共通の目的の実現に向けて、考えたり、工夫したり、協力したりし、充実感をもってやり遂げるようになる。
道徳性・規範意識の芽生え	友達と様々な体験を重ねる中で、してよいことや悪いことが分かり、自分の行動を振り返ったり、友達の気持ちに共感したりし、相手の立場に立って行動するようになる。また、きまりを守る必要性が分かり、自分の気持ちを調整し、友達と折り合いを付けながら、きまりをつくったり、守ったりするようになる。
社会生活との関わり	家族を大切にしようとする気持ちをもつとともに、地域の身近な人と触れ合う中で、人との様々な関わり方に気付き、相手の気持ちを考えて関わり、自分が役に立つ喜びを感じ、地域に親しみをもつようになる。また、保育所内外の様々な環境に関わる中で、遊びや生活に必要な情報を取り入れ、情報に基づき判断したり、情報を伝え合ったり、活用したりするなど、情報を役立てながら活動するようになるとともに、公共の施設を大切に利用するなどして、社会とのつながりなどを意識するようになる。
思考力の芽生え	身近な事象に積極的に関わる中で、物の性質や仕組みなどを感じ取ったり、気付いたりし、考えたり、予想したり、工夫したりするなど、多様な関わりを楽しむようになる。また、友達の様々な考えに触れる中で、自分と異なる考えがあることに気付き、自ら判断したり、考え直したりするなど、新しい考えを生み出す喜びを味わいながら、自分の考えをよりよいものにするようになる。
自然との関わり・生命尊重	自然に触れて感動する体験を通して、自然の変化などを感じ取り、好奇心や探究心をもって考え言葉などで表現しながら、身近な事象への関心が高まるとともに、自然への愛情や畏敬の念をもつようになる。また、身近な動植物に心を動かされる中で、生命の不思議さや尊さに気付き、身近な動植物への接し方を考え、命あるものとしていたわり、大切にする気持ちをもって関わるようになる。
数量や図形、標識や文字などへの関心・感覚	遊びや生活の中で、数量や図形、標識や文字などに親しむ体験を重ねたり、標識や文字の役割に気付いたりし、自らの必要感に基づきこれらを活用し、興味や関心、感覚をもつようになる。
言葉による伝え合い	保育士等や友達と心を通わせる中で、絵本や物語などに親しみながら、豊かな言葉や表現を身に付け、経験したことや考えたことなどを言葉で伝えたり、相手の話を注意して聞いたりし、言葉による伝え合いを楽しむようになる。
豊かな感性と表現	心を動かす出来事などに触れ感性を働かせる中で、様々な素材の特徴や表現の仕方などに気付き、感じたことや考えたことを自分で表現したり、友達同士で表現する過程を楽しんだりし、表現する喜びを味わい、意欲をもつようになる。

保育所児童保育要録（保育に関する記録）の記入に当たっては、特に小学校における子どもの指導に生かされるよう、「幼児期の終わりまでに育ってほしい姿」を活用して子どもに育まれている資質・能力を捉え、指導の過程と育ちつつある姿をわかりやすく記入するように留意すること。

また、「幼児期の終わりまでに育ってほしい姿」が到達すべき目標ではないことに留意し、項目別に子どもの育ちつつある姿を記入するのではなく、全体的、総合的に捉えて記入すること。

2 「保育所児童保育要録」の記入方法

保育要録は、保育所から小学校へと生活と学びの連続性を図るためのものです。その内容は、主に保育所が今後伸びていってほしいと願うその子どものよさと可能性の現況を、ポイントを押さえて表現したものです。また、問題が起こる可能性がある場合の対処法や具体策、配慮してほしい事項などが挙げられており、保育所以降の生活の場においての理解や働きかけの手だてとなるものです。

「保育所保育指針の適用に際しての留意事項について」の別添1では、保育要録に記載する事項が次のように挙げられています。

別紙資料1
(様式の参考例)

保育所児童保育要録（入所に関する記録）

児童	ふりがな 氏名		性別	
		年　月　日生		
	現住所			
保護者	ふりがな 氏名			
	現住所			
入所	年　月　日	卒所	年　月　日	
就学先				
保育所名 及び所在地				
施設長 氏名				
担当保育士 氏名				

●入所に関する記録

1　児童の氏名、性別、生年月日及び現住所
2　保護者の氏名及び現住所
3　児童の保育期間（入所及び卒所年月日）
4　児童の就学先（小学校名）
5　保育所名及び所在地
6　施設長及び担当保育士名

●保育に関する記録

保育に関する記録は、保育所において作成した様々な記録の内容を踏まえて、最終年度（小学校就学の始期に達する直前の年度）の1年間における保育の過程と子どもの育ちを要約し、就学に際して保育所と小学校が子どもに関する情報を共有し、子どもの育ちを支えるための資料としての性格を持つものとすること。

また、保育所における保育は、養護及び教育を一体的に行うことをその特性とするものであり、保育所における保育全体を通じて、養護に関するねらい及び内容を踏まえた保育が展開されることを念頭に置き、記載すること。

1　保育の過程と子どもの育ちに関する事項
(1)　最終年度の重点
(2)　個人の重点
(3)　保育の展開と子どもの育ち
(4)　特に配慮すべき事項
2　最終年度に至るまでの育ちに関する事項

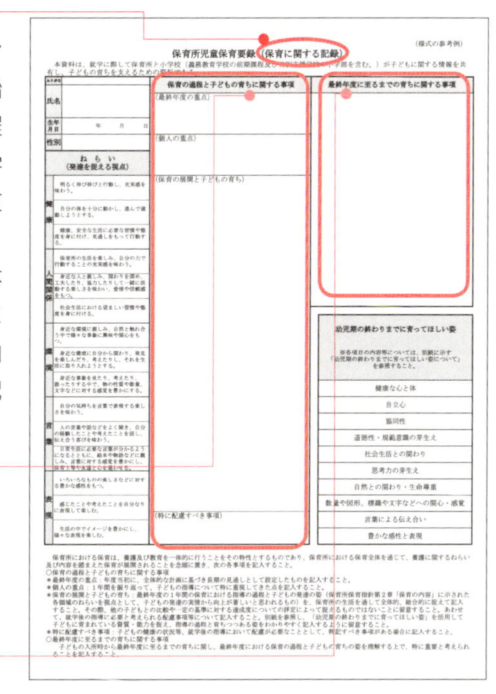
(様式の参考例)

保育所児童保育要録（保育に関する記録）

本資料は、就学に際して保育所と小学校（義務教育学校の前期課程及び特別支援学校の小学部を含む。）が子どもに関する情報を共有し、子どもの育ちを支えるための資料である。

		保育の過程と子どもの育ちに関する事項	最終年度に至るまでの育ちに関する事項
ふりがな		(最終年度の重点)	
氏名			
生年月日	年　月　日	(個人の重点)	
性別			
ねらい（発達を捉える視点）		(保育の展開と子どもの育ち)	
健康	明るく伸び伸びと行動し、充実感を味わう。		
	自分の体を十分に動かし、進んで運動しようとする。		
	健康、安全な生活に必要な習慣や態度を身に付け、見通しをもって行動する。		
人間関係	保育所の生活を楽しみ、自分の力で行動することの充実感を味わう。		幼児期の終わりまでに育ってほしい姿 ※各項目の内容等については、別紙に示す「幼児期の終わりまでに育ってほしい姿について」を参照すること。
	身近な人と親しみ、関わりを深め、工夫したり、協力したりして一緒に活動する楽しさを味わい、愛情や信頼感をもつ。		健康な心と体
	社会生活における望ましい習慣や態度を身に付ける。		自立心
環境	身近な環境に親しみ、自然と触れ合う中で様々な事象に興味や関心をもつ。		協同性
	身近な環境に自分から関わり、発見を楽しんだり、考えたりし、それを生活に取り入れようとする。		道徳性・規範意識の芽生え
	身近な事象を見たり、考えたり、扱ったりする中で、物の性質や数量、文字などに対する感覚を豊かにする。		社会生活との関わり
言葉	自分の気持ちを言葉で表現する楽しさを味わう。		思考力の芽生え
	人の言葉や話などをよく聞き、自分の経験したことや考えたことを話し、伝え合う喜びを味わう。		自然との関わり・生命尊重
	日常生活に必要な言葉が分かるようになるとともに、絵本や物語などに親しみ、言葉に対する感覚を豊かにし、保育士等や友達と心を通わせる。		数量や図形、標識や文字などへの関心・感覚
表現	いろいろなものの美しさなどに対する豊かな感性をもつ。		言葉による伝え合い
	感じたことや考えたことを自分なりに表現して楽しむ。	(特に配慮すべき事項)	豊かな感性と表現
	生活の中でイメージを豊かにし、様々な表現を楽しむ。		

保育所における保育は、養護及び教育を一体的に行うことをその特性とするものであり、保育所における保育全体を通じて、養護に関するねらい及び内容を踏まえた保育が展開されることを念頭に置き、次の各事項を記入すること。
○保育の過程と子どもの育ちに関する事項
＊最終年度の重点：年度当初に、全体的な計画に基づき長期の見通しとして設定したものを記入すること。
＊個人の重点：1年間を振り返って、子どもの指導について特に重視してきた点を記入すること。
＊保育の展開と子どもの育ち：最終年度の1年間の保育における指導の過程と子どもの発達の姿（保育所保育指針第2章「保育の内容」に示された各領域のねらいを視点として、子どもの発達の実情から向上が著しいと思われるもの）を、保育所の生活を通して全体的、総合的に捉えて記入すること。その際、他の子どもとの比較や一定の基準に対する達成度についての評定によって捉えるものではないことに留意すること。あわせて、就学後の指導に必要と考えられる配慮事項等について記入すること。別紙を参照し、「幼児期の終わりまでに育ってほしい姿」を活用して子どもに育まれている資質・能力を捉え、指導の過程と育ちつつある姿をわかりやすく記入するように留意すること。
＊特に配慮すべき事項：子どもの健康の状況等、就学後の指導において配慮が必要なこととして、特記すべき事項がある場合に記入すること。
○最終年度に至るまでの育ちに関する事項
子どもの入所時から最終年度に至るまでの育ちに関し、最終年度における保育の過程と子どもの育ちの姿を理解する上で、特に重要と考えられることを記入すること。

■「保育に関する記録」の記入のポイント

ここでは、「保育に関する記録」の各欄には何をどういう視点で記入するのか、先に挙げた通知をもとに示します。

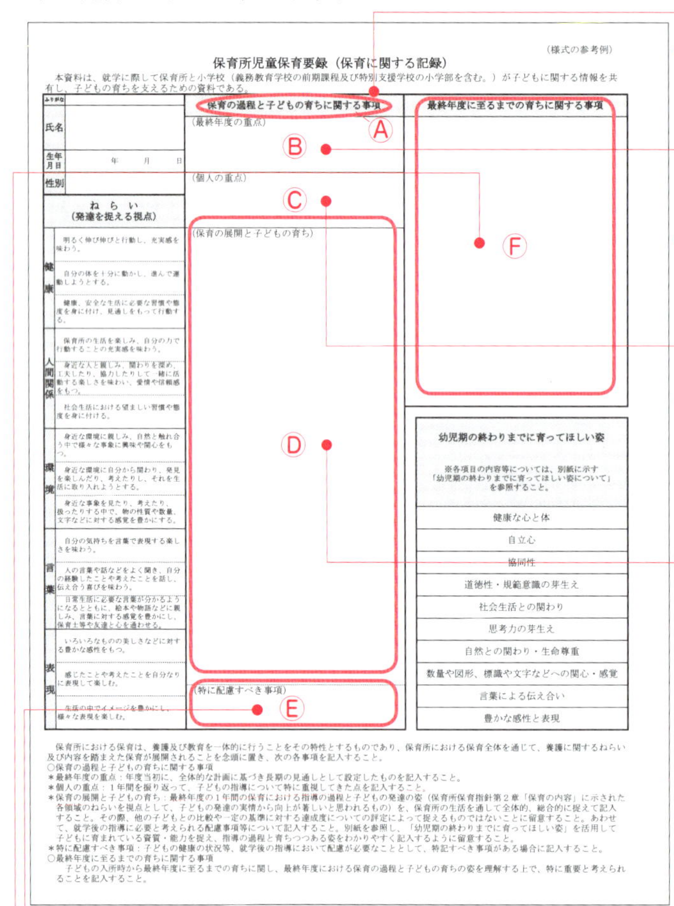

（様式の参考例）

保育所児童保育要録（保育に関する記録）

本資料は、就学に際して保育所と小学校（義務教育学校の前期課程及び特別支援学校の小学部を含む。）が子どもに関する情報を共有し、子どもの育ちを支えるための資料である。

ふりがな

氏名

生年月日　　年　　月　　日

性別

ねらい（発達を捉える視点）

健康
- 明るく伸び伸びと行動し、充実感を味わう。
- 自分の体を十分に動かし、進んで運動しようとする。
- 健康、安全な生活に必要な習慣や態度を身に付け、見通しをもって行動する。

人間関係
- 保育所の生活を楽しみ、自分の力で行動することの充実感を味わう。
- 身近な人と親しみ、関わりを深め、工夫したり、協力したりして一緒に活動する楽しさを味わい、愛情や信頼感をもつ。
- 社会生活における望ましい習慣や態度を身に付ける。

環境
- 身近な環境に親しみ、自然と触れ合う中で様々な事象に興味や関心をもつ。
- 身近な環境に自分から関わり、発見を楽しんだり、考えたりし、それを生活に取り入れようとする。
- 身近な事象を見たり、考えたり、扱ったりする中で、物の性質や数量、文字などに対する感覚を豊かにする。

言葉
- 自分の気持ちを言葉で表現する楽しさを味わう。
- 人の言葉や話などをよく聞き、自分の経験したことや考えたことを話し、伝え合う喜びを味わう。
- 日常生活に必要な言葉が分かるようになるとともに、絵本や物語などに親しみ、言葉に対する感覚を豊かにし、保育士等や友達と心を通わせる。

表現
- いろいろなものの美しさなどに対する豊かな感性をもつ。
- 感じたことや考えたことを自分なりに表現して楽しむ。
- 生活の中でイメージを豊かにし、様々な表現を楽しむ。

保育の過程と子どもの育ちに関する事項

（最終年度の重点）

（個人の重点）

（保育の展開と子どもの育ち）

（特に配慮すべき事項）

最終年度に至るまでの育ちに関する事項

幼児期の終わりまでに育ってほしい姿

※各項目の内容等については、別紙に示す「幼児期の終わりまでに育ってほしい姿について」を参照すること。

- 健康な心と体
- 自立心
- 協同性
- 道徳性・規範意識の芽生え
- 社会生活との関わり
- 思考力の芽生え
- 自然との関わり・生命尊重
- 数量や図形、標識や文字などへの関心・感覚
- 言葉による伝え合い
- 豊かな感性と表現

保育所における保育は、養護及び教育を一体的に行うことをその特性とするものであり、保育所における保育全体を通じて、養護に関するねらい及び内容を踏まえた保育が展開されることを念頭に置き、次の各事項を記入すること。

○保育の過程と子どもの育ちに関する事項

＊最終年度の重点：年度当初に、全体的な計画に基づき長期の見通しとして設定したものを記入すること。

＊個人の重点：１年間を振り返って、子どもの指導について特に重視してきた点を記入すること。

＊保育の展開と子どもの育ち：最終年度の１年間の保育における指導の過程と子どもの発達の姿（保育所保育指針第２章「保育の内容」に示された各領域のねらいを視点として、子どもの発達の実情から向上が著しいと思われるもの）を、保育所の生活を通して全体的、総合的に捉えて記入すること。その際、他の子どもとの比較や一定の基準に対する達成度についての評定によって捉えるものではないことに留意すること。あわせて、就学後の指導に必要と考えられる配慮事項等について記入すること。別紙を参照し、「幼児期の終わりまでに育ってほしい姿」を活用して子どもに育まれている資質・能力を捉え、指導の過程と育ちつつある姿をわかりやすく記入するように留意すること。

＊特に配慮すべき事項：子どもの健康の状況等、就学後の指導において配慮が必要なこととして、特記すべき事項がある場合に記入すること。

○最終年度に至るまでの育ちに関する事項

子どもの入所時から最終年度に至るまでの育ちに関し、最終年度における保育の過程と子どもの育ちの姿を理解する上で、特に重要と考えられることを記入すること。

Ⓐ保育の過程と子どもの育ちに関する事項

最終年度における保育の過程及び子どもの育ちについて、次の視点から記入すること。

Ⓑ最終年度の重点

年度当初に、全体的な計画に基づき長期の見通しとして設定したものを記入すること。

Ⓒ個人の重点

１年間を振り返って、子どもの指導について特に重視してきた点を記入すること。

Ⓓ保育の展開と子どもの育ち

次の事項について記入すること。

① 最終年度の１年間の保育における指導の過程及び子どもの発達の姿について、以下の事項を踏まえ記入すること。
- 保育所保育指針第２章「保育の内容」に示された各領域のねらいを視点として、子どもの発達の実情から向上が著しいと思われるもの。その際、他の子どもとの比較や一定の基準に対する達成度についての評定によって捉えるものではないことに留意すること。
- 保育所の生活を通して全体的、総合的に捉えた子どもの発達の姿。

② 就学後の指導に必要と考えられる配慮事項等について記入すること。

③ 記入に当たっては、特に小学校における子どもの指導に生かされるよう、保育所保育指針第１章「総則」に示された「幼児期の終わりまでに育ってほしい姿」を活用して子どもに育まれている資質・能力を捉え、指導の過程と育ちつつある姿をわかりやすく記入するように留意すること。その際、別紙資料１に示す「幼児期の終わりまでに育ってほしい姿について」を参照するなどして、「幼児期の終わりまでに育ってほしい姿」の趣旨や内容を十分に理解するとともに、これらが到達すべき目標ではないことに留意し、項目別に子どもの育ちつつある姿を記入するのではなく、全体的かつ総合的に捉えて記入すること。

Ⓔ特に配慮すべき事項

子どもの健康の状況等、就学後の指導における配慮が必要なこととして、特記すべき事項がある場合に記入すること。

Ⓕ最終年度に至るまでの育ちに関する事項

子どもの入所時から最終年度に至るまでの育ちに関して、最終年度における保育の過程と子どもの育ちの姿を理解する上で、特に重要と考えられることを記入すること。

保育に関する記録の項目**「保育の過程と子どもの育ちに関する事項」**（前ページ図のⒶの欄）では、保育の計画において設定した指導の重点（Ⓑ最終年度の重点、Ⓒ個人の重点）を挙げるとともに、**「保育の展開と子どもの育ち」**（Ⓓの欄）では、生活全般における心情・意欲・態度について、総合的に考察した上で書きます。記入にあたってのポイントとしては、次の点が挙げられます。

- 主に５領域のねらいに即して、保育の過程を振り返りながら、発達の状況や変化を捉えて記載します。
- 特に、小学校での指導に役立つようなことは必ず書くようにします。どのようなことに興味や関心があるのか、活動への取り組み姿勢や意欲などをわかりやすく書きます。
- 自信がもてない、苦手意識が強いなど問題が出てきそうなことについては、解決のヒントとなるような園での対処方法も記入しておきます。
- 「幼児期の終わりまでに育ってほしい姿」を参考に、育っているところが明確になるようにします。
- 家庭での育ちや保護者の状況も必要であればここに書き込むことになりますが、整理して、育ちの理解のために必要なものだけを書くようにしましょう。

「最終年度に至るまでの育ちに関する事項」（Ⓕの欄）では、在所した期間にわたっての育ちが全体像として見えてくるように書きます。また、現在（要録作成時）の育ちにつながるような姿は経過として書くようにしていきます。

保育所と小学校では、生活や教育の方法が異なることは言うまでもありませんが、子どもたちが保育所の生活の中で身に付けてきた力で生活の変化に対応できるようになっていくことも重要なことであり、だからこそ適切な指導が必要になってきます。

小学校学習指導要領（第１章 総則／第２ 教育課程の編成／４ 学校段階等間の接続）では次のように述べられています。

> (1) 幼児期の終わりまでに育ってほしい姿を踏まえた指導を工夫することにより、幼稚園教育要領等に基づく幼児期の教育を通して育まれた資質・能力を踏まえて教育活動を実施し、児童が主体的に自己を発揮しながら学びに向かうことが可能となるようにすること。

さらに低学年の教育全体においては、教科等間の関連を積極的に図り、幼児期の教育（と中学年以降の教育）との円滑な接続が図られるよう工夫すること、とあります。

このように、小学校での指導においても幼児期の教育における子どもの育ちを理解することが求められています。つまり保育所児童保育要録は、子どもの育ちの記録であると同時に、小学校での教育に役立つ資料となるということです。

そのように考えると、重要なことは、職員でなければわからないような表現ではなく、小学校や保護者などにも理解されるような客観的な資料にしなければならないということです。もちろん保育者の思いや願いが記載されても構わないのですが、具体的な手立てやその結果が理解できるような記載にしなければなりません。また、小学校側でどのような内容が必要とされるのかを知っておくことも大切です。日頃からの職員の連携、相互理解の下に様式や記載方法が検討されていくことが望ましいと考えられます。

保育所児童保育要録の目的は先述のように、保育所から小学校へと生活と学びの連続性を図るためのものです。

しかしながら、そのことのみに意義があるわけではありません。要録に書かれた子どもの姿は、園の保育の集大成であり、理念の反映なのです。そのことの意味は重要です。

また、園内においてのみ残す記録ではなく、外部へ手渡す資料となることにも大きな意義があると言えます。小学校へその園の保育理念や保育の姿勢を伝えることになるからです。各保育所の自己評価にも十分に役立つことと言えるでしょう。就学直前の一人一人の子どもの姿から、理念に謳った子どもの姿が実現されたのか、されなかったとすれば何が問題であったのか、またその子どもにどのように職員は関わってきたのか、その成長をどのように読み取り、援助を行ってきたのかを省察するこの上もなく貴重な機会になると考えられます。

その意味を十分に理解し、職員間での問題共有をも考えた上での記載内容になることが必要です。

（塩谷）

「幼保連携型認定こども園園児指導要録」の基礎知識

1 「幼保連携型認定こども園園児指導要録」とは？

認定こども園は、「就学前の子どもに関する教育、保育等の総合的な提供の推進に関する法律」に基づき、就学前の教育・保育を一体として行う施設です。

認定こども園の教育及び保育内容は、幼稚園教育要領と保育所保育指針との整合性を確保し、両方の目標が達成されるように工夫することが必要です。加えて、集団生活の経験年数が異なることや、保護者の就労状況等を反映した子どもの利用時間が異なる等、認定こども園がもつ固有の実情を踏まえ、一人一人の状況に応じた教育及び保育について工夫する必要があります。特に、３歳児から就学前の子どもは、保育時間が異なる中で同じ教育を受けることになりますが、その際これまでの幼稚園や保育所での幼児教育の展開をそのまま持ち込むのではなく、認定こども園の実情に即した展開を創意工夫することが求められています。

「要録」に関しては、内閣府子ども・子育て本部参事官（認定こども園担当）、文部科学省初等中等教育局幼児教育課長、厚生労働省子ども家庭局保育課長の連名で、「幼保連携型認定こども園園児指導要録」に関する通知が出されています（155ページ参照）。認定こども園は、教育及び保育を一体的に提供する機能を備える施設であるから、幼稚園幼児指導要録と保育所児童保育要録に相当する資料として、「幼保連携型認定こども園園児指導要録」（以下「園児指導要録」と表記）を作成することとされています。

(1) 「園児指導要録」の内容

「園児指導要録」は、学級を編制している満３歳以上の子どもについて作成することになっています。もちろん、「園児指導要録」の作成により、幼稚園幼児指導要録や保育所児童保育要録を作成する必要はありません。

「園児指導要録」は、「学籍等に関する記録」と「指導等に関する記録」より構成されます。「学籍等に関する記録」は、外部に関する証明等の原簿としての性格をもつものとし、原則として、入園時及び異動の生じた時に記入することとされています。また、「指導等に関する記録」は、１年間の指導及び保育の過程とその結果を要約し、次の年度の適切な指導及び保育に資するための資料としての性格をもつものとされています。

⑵ 「園児指導要録」の保存、小学校送付、取り扱いの注意点

「園児指導要録」の保存期間は、幼稚園幼児指導要録と同じく、「学籍等に関する記録」は20年間、「指導等に関する記録」は５年間とされています。また、「園児指導要録」は、進学時には、小学校に送付することとなっています。このことについては、「就学前の子どもに関する教育、保育等の総合的な提供の推進に関する法律」の改正が行われています。

また、「園児指導要録」作成では、プライバシーを守ることに十分留意する必要があります。したがって、作成は必ず園で行い、安易に持ち出さない、記載事項を絶対に他言しないということはもちろんです。また、耐火金庫等で保存するなどの十分な配慮が必要です。

 「幼保連携型認定こども園園児指導要録」の記入方法

●学籍等に関する記録

「園児指導要録」の記入項目としては、幼稚園幼児指導要録とほぼ同じです(035ページ参照)。

●指導等に関する記録

「園児指導要録」の記入項目としては、幼稚園幼児指導要録と同じ「指導の重点等」「指導上参考となる事項」「出欠状況」の三つの欄の他に、「満３歳未満の園児に関する記録」の欄が設けられています。

「指導の重点等」「指導上参考となる事項」「出欠状況」の三つの欄の記入については幼稚園幼児指導要録(036～040ページ)を参照してください。

「満３歳未満の園児に関する記録」については、満３歳未満の園児の、次の年度の指導に特に必要と考えられる育ちに関する事項、配慮事項、健康の状況等の留意事項等について記入します。

いずれにしても通知文に示す形式(053～055ページ参照)は「様式の参考例」ですから、これを参考にして、その園の実態にそって工夫し、「園児指導要録」を作成してください。

(神長)

「幼保連携型認定こども園園児指導要録」様式の参考例（平成30年３月30日通知／別添資料）

別添資料

（様式の参考例）

幼保連携型認定こども園園児指導要録（学籍等に関する記録）

区分＼年度	平成　年度	平成　年度	平成　年度	平成　年度
学　級				
整理番号				

<table>
<tr><td rowspan="3">園 児</td><td rowspan="2">ふりがな
氏 名</td><td></td><td rowspan="2">性 別</td><td rowspan="2"></td></tr>
<tr><td>平成　年　月　日生</td></tr>
<tr><td>現住所</td><td colspan="3"></td></tr>
<tr><td rowspan="2">保護者</td><td>ふりがな
氏 名</td><td colspan="3"></td></tr>
<tr><td>現住所</td><td colspan="3"></td></tr>
</table>

<table>
<tr><td>入　園</td><td>平成　年　月　日</td><td rowspan="2">入園前の
状　況</td><td rowspan="2"></td></tr>
<tr><td>転 入 園</td><td>平成　年　月　日</td></tr>
<tr><td>転・退園</td><td>平成　年　月　日</td><td rowspan="2">進学・
就学先等</td><td rowspan="2"></td></tr>
<tr><td>修　了</td><td>平成　年　月　日</td></tr>
<tr><td>園 名
及び所在地</td><td colspan="3"></td></tr>
</table>

年度及び入園（転入園）・進級時等の園児の年齢	平成　年度 歳　か月	平成　年度 歳　か月	平成　年度 歳　か月	平成　年度 歳　か月
園　長 氏名　印				
担 当 者 氏名　印				
年度及び入園（転入園）・進級時等の園児の年齢	平成　年度 歳　か月	平成　年度 歳　か月	平成　年度 歳　か月	平成　年度 歳　か月
園　長 氏名　印				
学級担任者 氏名　印				

（様式の参考例）

幼保連携型認定こども園園児指導要録（指導等に関する記録）

ふりがな		性別		平成　　年度	平成　　年度	平成　　年度
氏名			指導の重点等	（学年の重点）	（学年の重点）	（学年の重点）
平成　　年　　月　　日生				（個人の重点）	（個人の重点）	（個人の重点）
ねらい（発達を捉える視点）						
健康	明るく伸び伸びと行動し、充実感を味わう。		指導上参考となる事項			
	自分の体を十分に動かし、進んで運動しようとする。					
	健康、安全な生活に必要な習慣や態度を身に付け，見通しをもって行動する。					
人間関係	幼保連携型認定こども園の生活を楽しみ、自分の力で行動することの充実感を味わう。					
	身近な人と親しみ、関わりを深め、工夫したり，協力したりして一緒に活動する楽しさを味わい，愛情や信頼感をもつ。					
	社会生活における望ましい習慣や態度を身に付ける。					
環境	身近な環境に親しみ、自然と触れ合う中で様々な事象に興味や関心をもつ。					
	身近な環境に自分から関わり、発見を楽しんだり、考えたりし、それを生活に取り入れようとする。					
	身近な事象を見たり、考えたり、扱ったりする中で、物の性質や数量、文字などに対する感覚を豊かにする。					
言葉	自分の気持ちを言葉で表現する楽しさを味わう。					
	人の言葉や話などをよく聞き、自分の経験したことや考えたことを話し、伝え合う喜びを味わう。					
	日常生活に必要な言葉が分かるようになるとともに、絵本や物語などに親しみ、言葉に対する感覚を豊かにし，保育教諭等や友達と心を通わせる。					
表現	いろいろなものの美しさなどに対する豊かな感性をもつ。					
	感じたことや考えたことを自分なりに表現して楽しむ。					
	生活の中でイメージを豊かにし、様々な表現を楽しむ。			（特に配慮すべき事項）	（特に配慮すべき事項）	（特に配慮すべき事項）
出欠状況		年度	年度	年度		
	教育日数					
	出席日数					

【満３歳未満の園児に関する記録】

関する事項 園児の育ちに	平成　　年度	平成　　年度	平成　　年度	平成　　年度

学年の重点：年度当初に、教育課程に基づき長期の見通しとして設定したものを記入
個人の重点：１年間を振り返って、当該園児の指導について特に重視してきた点を記入
指導上参考となる事項：
　(1)次の事項について記入
　　①１年間の指導の過程と園児の発達の姿について以下の事項を踏まえ記入すること。
　　・幼保連携型認定こども園教育・保育要領に示された養護に関する事項を踏まえ、第２章第３の「ねらい及び内容」に示された各領域のねらいを視点として、当該園児の発達の実情から向上が著しいと思われるもの。
　　　その際、他の園児との比較や一定の基準に対する達成度についての評定によって捉えるものではないことに留意すること。
　　・園生活を通して全体的、総合的に捉えた園児の発達の姿。
　　②次の年度の指導に必要と考えられる配慮事項等について記入すること。
　(2)「特に配慮すべき事項」には、園児の健康の状況等、指導上特記すべき事項がある場合に記入
園児の育ちに関する事項：　当該園児の、次の年度の指導に特に必要と考えられる育ちに関する事項や配慮事項、健康の状況等の留意事項等について記入

（様式の参考例）

幼保連携型認定こども園園児指導要録（最終学年の指導に関する記録）

		指導の重点等	平成　　年度
ふりがな			（学年の重点）
氏名	平成　年　月　日生		
性別			（個人の重点）

ねらい（発達を捉える視点）		指導上参考となる事項
健康	明るく伸び伸びと行動し、充実感を味わう。	
	自分の体を十分に動かし、進んで運動しようとする。	
	健康、安全な生活に必要な習慣や態度を身に付け、見通しをもって行動する。	
人間関係	幼保連携型認定こども園の生活を楽しみ、自分の力で行動することの充実感を味わう。	
	身近な人と親しみ、関わりを深め、工夫したり、協力したりして一緒に活動する楽しさを味わい、愛情や信頼感をもつ。	
	社会生活における望ましい習慣や態度を身に付ける。	
環境	身近な環境に親しみ、自然と触れ合う中で様々な事象に興味や関心をもつ。	
	身近な環境に自分から関わり、発見を楽しんだり、考えたりし、それを生活に取り入れようとする。	
	身近な事象を見たり、考えたり、扱ったりする中で、物の性質や数量、文字などに対する感覚を豊かにする。	
言葉	自分の気持ちを言葉で表現する楽しさを味わう。	
	人の言葉や話などをよく聞き、自分の経験したことや考えたことを話し、伝え合う喜びを味わう。	
	日常生活に必要な言葉が分かるようになるとともに、絵本や物語などに親しみ、言葉に対する感覚を豊かにし、保育教諭等や友達と心を通わせる。	
表現	いろいろなものの美しさなどに対する豊かな感性をもつ。	
	感じたことや考えたことを自分なりに表現して楽しむ。	
	生活の中でイメージを豊かにし、様々な表現を楽しむ。	（特に配慮すべき事項）

出欠状況		年度
	教育日数	
	出席日数	

幼児期の終わりまでに育ってほしい姿

「幼児期の終わりまでに育ってほしい姿」は、幼保連携型認定こども園教育・保育要領第２章に示すねらい及び内容に基づいて、各園で、幼児期にふさわしい遊びや生活を積み重ねることにより、幼保連携型認定こども園の教育及び保育において育みたい資質・能力が育まれている園児の具体的な姿であり、特に５歳児後半に見られるようになる姿である。「幼児期の終わりまでに育ってほしい姿」は、とりわけ園児の自発的な活動としての遊びを通して、一人一人の発達の特性に応じて、これらの姿が育っていくものであり、全ての園児に同じように見られるものではないことに留意すること。

健康な心と体	幼保連携型認定こども園における生活の中で、充実感をもって自分のやりたいことに向かって心と体を十分に働かせ、見通しをもって行動し、自ら健康で安全な生活をつくり出すようになる。
自立心	身近な環境に主体的に関わり様々な活動を楽しむ中で、しなければならないことを自覚し、自分の力で行うために考えたり、工夫したりしながら、諦めずにやり遂げることで達成感を味わい、自信をもって行動するようになる。
協同性	友達と関わる中で、互いの思いや考えなどを共有し、共通の目的の実現に向けて、考えたり、工夫したり、協力したりし、充実感をもってやり遂げるようになる。
道徳性・規範意識の芽生え	友達と様々な体験を重ねる中で、してよいことや悪いことが分かり、自分の行動を振り返ったり、友達の気持ちに共感したりし、相手の立場に立って行動するようになる。また、きまりを守る必要性が分かり、自分の気持ちを調整し、友達と折り合いを付けながら、きまりをつくったり、守ったりするようになる。
社会生活との関わり	家族を大切にしようとする気持ちをもつとともに、地域の身近な人と触れ合う中で、人との様々な関わり方に気付き、相手の気持ちを考えて関わり、自分が役に立つ喜びを感じ、地域に親しみをもつようになる。また、幼保連携型認定こども園内外の様々な環境に関わる中で、遊びや生活に必要な情報を取り入れ、情報に基づき判断したり、情報を伝え合ったり、活用したりするなど、情報を役立てながら活動するようになるとともに、公共の施設を大切に利用するなどして、社会とのつながりなどを意識するようになる。
思考力の芽生え	身近な事象に積極的に関わる中で、物の性質や仕組みなどを感じ取ったり、気付いたりし、考えたり、予想したり、工夫したりするなど、多様な関わりを楽しむようになる。また、友達の様々な考えに触れる中で、自分と異なる考えがあることに気付き、自ら判断したり、考え直したりするなど、新しい考えを生み出す喜びを味わいながら、自分の考えをよりよいものにするようになる。
自然との関わり・生命尊重	自然に触れて感動する体験を通して、自然の変化などを感じ取り、好奇心や探究心をもって考え言葉などで表現しながら、身近な事象への関心が高まるとともに、自然への愛情や畏敬の念をもつようになる。また、身近な動植物に心を動かされる中で、生命の不思議さや尊さに気付き、身近な動植物への接し方を考え、命あるものとしていたわり、大切にする気持ちをもって関わるようになる。
数量や図形、標識や文字などへの関心・感覚	遊びや生活の中で、数量や図形、標識や文字などに親しむ体験を重ねたり、標識や文字の役割に気付いたりし、自らの必要感に基づきこれらを活用し、興味や関心、感覚をもつようになる。
言葉による伝え合い	保育教諭等や友達と心を通わせる中で、絵本や物語などに親しみながら、豊かな言葉や表現を身に付け、経験したことや考えたことなどを言葉で伝えたり、相手の話を注意して聞いたりし、言葉による伝え合いを楽しむようになる。
豊かな感性と表現	心を動かす出来事などに触れ感性を働かせる中で、様々な素材の特徴や表現の仕方などに気付き、感じたことや考えたことを自分で表現したり、友達同士で表現する過程を楽しんだりし、表現する喜びを味わい、意欲をもつようになる。

学年の重点：年度当初に、教育課程に基づき長期の見通しとして設定したものを記入
個人の重点：１年間を振り返って、当該園児の指導について特に重視してきた点を記入
指導上参考となる事項：
(1)次の事項について記入
①１年間の指導の過程と園児の発達の姿について以下の事項を踏まえ記入すること。
・幼保連携型認定こども園教育・保育要領に示された養護に関する事項を踏まえ、第２章第３の「ねらい及び内容」に示された各領域のねらいを視点として、当該園児の発達の実情から向上が著しいと思われるもの。
その際、他の園児との比較や一定の基準に対する達成度についての評定によって捉えるものではないことに留意すること。
・園生活を通して全体的、総合的に捉えた園児の発達の姿。
②次の年度の指導に必要と考えられる配慮事項等について記入すること。
③最終年度の記入に当たっては、特に小学校等における児童の指導に生かされるよう、幼保連携型認定こども園教育・保育要領第１章総則に示された「幼児期の終わりまでに育ってほしい姿」を活用して園児に育まれている資質・能力を捉え、指導の過程と育ちつつある姿を分かりやすく記入するように留意すること。その際、「幼児期の終わりまでに育ってほしい姿」が到達すべき目標ではないことに留意し、項目別に園児の育ちつつある姿を記入するのではなく、全体的、総合的に捉えて記入すること。
(2)「特に配慮すべき事項」には、園児の健康の状況等、指導上特記すべき事項がある場合に記入すること。

育ちを引き継ぐ５歳児の書き方のポイント

――５領域と「幼児期の終わりまでに育ってほしい姿」の視点のつながり

幼稚園を例に

幼稚園幼児指導要録（最終学年の指導に関する記録）

（ふりがな）	○○ ○○○○	
氏名	○○ ○○○ 平成○年○月○日生	
性別	○	
ねらい（発達を捉える視点）		
健康	明るく伸び伸びと行動し、充実感を味わう。	
	自分の体を十分に動かし、進んで運動しようとする。	
	健康、安全な生活に必要な習慣や態度を身に付け、見通しをもって行動する。	
人間関係	幼稚園生活を楽しみ、自分の力で行動することの充実感を味わう。	
	身近な人と親しみ、関わりを深め、工夫したり、協力したりして一緒に活動する楽しさを味わい、愛情や信頼感をもつ。	
	社会生活における望ましい習慣や態度を身に付ける。	
環境	身近な環境に親しみ、自然と触れ合う中で様々な事象に興味や関心をもつ。	
	身近な環境に自分から関わり、発見を楽しんだり、考えたりし、それを生活に取り入れようとする。	
	身近な事象を見たり、考えたり、扱ったりする中で、物の性質や数量、文字などに対する感覚を豊かにする。	
言葉	自分の気持ちを言葉で表現する楽しさを味わう。	
	人の言葉や話などをよく聞き、自分の経験したことや考えたことを話し、伝え合う喜びを味わう。	
	日常生活に必要な言葉が分かるようになるとともに、絵本や物語などに親しみ、言葉に対する感覚を豊かにし、先生や友達と心を通わせる。	
表現	いろいろなものの美しさなどに対する豊かな感性をもつ。	
	感じたことや考えたことを自分なりに表現して楽しむ。	
	生活の中でイメージを豊かにし、様々な表現を楽しむ。	

	平成○年度
指導の重点等	（学年の重点） ・自分の力を発揮し、友達と力を合わせて遊びや生活を進め、充実感を味わう。 （個人の重点） ・友達と思いを出し合い、友達の思いや考えを受け止めながら自分の力を発揮して遊び進める。
指導上参考となる事項	・４歳時から運動的な遊びを好んで伸び伸びと遊んでいたが、進級すると友達の先頭に立ち、自分の好きな運動的な遊びで活発に過ごし、自分の思うように遊びを進めるようになる。進めてもらう楽しさからついていっていた友達が次第に不満を抱き、時には離れるようになる。教師が本児に友達の気持ちに気付かせたりルールの確認をしたりし、また相手にも自分の思いを言葉で伝えられるように援助してきたことで、２学期後半からは、自分のしたいことを友達に提案したり、友達の思いを聞いてどうするか相談したりして遊びを進めるようになってきた。 ・戸外での運動的な遊びをする中で、虫好きな友達の言動に刺激を受けて興味をもつようになる。園庭で見付けた青虫を学級で飼育する時には、虫好きの友達や図鑑から種類や餌を調べ探して毎日欠かさず世話をし、羽化して飛び立つ嬉しさを友達と共有していた。 ・遊びでは大きな声で思いを出すが、人前で話すことは緊張し、なかなか声にならない。しかし、誕生会や運動会などの司会で、友達と内容を相談して言う機会を繰り返す中で、仲間とする安心感や楽しさから、次第に自信をもって人前で話すようになる。 ・絵画には苦手意識があり、友達がやるのを見てから取りかかる。製作では遊びに必要なもの、例えば野球のボールやミット、マスクなどを保育室の様々な用具や材料を使い、試行錯誤しながら作り上げる。友達にも認められ、その嬉しさから友達に作ってあげたり作り方を教えたりして、作ったもので一緒に遊ぶことを楽しむ。

幼児期の終わりまでに育ってほしい姿	
「幼児期の終わりまでに育ってほしい姿」は、幼稚園教育要領第２章に示すねらい及び内容に基づいて、各幼稚園で、幼児期にふさわしい遊びや生活を積み重ねることにより、幼稚園教育において育みたい資質・能力が育まれている幼児の具体的な姿であり、特に５歳児後半に見られるようになる姿である。「幼児期の終わりまでに育ってほしい姿」は、とりわけ幼児の自発的な活動としての遊びを通して、一人一人の発達の特性に応じて、これらの姿が育っていくものであり、全ての幼児に同じように見られるものではないことに留意すること。	
健康な心と体	幼稚園生活の中で、充実感をもって自分のやりたいことに向かって心と体を十分に働かせ、見通しをもって行動し、自ら健康で安全な生活をつくり出すようになる。
自立心	身近な環境に主体的に関わり様々な活動を楽しむ中で、しなければならないことを自覚し、自分の力で行うために考えたり、工夫したりしながら、諦めずにやり遂げることで達成感を味わい、自信をもって行動するようになる。
協同性	友達と関わる中で、互いの思いや考えなどを共有し、共通の目的の実現に向けて、考えたり、工夫したり、協力したりし、充実感をもってやり遂げるようになる。
道徳性・規範意識の芽生え	友達と様々な体験を重ねる中で、してよいことや悪いことが分かり、自分の行動を振り返ったり、友達の気持ちに共感したりし、相手の立場に立って行動するようになる。また、きまりを守る必要性が分かり、自分の気持ちを調整し、友達と折り合いを付けながら、きまりをつくったり、守ったりするようになる。
社会生活との関わり	家族を大切にしようとする気持ちをもつとともに、地域の身近な人と触れ合う中で、人との様々な関わり方に気付き、相手の気持ちを考えて関わり、自分が役に立つ喜びを感じ、地域に親しみをもつようになる。また、幼稚園内外の様々な環境に関わる中で、遊びや生活に必要な情報を取り入れ、情報に基づき判断したり、情報を伝え合ったり、活用したりするなど、情報を役立てながら活動するようになるとともに、公共の施設を大切に利用するなどして、社会とのつながりなどを意識するようになる。
思考力の芽生え	身近な事象に積極的に関わる中で、物の性質や仕組みなどを感じ取ったり、気付いたりし、考えたり、予想したり、工夫したりするなど、多様な関わりを楽しむようになる。また、友達の様々な考えに触れる中で、自分と異なる考えがあることに気付き、自ら判断したり、考え直したりするなど、新しい考えを生み出す喜びを味わいながら、自分の考えをよりよいものにするようになる。
自然との関わり・生命尊重	自然に触れて感動する体験を通して、自然の変化などを感じ取り、好奇心や探究心をもって考え言葉などで表現しながら、身近な事象への関心が高まるとともに、自然への愛情や畏敬の念をもつようになる。また、身近な動植物に心を動かされる中で、生命の不思議さや尊さに気付き、身近な動植物への接し方を考え、命あるものとしていたわり、大切にする気持ちをもって関わるようになる。
数量や図形、標識や文字などへの関心・感覚	遊びや生活の中で、数量や図形、標識や文字などに親しむ体験を重ねたり、標識や文字の役割に気付いたりし、自らの必要感に基づきこれらを活用し、興味や関心、感覚をもつようになる。
言葉による伝え合い	先生や友達と心を通わせる中で、絵本や物語などに親しみながら、豊かな言葉や表現を身に付け、経験したことや考えたことなどを言葉で伝えたり、相手の話を注意して聞いたりし、言葉による伝え合いを楽しむようになる。
豊かな感性と表現	心を動かす出来事などに触れ感性を働かせる中で、様々な素材の特徴や表現の仕方などに気付き、感じたことや考えたことを自分で表現したり、友達同士で表現する過程を楽しんだりし、表現する喜びを味わい、意欲をもつようになる。

※●―●は、５領域のねらいと「幼児期の終わりまでに育ってほしい姿」、そして「指導上参考となる事項」記入内容とのつながりのイメージを視覚化したものです。

※文部科学省通知が示す様式の参考例（本書029～030ページ）ではグレーの網掛けはありませんが、項目名が見やすいようここではグレーの網掛けをしています。本書第３章・第４章掲載の幼稚園幼児指導要録もすべて同様です。

育ちを引き継ぐ

今回の幼稚園教育要領の改訂には、幼稚園教育で育んだ資質・能力を小学校でさらに伸ばしてもらうという重要な趣旨があります。しかし、幼稚園幼児指導要録は5歳児の育ちを小学校に伝えるためだけのものではありません。3歳児の育ちも4歳児も、その子の長所や特性とともに成長を次の学年に引き継いでもらうためのものです。それぞれに発達に応じて育んできた一人一人の1年間の指導の経過と成長の記録を次の学年の育ち・指導につなげていくことが、5歳児の基盤ともなり、小学校以降に引き継がれるのです。また、前任者の記載を読むことで、自分の視点の偏りや幼児理解の足りなさに気付くことができます。大切なことは、しっかり育てて次に託すということです。

「幼児期の終わりまでに育ってほしい姿」と関連付ける

要録は、「できる・できない」や他児との比較を書くものではなく、成長の記録です。特に5歳児は、小学校で引き続き伸ばしてほしい、今後の指導に生かしてほしいことをわかりやすく記載することが大切です。

そのために活用するのが「幼児期の終わりまでに育ってほしい姿」です。内容をよく読み、その中のキーワード、例えば、目的を実現しようと試行錯誤を繰り返すようになった幼児の姿を領域『環境』のねらい・内容から書く場合、『自立心』にある「諦めずにやり遂げる」「自信をもつ」等の姿があれば、そのことを関連付けて書いていきます。10の姿は今まさに育っているもの・育ちつつあるものを捉える視点であって、到達目標ではありませんし、10項目すべてを記載する必要もありません。

また、幼児の育ちというと、印象深いことを書いてしまいがちです。10の姿は、日々の記録をまとめる時、また要録を書く時、自分の視点の偏りを確認する手がかりにもなります。

幼児の1日を捉える

今、預かり保育をしている園が増えてきています。預かり保育は教育課程外のことですが、同じ一人の幼児の1日の中での姿です。異年齢など他学級の幼児、担任以外の教職員との関わりの中で見える育ちや課題もあります。日頃から幼児の育ちを園全体で共有し、必要に応じて要録にも記載していきます。

記述内容に妥当性や信頼性をもたせる

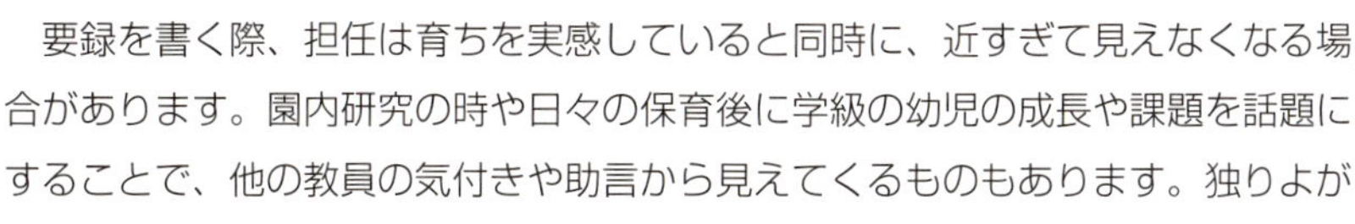

要録を書く際、担任は育ちを実感していると同時に、近すぎて見えなくなる場合があります。園内研究の時や日々の保育後に学級の幼児の成長や課題を話題にすることで、他の教員の気付きや助言から見えてくるものもあります。独りよがりの文章にならないためには、下書きをし、全学級を把握している管理職の中立・公平な目で見てもらうことです。一人一人の幼児の育ちを確実に記録に残し、伝えられるようにすることが大切です。

（桶田）

Column

いろいろな教育評価

教育評価には、相対評価や絶対評価（「目標に準拠した評価」）、さらに個人の視点を重視した「個人内評価」等があります。

相対評価は、戦後の学校教育にまず取り上げられた評価です。典型的な相対評価は、偏差値による評定です。

相対評価が根底にもっている発達観や教育観に関する問題が顕在化する中で、絶対評価として「目標に準拠した評価」が登場してきます。これは、教育目標や単元目標を規準とし、それらとの隔たりから学習者の到達度を定めるものです。「目標に準拠した評価」は、子ども一人一人の学習を保障するものであり、現在の小・中学校などで取り入れられている評価です。

しかし、この評価に対しても、あらかじめ教師が設定した教育目標の視点からしか子どもを見ていない、また学習の成果に注目するあまり、その成果や結果に至るプロセスがおろそかになる等の課題も指摘されています。

現在では、評価に子どもの視点をいかに位置付けるかが課題であり、「目標に準拠した評価」をより豊かなものとするものとして「個人内評価」が見直されています。

学校教育の始まりである幼児教育（幼稚園や保育所、認定こども園などでの教育）では幼稚園教育要領や保育所保育指針、幼保連携型認定こども園教育・保育要領に示されたねらいにそって保育が展開され、その評価は、「個人内評価」とされています。他の幼児と比較するものでも、一定の規準で評価するものでもなく、「その子なりの一歩」を捉える評価です。

要録を作成するにあたり、学校教育の体系の中で、幼児教育における「個人内評価」の意義を理解しておきたいものです。（神長）

第3章

「要録」記入の実際

ケーススタディ Part 1

•ケース１•【満３歳児】

自分の想いに忠実なヒカルの場合

〔評価へのアプローチ：日々の記録を分類する〕

1 保育記録の中からエピソードを集める

ヒカルの担任のＡ先生は、日々の保育の中で気付いた子どもの姿や、それに対する先生の見取りを丁寧に記録し、分野ごとに分けて整理することを心がけています。要録の記入にあたっては、書きためた１年間の保育記録の中からエピソードを抜き出し、発達の理解を深めるようにしています。

(1) 新しい環境に慣れるまで

８月生まれで８月に満３歳児として入園してきたヒカル。当初はよくあるように母子分離による不安があり、毎朝泣いて登園していました。日中も、思い出したように泣き出すことがよくあり、その泣き方がとても激しいために、園の環境に慣れて遊び出していたような子が、びっくりして泣き出してしまうほどでした。

また、園内での食事に抵抗を感じ、お弁当も好きなものをほんの少量選んで食べており、給食ともなるといつもの「お弁当箱じゃないからいや！」という意思を示していました。話しかけたりなだめたりが「ヒカルの心になかなか届かないな」と感じながらも、何となく落ち着くまでじっくりと関わりをもち続けていくと、先生にしがみつきながらも、周りでどんなことが行われているのかをじっと見ている姿も見え始めるようになりました。

【8月3日　入園１週間目】

毎朝しっかりと大泣きをする。抱っこしても遊びに誘っても何をしてもただひたすらに精一杯の力で泣き続ける。毎朝お母さんも心配そうにしているが、お母さんにも頑張って笑顔で「行ってきます」と言って去ってもらうように協力を依頼し、お母さんも頑張ってくれている。

→

- 想い（現状の姿）：とにかく大きな声で泣き続ける。
- 見取り：初めての母子分離で不安でしょうがない。
- 育ちの姿：
- 願う姿：早く園が「安心できる場所」になりたい。
- 関わり（環境）：お母さんに笑顔で離れてもらうように協力を依頼。

【8月17日　入園３週間目】

まだまだ泣きは続く。Ｒちゃん（４月入園）やＫくん（１歳児からの持ち上がり）までもつられて悲しくなってしまう。Ｆちゃんに至っては、ヒカルの突発的な大きな泣き声でびっくりして遊びの手を止め、自分まで泣き出してしまった。

ヒカル本人は、相変わらず抱っこして声をかけてもその声が心どころか耳にも届いていない？

→

- 想い（現状の姿）：泣き止む時間が増えたが突発的に大きな声で泣く。他の子もびっくりするほど。
- 見取り：なだめる声や関わりがうまく届いていない？
- 育ちの姿：泣き止む時間が増えた。
- 願う姿：早く私が「安心できる人」になりたい。
- 関わり（環境）：他の子はだいぶ場所の担当制で動けるが、ヒカルにはまだまだ個の担当制が必要。じっくりと落ち着ける場所を作りながら一人が関わる。

8月22日(火)
・相変わらずの朝の泣きと突発的な泣きは出るが、
じっとまわりの様子を伺う姿も。
だっこも嫌がらず、泣いてる時にしがみついてきた!!

8月29日(火)
・ここのところ、まわりの様子をよく見ている姿があったが、
今日は自分から「これなあに?」と興味をもったところに
近よっていく姿が。
特に玄関まわりが気に入った様子。
しかし、他の子が側を通りかかるだけで顔がこわばる。
他の子が遊んでいる様子をじっと見ていたり、なんとなく
興味をもっている感じもするが、関わりをもちたいとかではなく、むしろまだ近よられることにすら抵抗を感じているようだ。
㊐と1対1、もしくはヒカルだけの空間を大切にしながら
どこまで広がっていけるか…。

通常の記録を
┈┈┈：本児の想い・現状の姿
－－：保育者の見取り
══：内面の育ち
――：保育者の願う育ちの姿
〰〰：関わり・環境設定
に分類して整理する。

＊実際の記録では、色の異なる蛍光マーカーペンで下線を引いて、わかりやすく分類。

●想い（現状の姿）：周りの様子をじっと見る時間が増えた。泣きながらもしがみついてきた。気になるモノ・コト・ヒトが出てきた。
●見取り：でも直接関わる（相手から来られる）のは、いや。
●育ちの姿：周りの様子をうかがう。興味をもったところに自ら近寄っていく。
●願う姿：少しでもモノ・コト・ヒトに興味・関心がもてるように。
●関わり（環境）：ヒカルが気になった場所、気に入った場所を大切に確保してあげられるよう他の職員と情報共有。今のところ玄関先の水槽コーナーが心惹かれるようだ。

(2) 空っぽのお弁当箱

だいぶ園での生活に慣れてきたヒカルでしたが、やはりまだ食は細く、お弁当の時は「好きなものだけを食べる」と言っておかずをほんの一口くちにしてもうおしまい、給食の時は「お弁当の箱じゃないからいや！」と言っては激しく泣いていました。

そこで、給食の時は空っぽのお弁当箱を持ってきてもらうことにしましたが、本児が見ているところで給食を詰めると、当然「いや！」。見えないところで詰めると、不信感はありながらも口にすることができました。そうこうするうちに、お弁当でも給食でも、食べる量が増えてきて、本児もより安定することができました。

そして空っぽのお弁当箱に隠れて給食を詰める日が3か月近く続いたある日、ヒカルが空のお弁当箱を手に先生のそばまでやってきて「お給食、いーれーて！」……周りが見えて、周りと同じでもよいと思えるようになってきたヒカルは、自分が納得するまで続けることができたおかげで、お弁当箱ではなく、給食のプレートから食事がとれるようになりました。

食事の件と同時進行で、「着替えるのもいや！ 寝るのもいや！ 遊ぶのもいや！ 全部いや！ 何をするのもいや！」という時期が続きましたが、ヒカルの「やだ！」の意思表示にとことん付き合うことで本人が納得するタイミングが来るのを待つことにしました。

【9月４日 入園１か月頃】
お弁当箱に不信感がありながらもどうにか食べる。食べる量も増えてきた。量が増えた日は安定している時間も伸びている気がする。

●想い（現状の姿）：不信感？疑問？はあるが食べる。
●願う姿：このままある程度量を食べられるようになってほしい。
●関わり（環境）：先生と２人で食べられる場所を確保。

【10月24日 入園３か月頃】
お弁当箱を抜き取るのを忘れていたら、給食の準備をしていた時に自分からお弁当箱を持ってきて「いーれーて」と言ってきた！ いままでどこまでわかっていたのか、どんな思いだったのか…わかっていながら、気持ちに折り合いを付けていたのか…折り合いが付けられるようになっていた？

●想い（現状の姿）：お弁当箱に詰めていたことをわかって食べていた。
●見取り・育ちの姿：気持ちに折り合いが付けられるようになった。
●願う姿：このまま食事に関しては納得をした上でみんなと同じように食べられたら嬉しい。
●関わり（環境）：今後どうしたいか確認しながら進める。

(3) 友達とのつながりから

入園してから６か月後の２月前半。『かばくんだいじょうぶ？』という絵本をもとに皆でそれぞれの登場人物になりきって遊んでいた時のことです。ヒカルが「ヒカちゃん、うさぎになる」と言って、ほかの子と一緒の場で同じことをして遊び始めた姿がありました。このことを機に、「○○ちゃんが△△してた」等と周りをよく見て伝えてくるようになりました。

この記録の中から、周りを受け入れようとする気持ちが芽生えてきていることがわかり、ヒカルの人間関係の広がりや環境に対する関わりの育ちが見取れました。そして、この頃から初めてのことに対しての拒否感が減ってきたので、周りを見ている分、ハードルが下がったと見て取りました。A先生は、そこからさらに人間関係の育ちを期待して絵本を題材にしたごっこ遊びの場を作り、好きなものになりきりながら友達との関わりも増えるような環境を作っていきました。

2 入園からの育ちを振り返った時に

A先生は、記録をとる際に「ヒカル（子ども）の育ち」と「ヒカル（子ども）の想い」「先生のヒカル（子ども）に対する見取り」「願う育ちの姿」「保育者の関わり」を、それぞれ分類してエピソードから抜き出し、別に記録するように心がけました。そしてそれを分野ごとに時系列で並べることで、ヒカルの入園後８か月間の育ちが「発達を捉える視点」とどのように関連して育っているのかを見取りやすくなります。

ヒカルの場合は、自分が納得するまで動くことがなく、また心が動くまでも時間がかかりましたが、保育者の環境設定によって少しずつ友達と関わることや周りの環境に興味をもち、心が動く経験を積み重ねていくようになったことから、「人間関係」をキーワードに、そのことを主として要録に記入しました。

幼稚園幼児指導要録（指導に関する記録）

<table>
<tr><td>ふりがな</td><td>○○○○　ひかる</td><td rowspan="3">指導の重点等</td><td>平成○年度</td></tr>
<tr><td>氏名</td><td>○○　ヒカル
平成○年8月2日生</td><td>（学年の重点）
・園の楽しさを覚える。</td></tr>
<tr><td>性別</td><td>女</td><td rowspan="2">（個人の重点）
・友達や物と関わり、楽しさに気が付く。</td></tr>
<tr><td colspan="3">ねらい
（発達を捉える視点）</td></tr>
<tr><td>健康</td><td>明るく伸び伸びと行動し、充実感を味わう。
自分の体を十分に動かし、進んで運動しようとする。
健康、安全な生活に必要な習慣や態度を身に付け、見通しをもって行動する。</td><td rowspan="5">指導上参考となる事項</td><td rowspan="5">・入園当初は母子分離がなかなかできずに毎朝泣いて登園してきた。抱き上げてなだめても何をしてもなかなか心に届かず、本児は相当不安な毎日を過ごしていた。

・食も細く、特に給食に対して拒否感が強かったため、空のお弁当箱に詰め直す日が３か月程度続いたが、途中から本児はそのことに気付いていた様子。本人が納得するまでお弁当箱に詰め直していたが、納得したらプレートから皆と同じように同じものが食べられるようになった。

・遊びも生活も何もかもが嫌な時期があったが、その間に周りをよく見ている姿を大切にしながら、一人だけのスペースを作ったり、保育者が一対一でつくなどして、本児が納得するまで関わることで次のステップへと進むことができた。

・周りをよく見ていた時期に、本児が納得するまで保育者が関わることで、友達がやっている遊びに興味を示したタイミングで仲介すると、次第に友達との関わりも嫌がらずに受け入れていけるようになってきた。

・まだ自分が納得し、受け入れるまでには時間がかかるが、保育者の仲立ちにより、友達の存在を受け入れ、友達との関わりが広がっていき、楽しいと思えることが増えていっている。</td></tr>
<tr><td>人間関係</td><td>幼稚園生活を楽しみ、自分の力で行動することの充実感を味わう。
身近な人と親しみ、関わりを深め、工夫したり、協力したりして一緒に活動する楽しさを味わい、愛情や信頼感をもつ。
社会生活における望ましい習慣や態度を身に付ける。</td></tr>
<tr><td>環境</td><td>身近な環境に親しみ、自然と触れ合う中で様々な事象に興味や関心をもつ。
身近な環境に自分から関わり、発見を楽しんだり、考えたりし、それを生活に取り入れようとする。
身近な事象を見たり、考えたり、扱ったりする中で、物の性質や数量、文字などに対する感覚を豊かにする。</td></tr>
<tr><td>言葉</td><td>自分の気持ちを言葉で表現する楽しさを味わう。
人の言葉や話などをよく聞き、自分の経験したことや考えたことを話し、伝え合う喜びを味わう。
日常生活に必要な言葉が分かるようになるとともに、絵本や物語などに親しみ、言葉に対する感覚を豊かにし、先生や友達と心を通わせる。</td></tr>
<tr><td>表現</td><td>いろいろなものの美しさなどに対する豊かな感性をもつ。
感じたことや考えたことを自分なりに表現して楽しむ。
生活の中でイメージを豊かにし、様々な表現を楽しむ。</td></tr>
</table>

出欠状況		○年度	年度	年度	備考	特記事項なし
	教育日数	122				
	出席日数	120				

＊欄外の留意事項は省略

•ケース２•【３歳児】

不安感が強く遊び出せずにいたトシキの場合

〔評価へのアプローチ：整理した記録を要録に生かす〕

1　記録を整理し、幼児の発達と援助を振り返る

トシキの担任のＢ先生は、日々の記録をもとに、「個人の記録」として発達の期ごとに観点を決めて整理し、発達の見通しをもって保育ができるように心がけています。その記録から、幼児の発達の特性を踏まえながらその子の発達の姿と指導の過程をまとめ、要録に記入し、次年度へとつなげたいと思っています。

(1)　トシキの姿から幼児理解を図る

【入園当初の姿】

・入園してしばらく泣いて登園する日が続く。教師が抱っこをしながら話しかけたり周囲の遊びを知らせたりすることで少しずつ落ち着いてきて抱っこから降りることができるが、その場にじっとしていて、教師や周囲の子の様子をなんとなく見ている。泣いている時以外は表情の変化に乏しい。ミニカーを手にして遊び出すようなこともあるが、表情に動きは見られない。
・健康診断など保育室から移動する時に固まって動けなくなることがある。抱っこをしながら年長児が受診する姿を見せ、状況を説明することで少し落ち着き、受診することができた❶。

（Ｂ先生の幼児の姿の理解）　環境の変化への不安感があるのだろうと捉えました。抱っこをしてスキンシップを図ったり特定の遊具を手にしたりすることで不安が和らいでいく様子が感じられたので、安心できるまで抱っこをしたり、トシキがいつでもミニカーが使えるように準備したりしました。また、周囲をじっと見ている様子や新しい活動への不安から、状況がわからない、見通しがもてないことへの戸惑いが感じられたので、安心できるように状況を説明するなどして落ち着けるようにと関わってきました。

【10月の姿】

・笑顔で登園することが増えたが、母親と離れることを渋る様子も時々見られるため、正門まで迎えに行きスキンシップを図ることで、自分で歩いて登園できた。
・新聞紙を丸めたくるくる棒が作れるようになったことで友達の遊びにも興味を示す。登園すると必ずくるくる棒を作り、手に持ちながら別の場所で遊ぶ。友達の遊んでいる巧技台に関心をもち、真似をして巧技台のコースを渡ろうとする❷。

（Ｂ先生の幼児の姿の理解）　幼稚園での生活に慣れてきて、安心して過ごすことが増えてきました。しかし、時々不安になる様子で、そのような時は正門まで迎えに行き、話をしたりかけっこ競走をしたりして、楽しい雰囲気で保育室に向かえるようにと配慮しました。また、自分で新聞紙のくるくる棒が作れるようになり自信がついたようです。作った新聞紙を持っ

て友達が遊んでいる場に入っていこうとする姿が出てきました。いつも必ず手にしている新聞紙のくるくる棒がトシキの心の安定を支え、友達と関わる姿を引き出しているのでしょう。

【2月の姿】
- 友達の遊びに関心を示し、その遊びの仲間になって伸び伸びと遊ぶようになった。友達のイメージを感じ真似して遊ぶことが楽しい様子である。
- 特定の友達に興味をもち、その友達を追いかけて遊ぶ姿が多く見られるようになった。同じものを作ろうとしたり、同じ遊具で身体を動かそうとしたり、毎日手をつなぎたがったりする。その友達が別の友達と関わろうとすると、引っぱって怒ったり、相手の友達を叩いたりする❸。

（B先生の幼児の姿の理解） 気持ちが安定してきたことで、友達の遊びのイメージを感じたり、お気に入りの友達ができたりと、友達へと意識が向くようになってきたのでしょう。自分から友達の遊びに入っていき、楽しむ姿が増えました。お気に入りの友達もでき、一緒にいることに心地よさを感じているようです。しかし、その友達への思いが強く、また、友達も同じように思っていることを求めているようです。その子もトシキに好意をもっているので、遊びながら接し方や自分とは異なる思いがあることを伝え、友達との関わり方を知らせていく必要があるでしょう。

(2) トシキの育ちをまとめる

B先生は、これまでの記録を「幼児期の終わりまでに育ってほしい姿」につながる発達の見通しの視点で整理し、次のような表にまとめました。

<table>
<tr><td rowspan="3">3歳児前半</td><td colspan="2">自己の育ち</td><td colspan="2">様々な人との関わり</td><td>遊びへの取り組み・言葉</td></tr>
<tr><td colspan="2">どんなところに幼稚園生活の戸惑い、不安を感じているか</td><td>教師にどのような親しみを感じているか</td><td>友達の存在をどう感じているか</td><td>何に、自分なりの楽しみを感じているか</td></tr>
<tr><td colspan="2">環境の変化に戸惑いや不安を感じている。初めての場所、もの、出来事、人などに対し、じっと見ていることが多い。しかし、安心できる遊具があったり状況に納得したりすると動き出せることもある❶。</td><td>抱っこをしてもらったり手をつないだりすると安心できる。いつも近くにいて、一緒に遊んだり困った時に助けたりしてくれると親しみを感じている❶。</td><td>巧技台のコースの行く手を塞いだり、先生と手をつなぐのを邪魔したりする。興味をもった特定の子には近くに座りたいと思うことも出てきている。</td><td>体を動かすもの、やり方がわかりやすいものに楽しみを感じ繰り返し関わる。自分でくるくる棒が作れるようになったことも楽しみの一つ。手が汚れるような遊びには拒否を示す❷。</td></tr>
<tr><td rowspan="3">3歳児後半</td><td>自己の育ち</td><td>生活の組み立て</td><td colspan="2">様々な人との関わり</td><td>遊びへの取り組み・言葉</td></tr>
<tr><td>幼稚園にどのような期待や楽しみを抱いているか</td><td>園生活の仕方がわかって自分からやろうとしているか</td><td>教師へどのような思いを抱いているか</td><td>友達の存在をどう感じているか</td><td>自分なりのイメージの世界で楽しみをもっているか</td></tr>
<tr><td>お気に入りの遊具で遊べることや、関心をもった友達との関わりに楽しみを抱いている。</td><td>身支度や自分の持ち物の始末などのやり方がわかり、自分のペースでやろうとしている。</td><td>「やって」「できない」など自分の意思を素直に伝えたり態度に示したりするようになった。</td><td>特定の友達に関心をもち、関わりたいと追いかけるようになった。一緒にいると楽しいと感じている❸。</td><td>自分なりのイメージというより、友達のイメージを感じ、その雰囲気や遊びの様子に関心をもち、真似をしたりついていったりすることに楽しみを感じている❸。</td></tr>
</table>

記録からトシキの変容と今後の課題を導き出す／要録に発達の過程を明記する

要録では、これまでの記録を振り返り、どのような変容が見られ、どのような発達課題をもって、どう援助してきたか、今後どのような指導が必要と考えられるのかなどと、その指導の過程を明記します。また、次年度へと継続して指導が必要なことなども明記することが大切です。

トシキの行動にどのような変化があったのかを捉える

○入園当初は、環境の変化や母親と離れることへの不安から、登園を渋ったり、固まって動けない様子がありましたが、後半は、自分から友達に関わって遊んだり、安心して過ごしたりするようになりました。また、体を動かして遊ぶことを繰り返し楽しんだり、新聞紙を使って自分なりに作ることを楽しんだりするようになりました❶❷。

トシキの内面の育ちを考える

○入園当初の母親から離れられずに泣いていた姿は、どうしたらよいかわからない不安の表れだったのだと思われます。教師に受け止められたことで安心し、また園の生活に慣れたこと、自分の中で自信がもてるようになったことで、伸び伸びと遊ぶ姿になっていったのでしょう。

指導してきたことを振り返る

○トシキの不安な気持ちに寄り添い、ありのままの姿を受け止めることで、安心して過ごせるようにと援助してきました❹。

○思わず体を動かして関わってみたくなるような、わかりやすくて面白そうな遊具の工夫をしました。また、手にすることで安心できるお気に入りのミニカーをトシキが使えるように準備しておきました❺。

○素材に触れて遊ぶ経験を増やせるよう、教師が遊び方を見せたり一緒に遊んだりし、自分なりに素材に関わることを楽しめるようにしてきました❻。

今後の課題を導き出す

○環境が変わるなど不安を感じることで、母親から離れられないことが度々あります。スキンシップを図ったり正門に迎えに行ったりして安心して登園できるような援助が必要です❼。

○友達に関心をもつようになった反面、距離感がわからず相手に嫌がられてしまうことがあります。遊びの中で、友達と一緒に遊ぶ楽しさを感じたり接し方を知ったりできるように、教師が間に入って仲介する援助をすることが必要です❽。

幼稚園幼児指導要録（指導に関する記録）

<table>
<tr><td>ふりがな</td><td colspan="4">○○○○　としき</td><td rowspan="4">指導の重点等</td><td>平成○年度</td></tr>
<tr><td>氏名</td><td colspan="4">○○　トシキ
平成○年○月○日生</td><td rowspan="2">（学年の重点）
・幼稚園の環境に親しむ。
・自分の思いを様々な方法で表現する。</td></tr>
<tr><td>性別</td><td colspan="4">男</td></tr>
<tr><td colspan="5">ねらい
（発達を捉える視点）</td><td>（個人の重点）
・教師を頼りに安心感をもって過ごす中で、園の環境や学級の友達に親しみをもつ。</td></tr>
<tr><td rowspan="3">健康</td><td colspan="4">明るく伸び伸びと行動し、充実感を味わう。</td><td rowspan="15">指導上参考となる事項</td><td rowspan="15">・入園当初は、環境の変化や母親と離れることの不安から泣いて登園を渋る姿があったが、安心できる遊具を手にすることで周囲の様子を見たり自分なりに遊び出したりすることができた。また、健康診断などいつもとは違う活動で不安になり固まって動けなくなってしまうことがあった❶。抱っこをしたり安心できるよう状況を説明したりして心が落ち着くように接してきた❹ところ、10月頃からは笑顔で登園する様子が多くなり、12月頃からは、自分から友達に関わって遊ぶ姿や、伸び伸びと安心した様子で過ごす姿が見られるようになった❷❸。しかし、まだ環境が変わった時に不安な様子を見せたり登園の際に母親から離れられなかったりすることもあるため、安心できるようスキンシップを図ったり、正門に迎えに行きコミュニケーションをとったりして援助をしていく必要がある❼。

・巧技台や半円筒を渡ったり、ジャンプしたりと身体を動かす遊びに興味をもち繰り返し遊んでいた❺。初めての遊具や素材には戸惑い避ける様子があるが、教師と一緒であれば少しだけ関わることができるので、教師が遊びに誘いながら経験を増やしてきた❻。10月頃からは新聞紙の棒が作れるようになったことをきっかけに、友達の遊びにも興味を抱き始め、関わってみようとする様子が見られた❷。また、2月には特定の友達に関心をもち追いかけて遊ぶようになったが、距離感がわからずに相手に嫌がられてしまうことが多い❸ため、間に入って遊びながら一緒に遊ぶ楽しさや接し方を知らせているところである❽。</td></tr>
<tr><td colspan="4">自分の体を十分に動かし、進んで運動しようとする。</td></tr>
<tr><td colspan="4">健康、安全な生活に必要な習慣や態度を身に付け、見通しをもって行動する。</td></tr>
<tr><td rowspan="3">人間関係</td><td colspan="4">幼稚園生活を楽しみ、自分の力で行動することの充実感を味わう。</td></tr>
<tr><td colspan="4">身近な人と親しみ、関わりを深め、工夫したり、協力したりして一緒に活動する楽しさを味わい、愛情や信頼感をもつ。</td></tr>
<tr><td colspan="4">社会生活における望ましい習慣や態度を身に付ける。</td></tr>
<tr><td rowspan="3">環境</td><td colspan="4">身近な環境に親しみ、自然と触れ合う中で様々な事象に興味や関心をもつ。</td></tr>
<tr><td colspan="4">身近な環境に自分から関わり、発見を楽しんだり、考えたりし、それを生活に取り入れようとする。</td></tr>
<tr><td colspan="4">身近な事象を見たり、考えたり、扱ったりする中で、物の性質や数量、文字などに対する感覚を豊かにする。</td></tr>
<tr><td rowspan="3">言葉</td><td colspan="4">自分の気持ちを言葉で表現する楽しさを味わう。</td></tr>
<tr><td colspan="4">人の言葉や話などをよく聞き、自分の経験したことや考えたことを話し、伝え合う喜びを味わう。</td></tr>
<tr><td colspan="4">日常生活に必要な言葉が分かるようになるとともに、絵本や物語などに親しみ、言葉に対する感覚を豊かにし、先生や友達と心を通わせる。</td></tr>
<tr><td rowspan="3">表現</td><td colspan="4">いろいろなものの美しさなどに対する豊かな感性をもつ。</td></tr>
<tr><td colspan="4">感じたことや考えたことを自分なりに表現して楽しむ。</td></tr>
<tr><td colspan="4">生活の中でイメージを豊かにし、様々な表現を楽しむ。</td></tr>
<tr><td rowspan="3">出欠状況</td><td></td><td>年度</td><td>○年度</td><td>年度</td><td rowspan="3">備考</td><td rowspan="3">特記事項なし</td></tr>
<tr><td>教育日数</td><td></td><td>182</td><td></td></tr>
<tr><td>出席日数</td><td></td><td>178</td><td></td></tr>
</table>

＊欄外の留意事項は省略／＊❶❷…は前ページまでの保育記録・発達の捉えと要録記載内容との対応関係（以下同）

・ケース３・【４歳児】

周りの様子をじっと見ていることの多かったダイキの場合

〔評価へのアプローチ：保育記録から１年間の姿を捉える〕

1　保育記録の中からエピソードを集める

ダイキの担任のＣ先生は、日々幼児の姿を丁寧に記録することを心がけています。要録の記入にあたっては、書きためた１年間の保育記録の中から特徴的なエピソードを整理することで、発達の理解を深めるようにしています。

(1)　入園当初の戸惑っているダイキ

入園当初のダイキは、やや不安げな表情がありました。朝登園すると、身支度を整えることはわかってはいるようでしたが、自分からは動き出せずにいました❶。

「遊んでもいいの？」（４月）

朝、登園すると自分のロッカーの前にカバンを下ろし自分もその場に座り込む。教師が個別に声をかけるまで、１時間近く座りっぱなしの時もあった。やっと身支度を整えると、「遊んでもいいの？」と教師に確認に来る。「遊んでいいんだよ」と教師が伝えると、また、しばらくの間、保育室の中をきょろきょろと見回したり、友達の様子をじっと見たりしている❷。

【教師の捉えと援助】

ダイキは困ったら担任に頼ってよいことがわかって、教師に確認し、周りの友達の様子を見ていることで、自分がどうするか考えている様子でした❸。ダイキは、製作に興味があるようだったので、教師が周りの友達と楽しく製作をしている姿を見せ、楽しい雰囲気をダイキが感じられるようにしました❹。また、スモールステップでできたことを受け止め、認める声かけをしながらも、遊びへの期待感がもてるようにしました。

(2)　少しずつ動き出したダイキ

「これもおもしろいね」（５月）

製作の場にある素材（色画用紙片、頭バンド等）を見つけ、何か作るとそれを持って、周りを見回す。ソフトブロックで遊んでいる友達を見つけると、真似をして遊び始めた。「これもおもしろいね」とにこにこつぶやきながら、何度も繰り返し遊んでいた。

「ここは海だよ」（６月）

テラスの大型の遊具の場で、友達に交じって、登ったりくぐったりして遊んでいた。教師も仲間になって遊ぶと、「ここは海だよ」「こっちに来ないとサメに食べられちゃうよ」「みんなでサメをやっつけに行こう」と、ダイキも含めた何人かで思い思いに自分のイメージを教師に伝えながら楽しんだ。

【教師の捉えと援助】

ダイキは身近な材料を使って、自分の好きなものを作るようになってきました❺。また、友達を見ることで、友達のしている遊びに関心をもっているようだったので、教師が周りの友達と一緒に遊びながらダイキが思わず入ってしまう状況を作ったりしました❻。

少しずつ、幼稚園の生活の仕方がわかり、楽しみが見つかってきたことで、自分なりのイメージをわかせて遊んだり、同じようなイメージをもつ友達と交わって遊んだりするようになりました。ダイキが自分なりにイメージをわかせて遊ぶ楽しさを十分に味わえるように、教師は仲間になって一緒に遊んだり、場を守ったりする援助をしてきました❼。

⑶ 友達との接点ができてきたダイキ

10月頃のダイキは気の合う友達ができ、2、3人で遊ぶことが増えてきました。同時に、気の合う友達ができ始めた反面、友達とトラブルになることも増えてきました。

思わず手が出てしまう（10月）
「ぼくはあそこに（ダンボールを）つけたいのに」と泣きながら教師に訴えにくる。遊びのイメージのズレから、お互いに手が出たことによってトラブルになったことがわかった。「ダイキくんはどうしたかったのかな？」と声をかけると、「こっちにつけたい」と自分の口で友達に伝えた。互いの思いを聞き、それぞれの思いが実現できるように仲介した。しばらくすると、また友達と一緒になってニコニコと遊んでいた。

【教師の捉えと援助】

イメージを共有できる友達と遊ぶことに楽しみを感じている反面、自分の思いが上手く言葉にできず、手が出てトラブルになってしまうことが多くありました❽。友達と遊ぶ楽しさを味わえるように、気持ちを代弁したり、言葉を補ったりしました❾。

⑷ 気の合う友達の中でなら自己発揮できるようになったダイキ

「ここは○○ずしです」（2月）
「ここは○○ずしでーす」友達と一緒に、保育室の一角にお寿司屋さんを作って遊んでいる。回転寿司に見立てて、作ったお寿司を滑らせたり、「わさびを入れようよ」と友達に話しながら、黄緑の色画用紙片をはさみで細かく切ったりしていた。翌日、はりきって朝の身支度を済ませると、家から持参したお寿司屋さんの広告紙をバッグから取り出し、「ここがいいね」と自分たちの場に貼っていた。

【教師の捉えと援助】

ダイキは気の合う友達と遊ぶことが増えました。必要な素材を用意したり、うまくいかないところを手助けしたりして、気の合う友達とイメージを共有したり、イメージが形になったりしていくことが楽しめるようにしました❿。「早く遊びたい」という気持ちから身支度も早くなり、教師が声をかけなくても自分で進められるようになっていきました⓫。

記録を整理し、総合的にダイキの成長を記録する

Ｃ先生は、これまでの記録を「幼児期の終わりまでに育ってほしい姿」につながる発達の見通しの観点で、次の表のように整理しました。整理することで、総合的にダイキの成長の過程を把握することができ、要録に記入する際にも端的に示すことができます。

	自己の育ち		様々な人との関わり		遊びへの取り組み・言葉
4歳児前半	どのような不安感や期待感をもっているか	園生活へどのような戸惑いがあるか	教師への親しみをどのように感じているか	友達の存在をどう感じているか	遊びの興味・関心がどこにあるのか
	どうしたらよいのかわからないことへの不安をもっていたが、教師に聞くことで安心できた❶。	周りの様子が気になって身支度など生活的なことは、なかなか進まず、時間がかかることが多かった❶。	困った時の拠り所となっている。また、教師と一緒に遊ぶことでイメージをわかせて遊べるようになってきた❹❻❼。	周りの友達のしていることを意識している。面白そうだと感じると自分から関われる❷❸。	製作を好み、身近な素材を使って自分の好きなものを作ることで動き出せる❺。
4歳児後半	自己発揮をしているか	園生活の仕方がわかって自分からやろうとしているか	教師を信頼し、どのようなつながりを感じているか	友達の中でどのような存在になっているか	遊びの場・もの・種類はどのようなものか
	気の合う友達の中では、イメージを共有して、思いを実現することを楽しんでいる❿。	園生活の仕方がわかったり、遊びの楽しさを味わったりしたことで、自信をもって取り組むことができるようになった⓫。	教師も仲間になって遊ぶことで、次々にイメージをわかせて遊べるようになった❿。	気の合う友達の中では、互いの思いを出し合い、遊びをつくっていくことができる。互いに必要な存在となっている❿。	素材からイメージをわかせたり、体を動かしながらイメージをわかせたりと発想豊かに遊べるようになった⓫。

要録に発達の過程を明記する

以上のようにダイキの１年間の姿を整理し、要録にまとめることにしました。その際には、以下のような点に留意しながら記入しました。

個人の重点を確認する

１年間のしてきた援助とダイキの発達の過程を振り返り、特に重視した個人の重点を確認しました。ダイキの場合には、年度当初、全く動けず、身支度もままならなかった姿から、周りの様子をよく見て行動するダイキの特性を踏まえて援助してきたことで、自分なりに動き出せるようにしてきました。

教師の援助と幼児の変容をまとめる

教師が具体的にどのような援助を積み重ね、幼児がどのように変容していったのかをまとめます。ダイキの姿をどのように捉えたか、発達を見通し、必要な援助を重ねることで、その後のどのような姿につながっているのか書きます。ダイキは教師や周りの友達の楽しそうな姿を支えに園生活の仕方がわかって、自分から動き出し、いろいろな遊びの楽しさを味わうことができるようになったので、その過程を書きました。

その子の特性や今後につながることを加える

ダイキは、周りの様子を見て、自分なりに動き出し、遊びの楽しさを十分に味わうことが生活全体の自信につながっていったので、そのことを書き加えました。

幼稚園幼児指導要録（指導に関する記録）

<table>
<tr><td>ふりがな</td><td colspan="2">○○○○　だいき</td><td></td><td>平成○年度</td></tr>
<tr><td>氏名</td><td colspan="2">○○　ダイキ
平成○年○月○日生</td><td rowspan="3">指導の重点等</td><td>（学年の重点）
・友達の中で、いろいろな遊びの楽しさを経験する。
・幼稚園の生活の仕方がわかる。</td></tr>
<tr><td>性別</td><td colspan="2">男</td><td rowspan="2">（個人の重点）
・幼稚園での生活の仕方がわかって、自分から動き出す。</td></tr>
<tr><td colspan="3">ねらい
（発達を捉える視点）</td></tr>
<tr><td rowspan="3">健康</td><td colspan="2">明るく伸び伸びと行動し、充実感を味わう。</td><td rowspan="15">指導上参考となる事項</td><td rowspan="15">・入園当初、やることはわかっているものの、自分からは動き出せずに周りをじっと見ていることが多かった❶❷。周りの様子を見ることで自分がどうするか考えているようだった❸。そこで、友達や教師のしていることをきっかけに、遊び出せるように、教師や友達が楽しく遊んでいる雰囲気を感じられるようにしたり、思わず遊んでしまう状況を作ったりしてきた❹❻。そのうちに、教師や友達の遊びを真似て遊んだり、自分の好きなものを作ったりするなど、自分から動き出すようになった❺。

・教師と一緒に遊ぶことでイメージをわかせて遊べるようになってきたので、教師が仲間になって遊ぶことで、友達に交じってイメージを伴って遊べるようにした❼。次第に教師がいなくても友達と遊べるようになったが、自分と違う思いをもつ友達と思いがぶつかり、手が出てしまうこともあった❽。自分の思いを、うまく言葉にできないようだったので、思いを言葉で表せるように、気持ちを代弁したり、言葉を補ったりして、互いの思いを整理することで、友達と遊ぶ楽しさを感じられるようにしてきたことで❾、イメージをわかせて遊ぶ中で気の合う友達ができ、その中では互いの思いを出し合って、遊びを作ったり、イメージを実現したりしていくことを楽しみ、互いに必要な存在になった❿。

・園生活の仕方がわかったり、遊びの楽しさを味わったりしたことで、自信をもって取り組むことができるようになった。身支度や弁当の準備などにもはりきって取り組む姿が見られるようになった⓫。自分の遊びに十分に満足することが、生活面でのやる気につながっているので、引き続きダイキなりの楽しみを見つけながら、認めたり励ましたりするような声かけをしていってほしい。</td></tr>
<tr><td colspan="2">自分の体を十分に動かし、進んで運動しようとする。</td></tr>
<tr><td colspan="2">健康、安全な生活に必要な習慣や態度を身に付け、見通しをもって行動する。</td></tr>
<tr><td rowspan="3">人間関係</td><td colspan="2">幼稚園生活を楽しみ、自分の力で行動することの充実感を味わう。</td></tr>
<tr><td colspan="2">身近な人と親しみ、関わりを深め、工夫したり、協力したりして一緒に活動する楽しさを味わい、愛情や信頼感をもつ。</td></tr>
<tr><td colspan="2">社会生活における望ましい習慣や態度を身に付ける。</td></tr>
<tr><td rowspan="3">環境</td><td colspan="2">身近な環境に親しみ、自然と触れ合う中で様々な事象に興味や関心をもつ。</td></tr>
<tr><td colspan="2">身近な環境に自分から関わり、発見を楽しんだり、考えたりし、それを生活に取り入れようとする。</td></tr>
<tr><td colspan="2">身近な事象を見たり、考えたり、扱ったりする中で、物の性質や数量、文字などに対する感覚を豊かにする。</td></tr>
<tr><td rowspan="3">言葉</td><td colspan="2">自分の気持ちを言葉で表現する楽しさを味わう。</td></tr>
<tr><td colspan="2">人の言葉や話などをよく聞き、自分の経験したことや考えたことを話し、伝え合う喜びを味わう。</td></tr>
<tr><td colspan="2">日常生活に必要な言葉が分かるようになるとともに、絵本や物語などに親しみ、言葉に対する感覚を豊かにし、先生や友達と心を通わせる。</td></tr>
<tr><td rowspan="3">表現</td><td colspan="2">いろいろなものの美しさなどに対する豊かな感性をもつ。</td></tr>
<tr><td colspan="2">感じたことや考えたことを自分なりに表現して楽しむ。</td></tr>
<tr><td colspan="2">生活の中でイメージを豊かにし、様々な表現を楽しむ。</td></tr>
</table>

出欠状況	年度	年度	○年度	備考
教育日数			185	特記事項なし
出席日数			181	

＊欄外の留意事項は省略

•ケース４•【４歳児】

なかなか友達の思いを受け入れられないタクヤの場合

〔評価へのアプローチ：保育記録のエピソードを生かす〕

1　保育記録からタクヤの姿を振り返る

タクヤの担任のＤ先生は、日々の保育の中で気付いたことやその日心に残ったエピソードを記録にとりながら、その遊びの中でのエピソードを分析して、明日の保育の中で、保育者としてどう援助したらいいか、どんな姿が予測されるかということを考え明記しています。また、学期ごとの園内研修で、その学年の姿としての育ちについて教育課程を基に話し合い、育ちを確認し、その話し合いから、２学期のタクヤへの願いを明確にします。

(1)　１学期のタクヤ

【保育記録より／４・５月頃】

積み木を使った迷路遊びの中で、友達がコースを変える場面や途中に橋を見立てた場所を作ると、壊してしまった。また、他の友達が「ジャンプ台を作ろう」と提案するが受け入れられず、遊びから抜けてしまうなど、友達の思いを受け入れられないことが多くあった。遊びの中で、すべて自分の思い通りにしようとする様子があった。また、関係の薄い子がいたり、自分の思い通りにならないと感じたりすると、遊びから抜けてしまう様子があった。

【保育記録より／６・７月頃】

クラスの友達の名前も覚え、少しずつ関わりがもてるようになってきたが、相変わらず友達の思いを受け入れられない姿が見られていた。タクヤの行動に対し、「みんなの積み木なのにずるい」「つまらない」という言葉が聞こえるようになってきた。保育者は、タクヤに周りの友達の意見を代弁して伝えるなど、友達の思いに気付いてほしいと願い、互いの思いを言い合えるような場を作った。

記録をもとにタクヤの育ちとＤ先生の関わりをまとめてみる

進級当初のタクヤは、新たな環境に抵抗なく入ってくる様子がありました。その姿は、期待と喜びを感じているように見えました。頭の回転もよく、いろいろなことに関心が高く、一度経験したことは忘れない姿もありました。しかし、本人が好きなコーナーに、関係の薄い友達がいると遊びに加われずテラスに出てしまう様子も見られましたが、年少組とは違う積み木やコーナーの素材に興味をもって取り組んでいました。タクヤの遊んでいる積み木に興味をもち入ってくる友達との思いの違いから、トラブルが多かったため、Ｄ

先生は、一緒に遊びに加わりながら、タクヤの行動や思いを探ってみると、タクヤは、自分のイメージと違うと、自分の思いを伝える前にとっさに手が出てしまうことがありました。そのためトラブルになりやすく、そのような時は保育者が間に入り、タクヤの思いや考えを周りの子どもたちに伝えていきました。タクヤには言葉で伝えられるようになってほしいと願い、伝え方のモデルを示したり、タクヤの気持ちを一緒に伝えるなどしながら関わっていきました。また、友達の思いに気付けた時には、認めていきました❶。

(2) 2学期のタクヤ

【保育記録より/9・10月頃】

気の合う友達と積み木を使って遊んでいるが、なかなか友達の思いを受け入れられずにいた。友達が作ったものを作り変えてしまう様子もあり、「今日は、遊ばない」と言われることがあった。

【保育記録より/11・12月頃】

順番に並ばない友達や横入りをする友達のことが許せなくて、突き飛ばしたり、手を広げて入れないようにしたりする様子が見られた。また、保育者が伝えたことを守らない友達を責めてしまう姿も見られた。

しかし、その様子を見ていた友達が「タクヤくんは悪くないよ」と、その場でその時の様子をみんなに伝えたことで、タクヤはホッとした表情を見せた。その後、積み木で、お寿司屋さんを楽しんでいたタクヤに、女の子数名が「ステージ屋さんしたいから積み木を貸して」と言いに来た。一緒に遊んでいた友達は、「僕たちが使ってるから駄目だよ」と言うが、タクヤが「これなら使っていいよ」と、空いている積み木を貸す様子が見られた。

記録をもとにタクヤの育ちとD先生の関わりをまとめてみる

一緒に遊ぶ友達から「今日は遊ばない」と言われたことで悲しい経験をしたタクヤはその後、少しずつ友達の思いに気付けるようになってきました。また、自分を守ってくれた友達がいたことが嬉しくて、表情も優しくなりました。そうして、タクヤは、友達と一緒に遊ぶ楽しさを感じ、同時に友達の思いにも気付けるようになっていました❷。D先生は、些細なことでもタクヤの姿を見逃さず、認めていきました。今後も、言葉で思いを伝えたりイメージを共有したりしながら遊んでほしいと願いました❸。

(3) 3学期のタクヤ

【保育記録より/1・2月頃】

積み木を使って的当てゲームで遊んでいる時、的を置く場所で言い合いになる。タクヤは、「すぐに当たらないほうが面白いと思う」と、自分の意見を言葉にして伝えたことで周りの友達が受け入れてくれた。思いを言葉にして伝えたことで、共感してもらうことを経験できた。

【保育記録より／３月頃】

体を動かすことが苦手なタクヤが、跳び箱や鉄棒に挑戦しようとする様子があった。その中では、一緒に取り組んでいた友達が跳び箱を跳べたことを自分のことのように喜ぶ姿が見られた。

記録をもとにタクヤの育ちとD先生の関わりをまとめてみる

友達に自分の思いを受け入れてもらえたことで、友達の姿を認めることができるようになってきました。また、遊びの中で、自分の意見を通すのではなく、友達に一緒に作り上げようとしていました。トラブルでは、保育者を頼らず自分たちで解決できるようになりました。それは、タクヤが遊びや活動を通し、自分の思いを受け入れてもらう経験から、友達の思いや考えを受け入れることで遊びが楽しくなると感じたからでしょう❹。

2 要録に発達の過程を明記する

以上のようにタクヤの発達を見取ったD先生は、要録を記入するにあたり、次のように①子どもの伸びた姿、②子どものよさ、③今頑張っていること（課題）としてまとめてみました。

① 友達の思いを受け入れられない姿が見られたが、本人の姿を友達から認められたことで、友達の思いを受け入れられるようになり、友達と協同して遊ぶ楽しさを感じられるようになった❶❷❹。
② 発想が豊かで、アイディアを出す力が多くあった。また、遊びを楽しくしようと考え、そのことを周りに伝えながら遊んでいた❺。
③ 自分の考えや思いを曲げることができない。また、友達の思いを受け入れられないことが予測できる。本人がなぜそういった行動をするのか、様子を見ながら、配慮する必要がある❸。

このように、要録を書く前にタクヤの姿をまとめ、ポイントを整理することで、保育者との関わりや、タクヤの育ちを明確にします。そして、次年度に向けての課題や伸ばしてほしい面や留意点の記入もします。

幼保連携型認定こども園園児指導要録（指導等に関する記録）

<table>
<tr><td>ふりがな</td><td colspan="3">○○○○　たくや</td><td>性別</td><td rowspan="4">指導の重点等</td><td>平成○年度</td></tr>
<tr><td>氏名</td><td colspan="3">○○　タクヤ</td><td>男</td><td>（学年の重点）
・いろいろな活動を通し、自己肯定感をもつ。</td></tr>
<tr><td colspan="5">平成○年○月○日生</td><td rowspan="2">（個人の重点）
・遊びや活動の中で、友達の思いに気付けるようになる。</td></tr>
<tr><td colspan="5">ねらい
（発達を捉える視点）</td></tr>
<tr><td rowspan="3">健康</td><td colspan="4">明るく伸び伸びと行動し、充実感を味わう。</td><td rowspan="18">指導上参考となる事項</td><td rowspan="18">・遊びの中で、自分の思い通りにしようとすることが多かった。また、友達の思いや考えを受け入れることができず、トラブルが多かった。保育者は、本人に友達の思いを代弁したり、お互いの思いの橋渡しをしたりするなど、間に入って関わった。その後、遊びの中で、友達に認めてもらえたことで、少しずつ友達の思いを受け入れられるようになった。そのことで、友達と一緒に協同して遊ぶ楽しさを感じられるようになった❶❷❹。

・発想が豊かで、アイディアを出す力が多くあった。また、遊びを楽しくしようと考え、そのことを周りに伝えながら遊んでいた。クラスの中では、いろいろなことに関心が高く、クラスを引っ張っていく力がある❺。

・自分の考えや思いを曲げることができない。また、友達の思いを受け入れられないことがある。そのつど、保育者は、相手の思いを代弁しながら関わった。今後も、友達の思いを受け入れられないことが予測できる。本人がなぜそういった行動をするのか、様子を見ながら、配慮する必要がある❸。</td></tr>
<tr><td colspan="4">自分の体を十分に動かし、進んで運動しようとする。</td></tr>
<tr><td colspan="4">健康、安全な生活に必要な習慣や態度を身に付け、見通しをもって行動する。</td></tr>
<tr><td rowspan="3">人間関係</td><td colspan="4">幼保連携型認定こども園の生活を楽しみ、自分の力で行動することの充実感を味わう。</td></tr>
<tr><td colspan="4">身近な人と親しみ、関わりを深め、工夫したり、協力したりして一緒に活動する楽しさを味わい、愛情や信頼感をもつ。</td></tr>
<tr><td colspan="4">社会生活における望ましい習慣や態度を身に付ける。</td></tr>
<tr><td rowspan="3">環境</td><td colspan="4">身近な環境に親しみ、自然と触れ合う中で様々な事象に興味や関心をもつ。</td></tr>
<tr><td colspan="4">身近な環境に自分から関わり、発見を楽しんだり、考えたりし、それを生活に取り入れようとする。</td></tr>
<tr><td colspan="4">身近な事象を見たり、考えたり、扱ったりする中で、物の性質や数量、文字などに対する感覚を豊かにする。</td></tr>
<tr><td rowspan="3">言葉</td><td colspan="4">自分の気持ちを言葉で表現する楽しさを味わう。</td></tr>
<tr><td colspan="4">人の言葉や話などをよく聞き、自分の経験したことや考えたことを話し、伝え合う喜びを味わう。</td></tr>
<tr><td colspan="4">日常生活に必要な言葉が分かるようになるとともに、絵本や物語などに親しみ、言葉に対する感覚を豊かにし、保育教諭等や友達と心を通わせる。</td></tr>
<tr><td rowspan="3">表現</td><td colspan="4">いろいろなものの美しさなどに対する豊かな感性をもつ。</td></tr>
<tr><td colspan="4">感じたことや考えたことを自分なりに表現して楽しむ。</td></tr>
<tr><td colspan="4">生活の中でイメージを豊かにし、様々な表現を楽しむ。</td></tr>
<tr><td rowspan="3">出欠状況</td><td></td><td>年度</td><td>○年度</td><td>年度</td></tr>
<tr><td>教育日数</td><td></td><td>200</td><td></td><td colspan="2" rowspan="2">（特に配慮すべき事項）
特記事項なし</td></tr>
<tr><td>出席日数</td><td></td><td>196</td><td></td></tr>
</table>

【満3歳未満の園児に関する記録】

園児の育ちに関する事項	平成　　年度	平成　　年度

＊欄外の留意事項は省略

・ケース５・【５歳児】

強い口調で友達を言いなりにしていたタカヒロの場合

〔評価へのアプローチ：園内研修等を通して〕

1　発達の見通しの中で幼児の姿を理解する

タカヒロの担任のＥ先生は、日案に日々の保育の記録や反省を書いてPDCAサイクルを確立するように努めています。もちろんそこには幼児の姿の記録も書き、幼児理解に努めるようにしています。さらには、保育後に職員間で子どもの姿を話題にしたり、園内研修で事例検討や幼児の姿について議論したり、園内で幼児理解を深めるようにしています。

要録の記入にあたっては、幼児の発達の特性を捉えながらその子なりの変容の姿を明記していくことが大切です。記入する内容を日々の保育記録や個人の記録、園内研修等での意見交換を踏まえて整理し、その過程を端的に示せるように工夫しています。

(1)　幼児の姿を捉える

Ｅ先生は、日々の記録を改めて振り返り、タカヒロの姿がわかるようなエピソードを取り上げ、自分なりにタカヒロの姿についてまとめてみました。

自分たちの場を確保して（４月）

友達に「ここに○○持ってこい」と指図しながら自分たちの場を作っていくタカヒロ。友達はタカヒロの強い口調に言い返せずに従っている。タカヒロは時折教師の方をチラチラ見ながら、誰にもわからないような場に自分たちの場を確保して遊びを進めた。

教師も言いなりにしようとして（５月）

教師もタカヒロの仲間になろうと思い「入れて」と言ってタカヒロに声をかけた。するとタカヒロは「じゃあ先生もここに○○持ってきたらね」と言ったり、「先生は大人だからできないよ」と言ったり、自分の都合のいいように教師を言いなりにし遊びを進めた。

〈Ｅ先生の幼児の姿の捉え（園内研修前）〉

友達が困っている表情をしているのを気に留めることなく、自分勝手に強い口調でいばっていることが多い。教師が仲間になって遊ぼうとしても、条件をつけて教師が自分の言いなりになるのを楽しんでいた。

(2)　園内研修で幼児の理解を深める

園内研修では、それぞれの学級担任が、子どもの姿（実態）の資料を持ち寄り、その子の発達の特性について話し合ったり、援助のポイント、発達課題について考えたりなど、職員みんなで共通理解を図り進めていきます。

発達の特性について考える

要録には、その子らしいものの見方、考え方、感じ方、関わり方など、発達の特性を明記したいものです。先ほどのE先生の幼児の姿の捉えをもとに話し合いを進めると、様々な意見が出ました。

教師が否定的に捉えすぎてはいないか。どうしてそうなのかの背景にも目を向けるべき。教師（大人）の視線や評価を気にしているのではないか。どうして友達を言いなりにしようとするのかも考えるとよい。

友達や教師への関心はあるようだが、その思いをどのように表現するか、どうやって相手に伝えるか（どうすると伝わるのか）がわからないのではないか。

こういった意見を受けてE先生は幼児の姿を書き換えてみました。

〈E先生の幼児の姿の捉え（園内研修を受けて）〉

【発達の特性】

進級当初、教師へ関心はあるものの、大人の評価を気にしてか視線を気にして遊ぶことが多かった。また、友達と遊びたい気持ちをどう表現していいかがわからないようで、強い口調で友達を従わせてしまうような姿が見られた❶。

発達の課題を考える

発達の見通しで幼児の姿を捉えた時に、今後の発達の課題を検討していきます。今、この子にとってどんな経験が必要なのかを考えていきながら導き出していきます。このことが、今後の保育はもちろん、その子の育ちにつながっていくのです。

教師を試しているのかもしれない。身近な大人、教師に受け止められる経験が必要なのでは。

やはり、まずは教師との安定した関係が重要。そうして教師を頼りにしながら、友達との関わりを知っていけたら。

【発達の課題】

教師に受け止められる安心感をもち、教師が仲間になりながら一緒に遊びを進めていくことで遊び方や友達への関わり方を知っていけるようにする❷。

援助のポイントを考える

発達の課題が明確になったら、そのためにはその子にどんな援助が必要なのかを考えていきます（これまでの援助が適当であったかを改めて考えるきっかけにもなります）。

E先生がこれまでしてきた「仲間になりながら」という援助はよいと思う。人への安心感がもてるような関わりが必要。

大人の評価を気にしているようなので、さりげない援助（間接的な援助）をすることが重要だろう。

【援助のポイント】

受容的な雰囲気の中でタカヒロのありのままを受け止め、教師が仲間の一員となりながら声かけをしたり、一緒に遊んだりすることを心がける。また友達との関わりを知らせていく❸。

様々な場面でのエピソードから考える

先ほどのエピソードは主に人（教師や友達）との関わりに関するものでしたので、遊びへの取り組み方や、自分への気付き、生活への見通しのもち方等の多方面からその姿を捉えて、その変容を要録に記していけるようにするとよいでしょう。

挑戦してみようとして（９月）

テラスで教師とタカヒロの友達がホッピングをしていた。それをじっと見ていたタカヒロ。教師と友達が歌いながら交互に跳んでいる姿を見てにこっと笑い「３人だと順番で跳ぶのはもっと難しいかもよ」となんとなく混ざってきた。教師が「誰から跳ぶ？」と声をかけるとタカヒロは「僕がいい！」と言って跳び始めた。

……遊びへの取り組み

【幼児の姿】教師への安心感が土台となっていろいろな遊びに挑戦したり、自分のやりたいことへ素直に向かうようになってきた❹。

【発達の課題】教師を支えにいろいろな遊びに挑戦したり工夫したりすることの楽しさを知る❺。

【援助のポイント】教師が仲間の一員となりながら周りの友達のしていること等を知らせていく❻。

友達の返答に戸惑って（１月）

学級で遊園地のようなテーマパークのイメージで遊びが進んでいた時、タカヒロが「こうした方がいいのに」と言うと周りの友達が「でもそれじゃあ小さい子は楽しくないよ」と言った。タカヒロは友達の返答に戸惑った表情を見せ、何も言い返せずに立ち尽くしていた。　……自分への気付き

【幼児の姿】友達が自分の思い通りにはならないことに気付き、戸惑っている❼。

【発達の課題】友達の思いを自分なりに感じながら、自分の思いをどう伝えたらよいか等の表現の仕方を知る❽。

【援助のポイント】教師が拠り所となり思いを伝えたり別な遊びをしたり、多様な関わりや解決法があることを知ることができるようにする❾。

指導の過程と今後の指導の見通しを要録に明記する

要録では、これまでの保育の記録や園内研修等を振り返り、その子にどんな変容が見られ、どのような発達課題をもって、どのような援助をしてきたか、今後どのような指導が必要と考えられるのか、その指導の過程を記します。

また、最終年度の５歳児の要録の記入にあたっては、特に小学校等における児童の指導に生かされるよう、「幼児期の終わりまでに育ってほしい姿」を活用して幼児に育まれている資質・能力を捉え、指導の過程と育ちつつある姿をわかりやすく記入するように留意する必要があります。つまり、就学後も指導が継続していけるように、引き続き援助が必要なことや課題となっていることなどを明記しておくことも大切です（タカヒロの場合は次ページの下線部参照）。

幼稚園幼児指導要録（最終学年の指導に関する記録）

ふりがな	○○○○　たかひろ	指導の重点等	平成○年度
氏名	○○　タカヒロ 平成○年○月○日生		（学年の重点） ・目的に向かっていろいろと工夫しながら活動に取り組む。 ・友達と思いを伝え合いながら一緒に活動する。
性別	男		（個人の重点） ・教師に安心感をもって関わりながら、教師を支えに、いろいろな遊びを経験し、その中で友達との関わり方を知る。

ねらい（発達を捉える視点）		指導上参考となる事項
健康	明るく伸び伸びと行動し、充実感を味わう。	・進級当初、教師へ関心はあるが、評価を気にしているようで、教師の視界に入らないところで遊ぶことが多かった。友達に強い口調で指示することも多く、友達も困っていることがよくあった。ありのままを受け止めることが、安心感につながると考え、教師が仲間の一員となりながら一緒に遊ぶことを繰り返してきた。徐々に教師と一緒にいろいろな遊びに挑戦するようになった。友達との関わりに関しては、遊びの中で知らせるようにし、友達の思いを聞けるようにもなってきた。しかし、まだ一方的に自分の意見を押し付けるようなこともあるので、必要に応じて今後も教師が具体的な関わり方を伝えていってほしい❶❷❸。 ・鉄棒やホッピングなどの遊びでは、できる、できないを気にしてやろうとしなかったが、教師が周りの友達とアイデアを出しながら楽しんでいる姿を見て、少しずつ関わるようになっていった。次第に友達のしていることを真似したり、刺激を受けたりしながら、友達と難しい技に挑戦したり、新たな技を考えたりするようになっていった❹❺❻。 ・生活面では見通しをもってはりきっている。学級での話し合いでは活発に意見し学級の雰囲気をつくる姿もある。一方で自分の思いが通らなかったり、友達に指摘されたりすると戸惑うようなこともある。周りが見えるようになってきた姿でもあるが、友達の思いを感じた上で自分の思いの表現の仕方を知っていけるように教師が拠り所となって、表現の仕方や解決法を学んでいっているところである。今後も引き続き必要な援助と考えている❼❽❾。
	自分の体を十分に動かし、進んで運動しようとする。	
	健康、安全な生活に必要な習慣や態度を身に付け、見通しをもって行動する。	
人間関係	幼稚園生活を楽しみ、自分の力で行動することの充実感を味わう。	
	身近な人と親しみ、関わりを深め、工夫したり、協力したりして一緒に活動する楽しさを味わい、愛情や信頼感をもつ。	
	社会生活における望ましい習慣や態度を身に付ける。	
環境	身近な環境に親しみ、自然と触れ合う中で様々な事象に興味や関心をもつ。	
	身近な環境に自分から関わり、発見を楽しんだり、考えたりし、それを生活に取り入れようとする。	
	身近な事象を見たり、考えたり、扱ったりする中で、物の性質や数量、文字などに対する感覚を豊かにする。	
言葉	自分の気持ちを言葉で表現する楽しさを味わう。	
	人の言葉や話などをよく聞き、自分の経験したことや考えたことを話し、伝え合う喜びを味わう。	
	日常生活に必要な言葉が分かるようになるとともに、絵本や物語などに親しみ、言葉に対する感覚を豊かにし、先生や友達と心を通わせる。	
表現	いろいろなものの美しさなどに対する豊かな感性をもつ。	
	感じたことや考えたことを自分なりに表現して楽しむ。	
	生活の中でイメージを豊かにし、様々な表現を楽しむ。	

出欠状況		○年度	備考
	教育日数	188	特記事項なし
	出席日数	184	

＊欄外の留意事項は省略

幼児期の終わりまでに育ってほしい姿	
「幼児期の終わりまでに育ってほしい姿」は、幼稚園教育要領第２章に示すねらい及び内容に基づいて、各幼稚園で、幼児期にふさわしい遊びや生活を積み重ねることにより、幼稚園教育において育みたい資質・能力が育まれている幼児の具体的な姿であり、特に５歳児後半に見られるようになる姿である。「幼児期の終わりまでに育ってほしい姿」は、とりわけ幼児の自発的な活動としての遊びを通して、一人一人の発達の特性に応じて、これらの姿が育っていくものであり、全ての幼児に同じように見られるものではないことに留意すること。	
健康な心と体	幼稚園生活の中で、充実感をもって自分のやりたいことに向かって心と体を十分に働かせ、見通しをもって行動し、自ら健康で安全な生活をつくり出すようになる。
自立心	身近な環境に主体的に関わり様々な活動を楽しむ中で、しなければならないことを自覚し、自分の力で行うために考えたり、工夫したりしながら、諦めずにやり遂げることで達成感を味わい、自信をもって行動するようになる。
協同性	友達と関わる中で、互いの思いや考えなどを共有し、共通の目的の実現に向けて、考えたり、工夫したり、協力したりし、充実感をもってやり遂げるようになる。
道徳性・規範意識の芽生え	友達と様々な体験を重ねる中で、してよいことや悪いことが分かり、自分の行動を振り返ったり、友達の気持ちに共感したりし、相手の立場に立って行動するようになる。また、きまりを守る必要性が分かり、自分の気持ちを調整し、友達と折り合いを付けながら、きまりをつくったり、守ったりするようになる。
社会生活との関わり	家族を大切にしようとする気持ちをもつとともに、地域の身近な人と触れ合う中で、人との様々な関わり方に気付き、相手の気持ちを考えて関わり、自分が役に立つ喜びを感じ、地域に親しみをもつようになる。また、幼稚園内外の様々な環境に関わる中で、遊びや生活に必要な情報を取り入れ、情報に基づき判断したり、情報を伝え合ったり、活用したりするなど、情報を役立てながら活動するようになるとともに、公共の施設を大切に利用するなどして、社会とのつながりなどを意識するようになる。
思考力の芽生え	身近な事象に積極的に関わる中で、物の性質や仕組みなどを感じ取ったり、気付いたりし、考えたり、予想したり、工夫したりするなど、多様な関わりを楽しむようになる。また、友達の様々な考えに触れる中で、自分と異なる考えがあることに気付き、自ら判断したり、考え直したりするなど、新しい考えを生み出す喜びを味わいながら、自分の考えをよりよいものにするようになる。
自然との関わり・生命尊重	自然に触れて感動する体験を通して、自然の変化などを感じ取り、好奇心や探究心をもって考え言葉などで表現しながら、身近な事象への関心が高まるとともに、自然への愛情や畏敬の念をもつようになる。また、身近な動植物に心を動かされる中で、生命の不思議さや尊さに気付き、身近な動植物への接し方を考え、命あるものとしていたわり、大切にする気持ちをもって関わるようになる。
数量や図形、標識や文字などへの関心・感覚	遊びや生活の中で、数量や図形、標識や文字などに親しむ体験を重ねたり、標識や文字の役割に気付いたりし、自らの必要感に基づきこれらを活用し、興味や関心、感覚をもつようになる。
言葉による伝え合い	先生や友達と心を通わせる中で、絵本や物語などに親しみながら、豊かな言葉や表現を身に付け、経験したことや考えたことなどを言葉で伝えたり、相手の話を注意して聞いたりし、言葉による伝え合いを楽しむようになる。
豊かな感性と表現	心を動かす出来事などに触れ感性を働かせる中で、様々な素材の特徴や表現の仕方などに気付き、感じたことや考えたことを自分で表現したり、友達同士で表現する過程を楽しんだりし、表現する喜びを味わい、意欲をもつようになる。

幼稚園

・ケース６・【５歳児】

自己肯定感が低かったマサミの場合

〔評価へのアプローチ：保育記録と「幼児期の終わりまでに育ってほしい姿」を照らし合わせて〕

1 保育記録をもとに本人の変化を捉える

マサミの担任のＦ先生は、日々保育記録を取りながら、その子の変化のあった時期を振り返り、記録を整理しています。小学校の先生にも１年間のマサミの成長の過程とこれまでの援助、今後の発達の見通しを理解してもらえるように、これまでの記録を「幼児期の終わりまでに育ってほしい姿」の観点と照らし合わせ、整理し、要録に明記しています。

⑴ 少しのことで落ち込むマサミ（進級当初）

年中組からクラス替えをせず進級したマサミ。年中組の時の友達を頼りにしているようで教師が話しかけても恥ずかしそうにしていて、なかなか心を開く様子はありませんでした。

遊びたい友達と遊べないことで（４月）

遅く登園してきたマサミ。ロッカーのところでクラスの様子を見ていて、なかなか動き出そうとしない。「どうしたの？」と声をかけても、反応もなく、固まっている。しばらくすると、お絵かき帳を出して一人で絵を描き始めた。そこで、話を聞くと、「Ａちゃんと遊びたかったのに、今日はＢちゃんと遊ぶから遊べないって言われちゃったから」と言う。

歌詞を忘れたことで落ち込んで（５月）

珍しく笑顔で登園してきたマサミ。「あのね、歌、教えてあげるね！」と歌を歌い始めたが、途中で歌詞を忘れてしまい、詰まってしまった。すると、急にどんよりしてうつむき、固まってしまった。教師が一緒に遊ぼうと働きかけても首を振り、動こうとしなかった。

【幼児の姿の捉え】

だめなことが一つでもあると、ひどく落ち込んでしまう 自立 ❶。友達にもう一度話しかけてみようとか、先生と遊んでみようとか気持ちの切り替えも難しい。自分に自信がないのかもしれない。でも、自分が納得しないと動かないところに、意思の強さを感じる 自立 。

【援助のポイント】

自分に自信がなさそうなマサミでしたが、泥団子作りには興味をもって楽しんでいました。自然物に触れることで心も安定し、活動に没頭することで、友達関係にとらわれずに遊べるのではないかとＦ先生は考えました。友達とのやりとりでうまくいかない時には、教師が仲介することで、互いの気持ちを整理し 道 協 、割れないような美しい泥団子を作るために砂や水の量を調節しながら、繰り返し取り組む姿 思 自然 を支えることにしました❷。

⑵ 動き出したマサミ（９～10月）

母親が運動会の親子ダンスの担当になり、家で練習していたマサミは、練習で、母親と一緒に皆の前に出て堂々と踊ることができ、少しずつ自信がついてきました 自立 健 社 ❸。

クラスの劇に参加して（10月）

クラスのほぼ半数の子どもたちで作った劇を小さい組に見せようということになった。マサミは何日もその様子を見ていたが、劇に参加しようとはしなかった。本番が近づき、C子に「音楽やってくれない？」と頼まれた。「教師と一緒にならやってみる」と引き受け、緊張しながら音楽劇に合わせてCDをかけたり止めたりし、劇が終わると、満足した表情で、友達と話していた 協 豊 言。次の日、「ポスター作ってきたよ！」と劇を絵に表して 言 豊、日にちと時間、保育室の場所を描き、「みにきてね」というポスターを作ってきた 数。クラスの友達と色を塗ると、年少・中の部屋に張り切って貼りに行った❹。

【幼児の姿の捉え】

マサミが友達の前に出て踊ることなど考えられなかったが、事前に家で練習していたことや母親と一緒だったことで、できたことが、マサミの変化のきっかけとなった。劇ごっこでは、自分から大勢の友達の中に入ることは苦手だったが、劇の流れはわかっていたので、劇に合わせて音楽をかけることがマサミには適任だった 健。緊張しながらも、友達と一緒にできた満足感を味わうことができた 自立 協 のだと捉える。次の日、ポスターを作ってきた姿から、活動全体を見通す力が育っている 健 と感じた❺。

【援助のポイント】

きっかけがあれば自分から動き出せるようになったので、その時に、教師が後押しできるようにしてきました。F先生は、マサミが大勢の友達と遊ぶ中で、自分の役割を感じて自信がもてるように寄り添いました。また、自信をもって家でポスターを作ってきた姿を捉え、クラスの友達にも紹介するなど、存在感を感じられるようにしました❻。

(3) 自信をもってどんどん進むマサミ（11月以降）

マサミは、異年齢での活動である『たのしみ会』のグループで、年長組としてアイデアを出したり、小さい組の面倒を見たりして活躍し、達成感を味わいました。その頃から、表情が明るくなり、自分の思いを堂々とF先生に伝えてくるようになりました。

家から遊びを持ってきて（11月）

自分の得意なクイズをメモに書いて家から持ってきた 数 社。帰りの時間にクイズ大会を開くことにし、マサミがクラスみんなの前で問題を出し、クラス全員で楽しんだ 言。次の日もクイズを出すことを楽しみに家で考えてきた。すると、他の友達もそのことに刺激を受け、家からクイズを考えてくるようになり、しばらくクイズ大会が続き、みんなの楽しみになっていった 協 道 ❼。

【幼児の姿の捉え】

マサミが自分から遊びを考えてくるようになったのは、幼稚園生活の中で自信をもって行動できるようになった姿だと捉える 自立。クラスの友達にマサミのよさを知ってもらい、クラスでの存在感を感じられるようにしたい❽。

【援助のポイント】

クラスの中で、存在感を感じられるように、マサミの得意なことを生かして遊びを作っていくようにしました。その後、マサミは、いろいろな遊びを家で考えて 思、幼稚園の友達に知らせるなど、積極的になっていきました 健 自立。

1年間を振り返り、「幼児期の終わりまでに育ってほしい姿」と照らし合わせて整理する

これまでのマサミの１年間を振り返り、「幼児期の終わりまでに育ってほしい姿」と照らし合わせて捉えてみました。これまでまとめたエピソードと【幼児の姿の捉え】【援助のポイント】を振り返り、「幼児期の終わりまでに育ってほしい姿」の視点で捉え直すことで、総合的にマサミの成長を伝えられるかを確認するために、右記の記号と～～を書き入れてみました（080～081ページ）。書き入れてみることで、マサミの姿を総合的に捉えていることを確認することができました。そこで、これらの内容を踏まえ、１年間の記録を要録に明記することにしました。

- 健……健康な心と体
- 自立…自立心
- 協……協同性
- 道……道徳性・規範意識の芽生え
- 社……社会生活との関わり
- 思……思考力の芽生え
- 自然…自然との関わり・生命尊重
- 数……数量や図形、標識や文字などへの関心・感覚
- 言……言葉による伝え合い
- 豊……豊かな感性と表現

3　要録に発達の過程を明記する

個人の重点を導き出す

１年間の保育を振り返って、その幼児に対して重視して指導してきたことを記します。マサミの場合は、興味をもった遊びの中で、大勢の友達とは、教師を支えとして関わっていけるよう援助してきました。また、園生活に自信をもってきたことで、活動の見通しをもち、アイデアを出すなど、友達と目的に向かって工夫して取り組めるようにと願ってきました。

幼児の変化が見られた時期を捉え、幼児の姿の捉え／援助のポイント／その後の変容を整理

幼児の変化が見られた時期を捉えて、Ｆ先生のように幼児の姿の捉えと援助のポイントを整理しておくことで、要録に記入する際に、簡潔に明記することができます。

【幼児の変化】とは、「○○ができるようになった」などの現象面だけでなく、幼児の内面の育ちを記します。マサミが、大勢の友達と交われるようになった背景には、活動の見通しがもてるようになったことや、大人の支えがあればできる自分を感じていることなどが含まれます。【幼児の姿の捉え】には、発達の見通しをもってその子の行動を捉え、どう育ってほしいかも含め、指導の方向性を明確に示します。さらに幼児の変化をもたらすきっかけとなった援助【援助のポイント】を示し、その結果どのように変容したのか【その後の変容】を書くことで、発達の過程と指導の過程を端的に示すことができます。

> クラスで劇を作って楽しんだ時には、教師が一緒に曲をかける役になることで【援助のポイント】、劇ごっこに加わることができ、自分の役割を果たし、満足感を味わった【幼児の姿の捉え】。その後、年中組を招待するために家でポスターを作ってくるなど、自分なりに活動全体を見通して関わっていた【その後の変容】。（一部抜粋）

また、新しい生活など見通しがもてない時には不安になることもわかりました❾。その子なりの特性や今後も必要な援助などを示すことで、小学校の先生にも伝わるようにします。

幼稚園幼児指導要録（最終学年の指導に関する記録）

ふりがな	○○○○　まさみ
氏名	○○　マサミ 平成○年○月○日生
性別	女

指導の重点等	平成○年度
（学年の重点）	・目的に向かって、いろいろ工夫しながら、活動に取り組む。 ・友達と思いを伝え合いながら、一緒に活動する。
（個人の重点）	・興味をもった遊びの中で、教師を支えとしながら、友達と目的に向かって、工夫しながら取り組む。

ねらい（発達を捉える視点）	
健康	明るく伸び伸びと行動し、充実感を味わう。
	自分の体を十分に動かし、進んで運動しようとする。
	健康、安全な生活に必要な習慣や態度を身に付け、見通しをもって行動する。
人間関係	幼稚園生活を楽しみ、自分の力で行動することの充実感を味わう。
	身近な人と親しみ、関わりを深め、工夫したり、協力したりして一緒に活動する楽しさを味わい、愛情や信頼感をもつ。
	社会生活における望ましい習慣や態度を身に付ける。
環境	身近な環境に親しみ、自然と触れ合う中で様々な事象に興味や関心をもつ。
	身近な環境に自分から関わり、発見を楽しんだり、考えたりし、それを生活に取り入れようとする。
	身近な事象を見たり、考えたり、扱ったりする中で、物の性質や数量、文字などに対する感覚を豊かにする。
言葉	自分の気持ちを言葉で表現する楽しさを味わう。
	人の言葉や話などをよく聞き、自分の経験したことや考えたことを話し、伝え合う喜びを味わう。
	日常生活に必要な言葉が分かるようになるとともに、絵本や物語などに親しみ、言葉に対する感覚を豊かにし、先生や友達と心を通わせる。
表現	いろいろなものの美しさなどに対する豊かな感性をもつ。
	感じたことや考えたことを自分なりに表現して楽しむ。
	生活の中でイメージを豊かにし、様々な表現を楽しむ。

指導上参考となる事項

・進級当初は、幼稚園生活に自信をもてず、少しのことで、落ち込んでしまうことが多かった。自分が遊びたいと思っている友達とうまく遊べず困っていることもあったが、互いの言い分を聞いて、思いを調整した。また、それぞれにやりたいことがやれるようにしたことで、砂と水の量を加減しながら、美しい泥団子づくりに没頭した❶❷。

・運動会をきっかけに少しずつ自信がもてるようになってきた。クラスで劇を作って楽しんだ時には、教師が一緒に曲をかける役になることで、劇ごっこに加わることができ、自分の役割を果たし、満足感を味わった。その後、年中組を招待するために家でポスターを作ってくるなど、自分なりに活動全体を見通して関わっていた。みんなでそのポスターを何枚も作り、年中組を招待したことで、さらに張り切って活動した❸❹❺❻。

・幼稚園生活に自信がもててきたようで、家で考えてきた遊びを園に持ってくることが多くなった。クイズごっこや迷路遊びなど、マサミの遊びを教師も一緒にやることで、クラスの友達にも楽しんでもらうことができ、クラスの中での存在感が大きくなった。幼稚園生活の中では、自分から進んで活動するようになった❼❽が、修了式が近づくと少しのことで涙ぐんでしまうなど、見通しがもてないことへの不安が大きいと考える。今後も、新しい生活に不安をみせる時には、丁寧に関わる必要がある❾。

出欠状況	○年度
教育日数	188
出席日数	181

備考　特記事項なし

幼児期の終わりまでに育ってほしい姿	
「幼児期の終わりまでに育ってほしい姿」は、幼稚園教育要領第２章に示すねらい及び内容に基づいて、各幼稚園で、幼児期にふさわしい遊びや生活を積み重ねることにより、幼稚園教育において育みたい資質・能力が育まれている幼児の具体的な姿であり、特に５歳児後半に見られるようになる姿である。「幼児期の終わりまでに育ってほしい姿」は、とりわけ幼児の自発的な活動としての遊びを通して、一人一人の発達の特性に応じて、これらの姿が育っていくものであり、全ての幼児に同じように見られるものではないことに留意すること。	
健康な心と体	幼稚園生活の中で、充実感をもって自分のやりたいことに向かって心と体を十分に働かせ、見通しをもって行動し、自ら健康で安全な生活をつくり出すようになる。
自立心	身近な環境に主体的に関わり様々な活動を楽しむ中で、しなければならないことを自覚し、自分の力で行うために考えたり、工夫したりしながら、諦めずにやり遂げることで達成感を味わい、自信をもって行動するようになる。
協同性	友達と関わる中で、互いの思いや考えなどを共有し、共通の目的の実現に向けて、考えたり、工夫したり、協力したりし、充実感をもってやり遂げるようになる。
道徳性・規範意識の芽生え	友達と様々な体験を重ねる中で、してよいことや悪いことが分かり、自分の行動を振り返ったり、友達の気持ちに共感したりし、相手の立場に立って行動するようになる。また、きまりを守る必要性が分かり、自分の気持ちを調整し、友達と折り合いを付けながら、きまりをつくったり、守ったりするようになる。
社会生活との関わり	家族を大切にしようとする気持ちをもつとともに、地域の身近な人と触れ合う中で、人との様々な関わり方に気付き、相手の気持ちを考えて関わり、自分が役に立つ喜びを感じ、地域に親しみをもつようになる。また、幼稚園内外の様々な環境に関わる中で、遊びや生活に必要な情報を取り入れ、情報に基づき判断したり、情報を伝え合ったり、活用したりするなど、情報を役立てながら活動するようになるとともに、公共の施設を大切に利用するなどして、社会とのつながりなどを意識するようになる。
思考力の芽生え	身近な事象に積極的に関わる中で、物の性質や仕組みなどを感じ取ったり、気付いたりし、考えたり、予想したり、工夫したりするなど、多様な関わりを楽しむようになる。また、友達の様々な考えに触れる中で、自分と異なる考えがあることに気付き、自ら判断したり、考え直したりするなど、新しい考えを生み出す喜びを味わいながら、自分の考えをよりよいものにするようになる。
自然との関わり・生命尊重	自然に触れて感動する体験を通して、自然の変化などを感じ取り、好奇心や探究心をもって考え言葉などで表現しながら、身近な事象への関心が高まるとともに、自然への愛情や畏敬の念をもつようになる。また、身近な動植物に心を動かされる中で、生命の不思議さや尊さに気付き、身近な動植物への接し方を考え、命あるものとしていたわり、大切にする気持ちをもって関わるようになる。
数量や図形、標識や文字などへの関心・感覚	遊びや生活の中で、数量や図形、標識や文字などに親しむ体験を重ねたり、標識や文字の役割に気付いたりし、自らの必要感に基づきこれらを活用し、興味や関心、感覚をもつようになる。
言葉による伝え合い	先生や友達と心を通わせる中で、絵本や物語などに親しみながら、豊かな言葉や表現を身に付け、経験したことや考えたことなどを言葉で伝えたり、相手の話を注意して聞いたりし、言葉による伝え合いを楽しむようになる。
豊かな感性と表現	心を動かす出来事などに触れ感性を働かせる中で、様々な素材の特徴や表現の仕方などに気付き、感じたことや考えたことを自分で表現したり、友達同士で表現する過程を楽しんだりし、表現する喜びを味わい、意欲をもつようになる。

＊欄外の留意事項は省略

保育所

・ケース7・【5歳児】

自分の感情や思いをうまく表現できないルイの場合

〔評価へのアプローチ：様々な保育記録の記入の仕方を工夫する〕

1 保育記録の中から育ちを捉える

ルイの担任のG先生は、年長児の担任として年度当初に「友達と協働して遊びや生活を作り出す中で、自己を表現したり友達のよさに気付いたりしながら充実感を味わう❶」ことを指導の重点と捉え、クラス運営を始めました。そのためには、一人一人の気持ちを受容し、幼児が自己有用感を基盤に、仲間の大切さが感じられるようにしていきたいと考えました。また、保育の記録については、子どもの姿の中にどのような援助をしてきたかを具体的に記入できるように個別ノートを用意しました。

(1) 入園から年長進級までのルイの様子

0歳児クラスから入園したルイは、2歳上の兄と1歳児クラスになってから生まれた1歳半違いの弟、それに両親の5人家族です。母親は忙しい営業職の仕事をする傍ら、体調を崩しやすい兄や小さな弟の世話をすることに手一杯でルイの自己主張に関わるゆとりがない様子でした。そのため、ルイは4歳児クラスになっても登園時の母子分離ができず、毎日激しく泣きながら登園する日々が続いていました。また、ちょっとしたことでトラブルになり手が出ることも多く、思うようにならないと大声で泣きわめいたり、周りの物に当たったりして部屋から飛び出し、他児からも避けられている面がありました❷。

(2) 年長1年間のルイの様子

5歳児クラスに進級し、4歳から持ち上がり担任になったG先生は、そんなルイの様子を理解し受け止めながら、ルイが自分の気持ちを素直に表現し、友達との関わりが楽しめるようにしていきたいと考えていました❸。

【4月26日(木)保育記録】

花の水やりの当番活動をしている時、すでに自分が水やりをした鉢に他児が水やりをしたことに腹を立てたルイはその友達に「バカ！」と叫び、ジョウロを投げ捨てて廊下の片隅で口を一文字に結び目に涙を浮かべていた。

保育者の援助　ルイの気持ちを聞いてみたが、何も語ろうとしない。しばらく待ったが口をきつく締めたままであった。そこで気持ちを切り替えることをねらって「あっ、そうだ、事務所の

花のお水を替えてほしいって、さっき園長先生が言っていたんだけど、ルイくんやってくれる？」と聞いてみた。

ルイの姿　表情は硬いものの無言で立ち上がり自分から事務所に向かう。しばらくして何事もなかったかのように保育室に戻ってきた。後で確認したところ、事務所に入ってきた時のルイは自分から「園長先生、お花の水を替えてあげる」と言って、さっさと水を替え、「ありがとう」と言われてニコニコして出て行ったとのことだった。

その後も、気持ちの不安定感が見られる日は、些細なことで友達とのトラブルが起こり、その結果いじけて保育室から出ていってしまう姿がありました。しかし、気持ちを切り替えられる場を提供することで、自分からクラスに戻ってくることも増えてきました❹。

【5月23日(水)保護者面談記録（抜粋）】

先日、花の水やりのことで怒ってしまったルイの姿やその後の対応でルイの気持ちが変化していったことを伝えた。

母親は、「あの日は連休前で、田舎に帰る話をしていたのだが、私の仕事が休めなくなったのでルイと父だけで田舎に帰る話をしたところ、私も一緒でないといやだと大泣きになった。一度泣き出すと手に負えないのでいつも通り放っておいた」とのこと。また、ルイは家庭で風呂洗いをすることが日課となっており、必ずやらせている。そして、早寝早起きのルールがあり、子どもだけで眠るようにさせているが、自分たちの責任で遅くまで起きていた翌日も起床時間は守らせている、と話していた。

ルイは家庭で、愛情豊かに育てられている様子が見られました。しかし反面、しつけ等に厳しい面もあり、登園時の母子分離が難しい日やイライラした様子が見られる日は、家庭内のいざこざや寝不足も関係していることがわかりました❺。

【6月12日(火)保育記録】

クラスで飼育しているアゲハの幼虫が大きくなり、餌にしているみかんの葉もあっという間になくなるようになる。ルイはいち早くそれに気付き、自分から園庭中走り回りみかんの葉を集めてきては、アゲハの幼虫に与えていた❻。

保育者の援助　朝の会の時、「アゲハの幼虫が大きくなって餌が足りないようで心配していたが、ルイくんが気付いてこまめに新しい葉を用意してくれていたので、無事サナギになりよかった」と、皆の前で伝えた。

ルイの姿　他児が、口々に「ルイくんすごいね」「ありがとう」と言ったのを聞き、ルイは満面の笑顔であった。その後は図鑑を手にアゲハの羽化の様子を友達に話していた❼。

その後、サナギは見事なアゲハとなって、保育室から飛び立っていきましたが、このことがきっかけで、ルイはクラスの友達から「虫博士」と呼ばれるようになりました。

【９月26日(水)保育記録】

クラスの子どもたちの中でサッカーごっこがはやっており、朝から楽しみに登園している。この日は、チーム分けしたところ１名足りなかった。

保育者の援助 初めは保育者が入って遊びが楽しめるようにした。その後、遊びが盛り上がってきたところでサッカーごっこを見ていたルイに交代してほしいと頼んでみた。

ルイの姿 自分から仲間に加わることができなかったルイだが、頼まれると快く参加した。ゲームのルールは既に理解しており、友達がゴールする姿を一緒に喜び合ったり、時には元気に「そっちを守って」と指示を出したりしながら、積極的に楽しんでいた❼❽。

このことをきっかけに、自分から友達と関わったり、気持ちをコントロールして折り合いを付けたりする姿が、ルイの中に少しずつ見られるようになってきました。

就学児健診を境に、子どもたちの中で小学校への期待が高まってきており、文字に対する興味も明確になってきました。ルイも画用紙でランドセルを作ったり、用紙を束ねてお手製のノートを作り、たくさんの文字や記号を書いたりして学校ごっこを楽しんでいました。

【１月９日(水)保育記録】

正月を経験した子どもたちの中で、友達に手紙を書きたいという思いが現れてきたので、保育室に「手紙コーナー」を作り、ポストとはがきや切手シールを用意しておいた。

ルイの姿 初めは手紙を書くことを楽しんでいたルイだが❾、しばらくするとポストに入っている手紙の配達員役をイメージし、バッグ作りをしたいと保育者に材料の相談をしてきた。

保育者の援助 画用紙やボール紙、リボンテープなど様々な材料と、イメージが膨らむように郵便屋さんの絵本を用意し、本人に任せてみた。

ルイの姿 ルイは気の合う友達数名とお手製のバッグで郵便配達を行い、ほかのクラスの子供や保育士との関わりを生き生きと楽しんでいた❿。

２ 育ちの背景と成長につながった具体的な援助を記入する

ルイは、秋頃より自分の気持ちのコントロールができるようになり、クラスから飛び出して事務所に行くようなことは少なくなりました。また、進んで友達と関わり自己表現したり友達の思いを受け止めたりしながら楽しんで遊ぶようにもなってきました❸。

年度当初は自己主張が強く関わりの難しいルイでしたが、様々な背景を理解しながらその姿をまるごと受容して行ってきた保育者の援助を要録に記入し、小学校での具体的な援助につながるようにしていくことが大切です。

保育所児童保育要録（保育に関する記録）

本資料は、就学に際して保育所と小学校（義務教育学校の前期課程及び特別支援学校の小学部を含む。）が子どもに関する情報を共有し、子どもの育ちを支えるための資料である。

ふりがな	○○○○　るい
氏名	○○　ルイ
生年月日	○年○月○日
性別	男

ねらい（発達を捉える視点）	
健康	明るく伸び伸びと行動し、充実感を味わう。
	自分の体を十分に動かし、進んで運動しようとする。
	健康、安全な生活に必要な習慣や態度を身に付け、見通しをもって行動する。
人間関係	保育所の生活を楽しみ、自分の力で行動することの充実感を味わう。
	身近な人と親しみ、関わりを深め、工夫したり、協力したりして一緒に活動する楽しさを味わい、愛情や信頼感をもつ。
	社会生活における望ましい習慣や態度を身に付ける。
環境	身近な環境に親しみ、自然と触れ合う中で様々な事象に興味や関心をもつ。
	身近な環境に自分から関わり、発見を楽しんだり、考えたりし、それを生活に取り入れようとする。
	身近な事象を見たり、考えたり、扱ったりする中で、物の性質や数量、文字などに対する感覚を豊かにする。
言葉	自分の気持ちを言葉で表現する楽しさを味わう。
	人の言葉や話などをよく聞き、自分の経験したことや考えたことを話し、伝え合う喜びを味わう。
	日常生活に必要な言葉が分かるようになるとともに、絵本や物語などに親しみ、言葉に対する感覚を豊かにし、保育士等や友達と心を通わせる。
表現	いろいろなものの美しさなどに対する豊かな感性をもつ。
	感じたことや考えたことを自分なりに表現して楽しむ。
	生活の中でイメージを豊かにし、様々な表現を楽しむ。

保育の過程と子どもの育ちに関する事項

（最終年度の重点）
・友達と協働して遊びや生活を作り出す中で、自己を表現したり友達のよさに気付いたりしながら充実感を味わう❶。

（個人の重点）
・友達に認められる経験を通し、自分なりに気持ちに折り合いを付け、友達と一緒にする様々な活動を楽しむ❸。

（保育の展開と子どもの育ち）
・サッカーごっこでは、友達に指示を出すなどして、リーダー的な面も発揮しながら友達と一緒にルールを守って遊ぶ楽しさを味わっていた❽。

・自分から友達と関わることが苦手であったが、得意なことが認められる経験を重ねる中で、自分から積極的に友達を遊びにさそう姿が見られるようになった❼。

・アゲハの幼虫の飼育では、自ら図鑑等でその成長を調べ、成虫になるまで大切に飼育するとともに、その生態について知っている知識を友達に伝えている姿が見られた❻❼。

・文字や記号への関心があり、自分でノートを作って書いたり、年賀状作りを楽しんだりしていた❾。

・手先が器用で、次々とイメージを発展させ、自分なりに工夫して、描いたり作ったりすることを楽しむことができる❿。

・気持ちが一杯いっぱいになると保育室から飛び出すこともあったが、気持ちが落ち着くきっかけ（声かけや場）を作ると自分から立ち直ることができる❹。

（特に配慮すべき事項）
特記事項なし

最終年度に至るまでの育ちに関する事項

・０歳児クラスから入園。

・３人兄弟の次男で、両親は子育てに積極的ではあるが、主張の強い本児は４歳児クラスまで母子分離が難しかった❷。

・睡眠不足から園生活では朝からイライラする姿があった❺。

幼児期の終わりまでに育ってほしい姿 ※各項目の内容等については、別紙に示す「幼児期の終わりまでに育ってほしい姿について」を参照すること。
健康な心と体
自立心
協同性
道徳性・規範意識の芽生え
社会生活との関わり
思考力の芽生え
自然との関わり・生命尊重
数量や図形、標識や文字などへの関心・感覚
言葉による伝え合い
豊かな感性と表現

＊欄外の留意事項は省略

・ケース８・【５歳児】

うまく相手に自分の思いを伝えられないユウトの場合

〔評価へのアプローチ：保育記録のエピソードを生かす〕

1 保育記録の中からエピソードを集める

ユウトの担任のH先生は、日々の保育の中で気付いた幼児の姿を丁寧に記録することを心がけています。要録の記入にあたっては、書きためた１年間の保育記録の中からエピソードを抜き出し、発達の理解を深めるようにしています。

友達と一緒に遊びたいが、引っ込み思案で、自分の思いを言葉にすることがよくわからないため、友達とコミュニケーションが取れないユウト

そこで、H先生は、５歳児のみの『わくわくデー』の行事を利用し、少人数のグループごとに取り組む中でなら、友達に伝えていくことができるようになるのではと、考えました。

【５月中旬のエピソード①】

・年長クラスになって最初の行事である『わくわくデー』は、お店屋さんごっこで、年長児のみでお店屋さんを楽しんだり、他のクラスをお客として招待して楽しんだり、子どもたちが自由に考えて決めてもいい行事である。

・そこで、クラスのみんなで何のお店をするか、お客はどうするか、決めていった。ユウトは、自ら発言できずにいた❶。友達に提案されるとうまく言えず「違う。違う」と泣き出してしまった。H先生が、話し合いの最後の方で尋ねると、「トミカの街を作りたい」と言う❷。「いいね～、楽しそう」と言うと、電車好きな男児２人が参加して、“トミカ街”屋さんができた。３人のグループなら自分の思いを言いやすいのではと、H先生は考えた。

【５月中旬のエピソード②】

・“トミカの街”作りでは、N男が「まずは、電車だね」と言い、M男も賛成し、黙って聞いていたユウトも「作ろう」と言う。３人は、電車を作り始めた。必要な材料を製作置き場から持ってきて、M男とN男は、自分のイメージに合わせて黙々と作り始めた。それを見ていたユウトも、今までは製作活動に取り組むまでに時間を要していたが、友達の作っている様子を見て真似しながら作り始めていった。電車に窓を作りたくて、マジックで描くが、うまくできず、色紙を切って貼ればどうかと考えつき、貼っていった❸。

▶保育者の援助

① ユウトの思いをゆっくり聞く時間をもつようにしました。

② 同じグループの幼児にもそのやりとりを聞けるように、その場でもつようにしました。

【5月中旬のエピソード③】

・1人1つずつ電車を作ることができた3人は、次にどうしようか考えた。男児2人が相談し始めた。ユウトは、「線路を作らないとだめだよ」と言う。N男は「道路！」、M男は「あ、駅もだ」。いろいろ作る必要があるものが出てきた。ユウトは、楽しくなってきたのか「家もビルもないとおかしいよ」といつもより大きめの声で発言した❹。

・そうして3人は、自分で言ったものを作ることになった。どうやって道路を作るのか、何で作ればいいか、考えることは、たくさん出てきた。街には、どんなものがあったのか、思い出し、絵本や図鑑を見て調べて作るようになった❺。

▶保育者の援助

グループで取り組んでいる様子を見守りながら、タイミングを考え、男児2人の会話にユウトが自然に入れるよう、どう考えているか、話を振るようにしました。

【5月下旬のエピソード】

・年長クラスでは、当番活動が六つあった（①給食当番、②靴箱の掃除当番、③3歳児がお昼寝から起きた時の布団を押し入れに片付ける当番、④水やり当番、⑤おもちゃ棚の整理と棚拭き当番、⑥給食後の保育室掃除当番）。

・ユウトは、どの当番もコツコツ一生懸命取り組んでいた。H先生は、「雑巾の絞り方が上手になったね」「食器がいくつ足りないか、わかるようになったね」とほめていった。それをクラスの子どもたちが毎回聞いているうちに「ユウくん、しっかりものだね」「すごいね」とみんなから言われるようになり、少しずつユウトの存在が、他の子に感じられるようになった❻。

【6月のエピソード】

・運動が今まで苦手だったユウトは、走るのがゆっくりめで、たまに参加する鬼ごっこは、鬼役になるとなかなか他の子にタッチできないでいた。自然と鬼ごっこは、少しずつみんなが抜けていってしまっていた。

・そこでH先生は、一定の範囲内で逃げ、足の速さでは左右されない島鬼遊びを紹介した。誰もが鬼になったり、逃げ役になったりできるので、クラスのみんなと遊べる島鬼が、ユウトは大好きになり、みんなもユウトを含め、誘い合うようになった❼。

▶保育者の援助

ユウトの運動遊びに興味をもち始めたタイミングを捉え、島鬼を含めた様々な鬼ごっこを紹介しました。

【8月のエピソード】

・進んで運動遊びをするようになったが、プールは苦手で、プールの時間になると顔が曇っていた。H先生は、「プールでどんなふうになりたい？ これ、できたらいいなって思うことある？」と聞いてみた。ユウトは、「顔つけができるようになりたい」と言った。H先生は、「プールは、嫌いじゃないの？」と聞くと「Ｙちゃんみたいに蹴伸びしたいけど……」と目標が高いことがわかった❽。Ｈ先生「顔つけができたら、蹴伸びなんてあっという間にできちゃうよ。最初から顔全部じゃなくていいんじゃない？どこから水に付けてみる？」と言葉をかけた❾。

・８月プールの終わる頃には、顔の半分（口と鼻）まで水に付けられるようになった。その後プールはなくなったが、家のお風呂で練習しているとユウトが言っていた❿。

▶保育者の援助

① ユウトの気持ちをタイミングをみて、聞くようにしました。

② ユウトが自分なりに考えた目標を認め、そこに至る段階を考え一緒に目指すようにしました。

【11月のエピソード】

・表現発表会の準備が始まった。ユウトは、自分のやりたい役に決まり、嬉しそうにセリフを考えたり、言ったりしていたが、製作活動が苦手なユウトは、なかなか自分の衣装や小道具をイメージしたように作ることは、困難であった。

・Ｈ先生は、ユウトのイメージを聞き出し、素材選びやどうやって作っていくかを話し合った。また、周りにいる友達にもアイデアを募った。少しずつ作り方がわかるようになると、友達から「鳥らしいね」とほめてもらうようになり、ユウトも「ここが難しい」と、友達に相談するようになった⓫。

・ある日、友達がそのグループの中でセリフの順番を相談し合っていると、ユウトが作りながら聞いていて「みんなで一緒に言えば？」と言う⓬。友達は、「そうだね！」と盛り上がり、ユウトは、嬉しさやみんなの反応にドキドキしたのか、「はぁ」と一息ついた⓭。

2 ユウトと友達を保育者がつなぐ

ユウトの気持ちをまず担任が聞き出すことから始め、ユウトのペースに合わせて一緒に考え、クラスの友達を少しずつ巻き込みながら活動を積み重ねていったことで、ユウトが変わっていきました。

保育所児童保育要録（保育に関する記録）

本資料は、就学に際して保育所と小学校（義務教育学校の前期課程及び特別支援学校の小学部を含む。）が子どもに関する情報を共有し、子どもの育ちを支えるための資料である。

ふりがな	○○○○　ゆうと
氏名	○○　ユウト
生年月日	○年○月○日
性別	男

ねらい（発達を捉える視点）	
健康	明るく伸び伸びと行動し、充実感を味わう。
	自分の体を十分に動かし、進んで運動しようとする。
	健康、安全な生活に必要な習慣や態度を身に付け、見通しをもって行動する。
人間関係	保育所の生活を楽しみ、自分の力で行動することの充実感を味わう。
	身近な人と親しみ、関わりを深め、工夫したり、協力したりして一緒に活動する楽しさを味わい、愛情や信頼感をもつ。
	社会生活における望ましい習慣や態度を身に付ける。
環境	身近な環境に親しみ、自然と触れ合う中で様々な事象に興味や関心をもつ。
	身近な環境に自分から関わり、発見を楽しんだり、考えたりし、それを生活に取り入れようとする。
	身近な事象を見たり、考えたり、扱ったりする中で、物の性質や数量、文字などに対する感覚を豊かにする。
言葉	自分の気持ちを言葉で表現する楽しさを味わう。
	人の言葉や話などをよく聞き、自分の経験したことや考えたことを話し、伝え合う喜びを味わう。
	日常生活に必要な言葉が分かるようになるとともに、絵本や物語などに親しみ、言葉に対する感覚を豊かにし、保育士等や友達と心を通わせる。
表現	いろいろなものの美しさなどに対する豊かな感性をもつ。
	感じたことや考えたことを自分なりに表現して楽しむ。
	生活の中でイメージを豊かにし、様々な表現を楽しむ。

保育の過程と子どもの育ちに関する事項

（最終年度の重点）

・自分の力を十分に発揮し、充実感ややり遂げた喜びを味わう。

（個人の重点）

・思いを出し合いながら友達と協力したり、分担したりしながら取り組み、遊びや生活を進めていく楽しさを味わう。

（保育の展開と子どもの育ち）

・鬼ごっこの楽しさを感じるようになると張り切って他の運動遊びに参加するようになった❼。

・運動遊びに興味をもつようになると、自分の目当てに向けて取り組むようになった❼❽❾❿。

・保育者や友達にほめられたり認められたりすることで、自信をもち、自分の思いや考えを伝えながら活動に取り組む充実感を味わえるようになった❺❻⓭。

・友達とやりとりをしたり、集団遊びを楽しんだりする中で、仲間意識が芽生えてきた⓫⓬⓭。

・生き物や自然などいろいろなことに興味をもち、図鑑を見て知ろうとしたり、自分の知っていることを友達に知らせたりしていた❺。

・自分の思いの伝え方ややりとりの中で必要な言葉がわからずにいたが、保育者や少人数の中でやりとりする中で徐々に自分の思いを伝えられるようになった❶❷❹⓫⓬。

・製作活動では、保育者や友達との会話の中でイメージを膨らませ取り組み、作り上げていく過程を楽しんでいた❸⓫。

（特に配慮すべき事項）

特記事項なし

最終年度に至るまでの育ちに関する事項

・自分から要求を示すことが少なく、活動に積極的に参加する姿もあまり見られなかった。本児が気持ちを出せるように、ゆっくりと話を聞くようにしたり、好きな遊びを保育者も一緒に楽しんだりするようにした。

・運動遊びは特に苦手意識があるためなのか、他児（友達）がやっている姿を見ていたりすることが多かった。少人数でもできる簡単な集団遊びに保育者と一緒に参加することで、少しずつ楽しめるようになってきた。

幼児期の終わりまでに育ってほしい姿 ※各項目の内容等については、別紙に示す「幼児期の終わりまでに育ってほしい姿について」を参照すること。
健康な心と体
自立心
協同性
道徳性・規範意識の芽生え
社会生活との関わり
思考力の芽生え
自然との関わり・生命尊重
数量や図形、標識や文字などへの関心・感覚
言葉による伝え合い
豊かな感性と表現

＊欄外の留意事項は省略

・ケース９・【５歳児】

何でも思い通りにしたいサトシの場合

〔評価へのアプローチ：保育の記録から発達の理解を深める〕

1　保育記録の中から、子どもの発達を捉える

サトシの担任のＩ先生は、日々の保育の中で気になったことや気付いたこと、子どものちょっとした変化などをなるべく多く記録にとることを心がけています。また、一人一人の育ってほしい視点を定めて、その様子を記録にとることで、子どもの発達の理解を深めるとともに、発達の特性を見取り、それらを総合して、保育要録の記入につなげています。

(1)　１期・２期を振り返って

進級当初、サトシには気になる行動がありました。

自分が好きな活動、例えば一人で絵を描いたり、パズルのような玩具で遊んだり、絵本を読んだりしている時には、楽しんでいる様子で、長い時間でも集中していました。しかし、友達と一緒に遊ぶ活動については、あまり興味を示さない様子でした。誘われて遊びに加わっても、自分の意見が受け入れられないと、その場から去ってしまうことが多くありました。また、生活の中の場面でも、自分の思い通りにならないと、相手に強い口調で詰め寄ることもありました❶。

Ｉ先生は、今年度初めて担任になったこともあり、サトシについて、生育暦を含めてよく知ることが大切だと考えました。３歳クラスで入園してからの児童票の記録を読み込むとともに、友達との関係を中心に場面を捉えて記録にとることから始めました。

4/15　クラスの子どもたちが室内で好きな遊びをしている。Ａ児が空き箱でロボットを作っているところへサトシがやってきて、いきなり使っていたフェルトペンを取り上げて自分が使おうとする。Ａ児は「僕が使っているのに、なんでとるんだよ」と抗議をするが、サトシは「俺が使うから」と言って、悪びれる様子はない。Ａ児が「返してよ」と何度か訴えると、サトシは「もういい」と言って、保育室を出ていく❷。

4/21　週ごとに行う当番活動の内容と名前が決まり、子どもたちは張り切ってその当番を行っている。サトシのグループは先日植えたひまわりの水やり当番である。子ども同士で声をかけ合って、水やりをしようとしたところ、サトシは「面倒くさいなあ」と言って応じない。「私たちの仕事なんだから、やらなきゃダメじゃない」と言われると、「やりたくないんだから、やらないんだよ」と、言い返す。さらに、他の子どもからも「サトシ君、いっしょにやろうよ」

と言われると、「やらないって言ってる」と強い口調で言い、その場から走り去る❸。グループの子どもたちは、「いつも、やらないんだよな」と言っている。

このような記録を毎日のようにとっていきました。同時に、家庭との連携が重要であることから、サトシの保育所での姿を保護者に知らせ、家庭での様子を知ることが必要だと考え、個人面談を実施しました。

◉個人面談の内容

・家族構成は、40代の両親とサトシの3人家族である。
・平日の降園後は、本児が望むまま、タブレットを与えている。本児が自分で操作をして、自由に見たいものを見て過ごしている。両親も、時間を有効に使えるので、よい方法だと考えている。場合によっては、食事中も見せることがある。
・週末の土曜日は、ピアノ教室と絵画教室に、日曜日は、英語教室と科学実験教室に通っている。また、通信教育で、勉強の添削問題に取り組んでいる。
・両親は、ほめることを重視しているとのことで、本児のすることに対して、すべてを肯定的に捉えている。公園で、そばにいた子に砂を投げたことがあったが、サトシなりに投げたくなった理由があるのだから、悪いことではないと話す。よいことや悪いことの判断は、自然に身に付いていくと考えている。
・小さい時から、泣かせないように、本児の望むことを優先して育ててきたとのこと❹。
・保育所に対しての要望は、特にない。

サトシの姿と個人面談の内容とを受けて、I先生は、友達との関わりの中で、総合的に本児の発達を助長していくことの重要性を認識しました。友達と協力をして取り組む活動や、友達や周りの人と関わる経験ができる場面を多く取り入れるよう、指導計画の中に具体的に入れていくようにしました❺。

(2) 3・4期を振り返って

I先生は、2期から続けている、グループごとで行っているサツマイモ栽培の活動の中で、サトシの様子が変わってきたことを感じていました。

6/3 4名のグループごとに、サツマイモを4株育てることにする。毎日、水やりや草取りを分担して行う。水やりは、畑から離れた水道からじょうろで水を汲み、運ばなければならない。サトシはあまり関心を示さず、気が向いた時しか世話をしない。やりたくない時に声をかけられると、「うるさいな」と大きな声を出すこともある。

9/7 はじめは、サトシ以外の3名が中心となって行っていたが、誘われて世話をするうち、サツマイモの生長の喜びを友達と共有でき始めたようだ❻。

9/24 サトシは、休み明けに登園した時に、サツマイモの葉がしおれていることに気付く。すぐに、同じグループのメンバーに知らせて、自分からじょうろを取りに行き、水道と畑を何回も往復して、水やりをする。心配顔のサトシだったが、しばらくして見に行った時に茎が立ち上がっているのを見て、メンバーと喜び合う❼。

約束事は子どもたちが話し合って進めていくようにしていました。今まで、友達と気持ちを通わせ合う様子が見られなかっただけに、サトシの心の成長が感じられる記録になりました。同時に、常に見守り、サトシと友達の仲立ちとなってお互いの気持ちを伝えたり、時には別の場所で話をして、落ち着いた気持ちになるように心がけたりしていました。

11月に入り、発表会への取り組みが始まりました。年長クラスは、子どもたちと話し合い、劇遊びを発表することになりました。クラスの子どもたちが大好きな絵本を題材に、セリフや役、身に着けるものは話し合って決めることにしました。この頃には、少しずつ相手の気持ちに気付く様子も見られるようになってきました。

11/5　劇の役柄を決めることになり、役名をみんなで挙げていく。サトシは聞いていないような態度だったが、小さな声で「○○の役もあるんじゃない」とつぶやく。誰がどの役を演じるかを決めていくが、サトシは何をしたいか言わない。Ｉ先生がたずねると「知らない」と言うが、隣にいたＢ児が、「さっき、○○の役って言ってたよ」と伝えると、サトシの表情がゆるみ、「それなら、いいよ」と承諾する。

11/10　衣装のベストの丈について話し合う。サトシが「長いほうがいいよ」と言うと、他の子どもは、「短い方がいいと思う」と意見が合わない。意見を言い合ううちに、サトシが「短いのでもいいか」と相手の意見を受け入れる。

11/15　同じ役の子ども同士で、形や材料を考えながら、衣装を作り始める。カラービニールを切ってベストにすると、サトシは「この端っこにきれいなテープを貼ったらいいんじゃない」と提案すると、「いいね。そうしよう」と受け入れられたことが嬉しいようで、テープやはさみなどを、友達と一緒に使って作り上げる。「Ｂ君のかっこいいね」と自分から伝える。

11/25　発表会当日、舞台に出ていく前に、「ドキドキするけどがんばろうね」と言う❽。

発表会に向けて、衣装や背景などを作る過程で、一人ではできないことがあるということを経験から実感した場面がたくさんありました。そのような経験から、相手にも気持ちがあることや、みんなで一緒に作り上げることの楽しさ等を感じたようです。

このように、Ｉ先生は丁寧に記録をとることを年間通して行っていきました。

2　保育要録に育ちの過程を記録する

以上のように、年間を通してサトシの発達の過程を丁寧に記録したＩ先生は、記録を整理し、サトシの成長のポイントを捉えて、保育要録に記載しました。また、育ちの連続性が見えるよう、友達との関わり方や課題にどう取り組んでいったかなど、視点を定めて記録をとるよう心がけたことが、発達のポイントを捉えた保育要録の記録につながりました。

保育所児童保育要録（保育に関する記録）

本資料は、就学に際して保育所と小学校（義務教育学校の前期課程及び特別支援学校の小学部を含む。）が子どもに関する情報を共有し、子どもの育ちを支えるための資料である。

ふりがな	○○○○　さとし
氏名	○○　サトシ
生年月日	○年○月○日
性別	男

ねらい（発達を捉える視点）	
健康	明るく伸び伸びと行動し、充実感を味わう。
	自分の体を十分に動かし、進んで運動しようとする。
	健康、安全な生活に必要な習慣や態度を身に付け、見通しをもって行動する。
人間関係	保育所の生活を楽しみ、自分の力で行動することの充実感を味わう。
	身近な人と親しみ、関わりを深め、工夫したり、協力したりして一緒に活動する楽しさを味わい、愛情や信頼感をもつ。
	社会生活における望ましい習慣や態度を身に付ける。
環境	身近な環境に親しみ、自然と触れ合う中で様々な事象に興味や関心をもつ。
	身近な環境に自分から関わり、発見を楽しんだり、考えたりし、それを生活に取り入れようとする。
	身近な事象を見たり、考えたり、扱ったりする中で、物の性質や数量、文字などに対する感覚を豊かにする。
言葉	自分の気持ちを言葉で表現する楽しさを味わう。
	人の言葉や話などをよく聞き、自分の経験したことや考えたことを話し、伝え合う喜びを味わう。
	日常生活に必要な言葉が分かるようになるとともに、絵本や物語などに親しみ、言葉に対する感覚を豊かにし、保育士等や友達と心を通わせる。
表現	いろいろなものの美しさなどに対する豊かな感性をもつ。
	感じたことや考えたことを自分なりに表現して楽しむ。
	生活の中でイメージを豊かにし、様々な表現を楽しむ。

保育の過程と子どもの育ちに関する事項

（最終年度の重点）

・自分の力を十分に発揮しながら、様々な活動に取り組み、充実感ややり遂げた喜びを味わう。

・友達と思いを伝え合いながら協力して、生活や遊びを進める。

（個人の重点）

・自分の思いを伝えたり、友達の考えを聞いたりして遊ぶ中で、自分と友達の考えを折り合わせる経験ができるよう留意した。

（保育の展開と子どもの育ち）

・進級当初、一人で絵を描いたり、絵本を読んだりするような好きな遊びは長い時間でも集中していたが、友達と一緒に遊ぶ活動については、あまり興味を示さない。誘われて遊びに加わっても、自分の思い通りにならないと、遊びの途中でもその場から去ることがあった❶。

・自分なりの考えをもって生活や遊びを進めているが、自分の考えや進め方と違う意見や考えには反発をする姿が見られた❷ので、友達と協力をして取り組んだ結果が理解しやすい活動を意図して取り入れた。はじめは、友達の意見を受け入れることが難しかった❸が、本児の気持ちを受け入れながら、友達の気持ちを伝えることを丁寧に続けていくうち、徐々に友達と関わって遊ぶことの楽しさを感じるようになった❽。

・友達と協力して行う活動を経験するうちに、徐々にクラスやグループの中での役割があることに気付く❺❻。はじめは気が向いた時に行っていたが、友達に認められたり、目に見える成果が上がったりすることで、進んで役割を果たそうとする姿になっていった❼。

・感情が高ぶることがあるが、場所を変えて話をすると、落ち着いて聞くことができる。

（特に配慮すべき事項）

特記事項なし

最終年度に至るまでの育ちに関する事項

・３歳クラスから入園する。

・入園した時から、思い通りにならないと、強い口調になったり、部屋を飛び出していくことがあった❶。

・両親と本児の３人家族である。両親は、本児のすることに対してすべて肯定的に捉え、よいことや悪いことの判断は自然に身に付いていくと考えている。生まれた時から、なるべく泣かせないように、本児の望むことを優先して育ててきたとのことである。平日の降園後は、主にタブレットを見て過ごし、週末は複数の習い事をしている❹。

・身近な人との関わりの中で、相互に気持ちや心を伝え合う経験が少ないので、できる限り、一対一での関わりや友達との関わりをもつ経験ができるよう、配慮している❺。

幼児期の終わりまでに育ってほしい姿 ※各項目の内容等については、別紙に示す「幼児期の終わりまでに育ってほしい姿について」を参照すること。
健康な心と体
自立心
協同性
道徳性・規範意識の芽生え
社会生活との関わり
思考力の芽生え
自然との関わり・生命尊重
数量や図形、標識や文字などへの関心・感覚
言葉による伝え合い
豊かな感性と表現

＊欄外の留意事項は省略

•ケース10•【５歳児】

クラスのことを自分事として捉えきれないユウタの場合

〔評価へのアプローチ：保育記録のエピソードを生かす〕

1 保育記録の中からエピソードを集める

ユウタの担任のＪ先生は、毎日の遊びの記録だけでなく、その中で子どもたちの気になる姿なども記録に残し、次の日どのように関わるかを明記して次の保育につなげています。学期ごとのユウタの育ちと保育者の関わりをまとめ、要録に整理して明記しようと思っています。

(1) １学期のユウタ

進級当初のユウタは、新しい環境に緊張していたものの抵抗なく入ることができ、気の合う友達と好きな遊び（積み木）で車や飛行機などの乗り物を作ることを楽しんでいました。その中では、関係の薄い友達を受け入れようとせず、気の合う友達と自分の思いを通しながら遊んでいました。

〈４月頃〉 ユウタは、車や飛行機などの乗り物が好きでよく積み木で乗り物作りを楽しんでいた。しかし、他の友達が遊びに加わることを嫌がり、トラブルになることが多かった。

ユウタは、自分のイメージした物を形にしたいという強い思いと、他の友達が加わることで自分の遊びのイメージが崩れてしまい思い通りにならないことを嫌がり、相手を受け入れることが難しかったのではないかと考えます。また、相手に強く言われてしまうことで、口調が強くなってしまったり、相手の思いを受け入れることができずにいたりして気持ちの切り替えに時間がかかっていました。Ｊ先生は、友達と遊ぶ楽しさを感じてほしいと思い、まずは本人の思いを受け止め、気持ちが落ち着くよう関わりました。また、相手の思いに気付けるような声かけを繰り返し行うことで、口調は強いものの、少しずつ友達を受け入れようとする姿が見られるようになりました。

〈５月頃〉 集まりの場では、場面の切り替えが難しく、友達と話したり、ふざけてしまうなど逸脱する姿が多くなってきた。

ユウタは、まだクラスのこと、友達のことを自分のこととして捉えることが難しい様子でした。また、周囲から集まりに参加するよう注意されるとさらに気持ちが高ぶってしまい、集まりに参加することが難しい様子でした。Ｊ先生は、まず集まりの楽しい雰囲気づ

くりを意識しました。そのことで、スムーズに集まりに参加しやすいのではないかと考えました。また、集まりに参加できた時は認め、クラスのみんなでノリを合わせる楽しさを共有できるように様々な手遊びやわらべ歌などを取り入れていきました。そのことで、自ら集まりへ参加する姿が見られ、クラスの相談の際には気付いたことや自分の思いを伝えるなどクラスへの意識が少しずつ芽生えてきました。

(2) 2学期のユウタ

〈9月頃〉 運動会の練習で、リレーなどのクラス対決の時に負けたくないという気持ちはあるものの、負けてしまうとすぐに諦めてしまい、活動から抜けてしまうことが何度も見られた。

ユウタは、運動会を楽しみにしていることもあり、クラス対決では、とても張り切っていました。しかし、負けてしまうとすぐ諦めたり、種目の活動に向かうまでに時間がかかったりしていました。そこで、本人の思いを受け止めつつ、ユウタが抜けてしまうとクラスが勝てない、クラスにとって必要な存在であることに気付けるような声かけをしていこうと関わりました。その姿を見た周囲の友達もユウタを活動に誘う姿が見られ、ユウタ自身も少しずつクラスで必要とされているという自覚が芽生えました。そして、クラスが勝てるための作戦をクラスのみんなと考えたり、諦めずに活動に向かう姿が見られてきました。

〈11月頃〉 グループ活動では、クラスで収穫したさつまいもをグループごとにどのように調理するか相談をしていた。それぞれの思いを伝え合う中で、ユウタは相手の思いを受け入れられず相談の場から抜けてしまうことがあった。

グループ活動では、子どもたち同士で思いを伝え合いながら活動に向かっています。そこでは、小集団での相談を通して、自分の思いを伝え、相手に受け入れてもらう経験をしてほしいという願いがあります。ユウタは思いを伝えることはできるものの、相手に受け入れてもらう経験・相手の思いを受け入れる経験が少なく、自分の思いが伝わらない葛藤から活動から抜けてしまうという姿が見られたのではないかと考えます。そこで、J先生はユウタの思いを代弁して伝え、また周囲の思いの橋渡しを繰り返し行っていきました。次第に、周囲もユウタの思いを受け入れてくれ、ユウタも相手の思いを受け入れようとしていました。

(3) ３学期のユウタ

〈１月頃〉 クラスでの劇の活動では、自分たちで物語や配役などを考えた。ユウタは、カッパ役として、活動に参加していた。しかし、初めの頃はふざけてしまうなどの姿が見られた。しかし、他の学年に見てもらうことで見てもらう嬉しさを感じ、次第にみんなで一つの劇を作り上げたいという意識が芽生えてきた。

小集団のグループからクラスの大きな集団へと移行し、クラスみんなで劇の相談をしていきました。これまでの経験からユウタもクラスの一員としての意識をもちながら相談の場に参加し、劇の内容を考えました。きっと、クラスの仲間とのやりとりで合意を得る必要性を感じることができてきたからだと、Ｊ先生は考えました。

要録に発達の過程を明記する

上記のように、ユウタの各学期の育ちとＪ先生の関わりをまとめたことと、園内研修でまとめた学年の姿を教育課程で照らし合わせていくことで、ユウタの１年の育ちが明確になりました。

〈ユウタの育った姿〉

○他の友達との関係ができていないこともあり、遊ぶ楽しさを感じることが難しかったが、遊びなどで繰り返し思いを受け入れてもらう経験をすることで、相手の思いも受け入れられるようになった❶。

○クラスのことや友達のことを自分事として捉えることが難しかったが、集まりや運動会の活動で、自分はクラスにとって必要な存在なのだと気付くことができた。そのことで、クラスという大きな集団で共有された目的を達成するために、活動に向かえるようになった。

〈ユウタのよさが活かせること〉

○遊びの中で、自分が経験したことや遊びのイメージを伝えることができた。

○クラスの相談の場で、自分の思いを積極的に伝えることができた。認めることでさらに思いを伝えようとする姿があった❷。

〈ユウタの課題〉

○ルールの勝敗がつく活動で、悔しいと感じると思いが高ぶってしまい、自分で気持ちを切り替えることが難しい。そのため、気持ちが落ち着くような関わりが必要❸。

このように要録を記入するにあたりユウタの姿を箇条書きにすることで、書くポイントを整理できます。

幼保連携型認定こども園園児指導要録（最終学年の指導に関する記録）

ふりがな	〇〇〇〇　ゆうた
氏名	〇〇　ユウタ 平成〇年〇月〇日生
性別	男

ねらい（発達を捉える視点）	
健康	明るく伸び伸びと行動し、充実感を味わう。
	自分の体を十分に動かし、進んで運動しようとする。
	健康、安全な生活に必要な習慣や態度を身に付け、見通しをもって行動する。
人間関係	幼保連携型認定こども園の生活を楽しみ、自分の力で行動することの充実感を味わう。
	身近な人と親しみ、関わりを深め、工夫したり、協力したりして一緒に活動する楽しさを味わい、愛情や信頼感をもつ。
	社会生活における望ましい習慣や態度を身に付ける。
環境	身近な環境に親しみ、自然と触れ合う中で様々な事象に興味や関心をもつ。
	身近な環境に自分から関わり、発見を楽しんだり、考えたりし、それを生活に取り入れようとする。
	身近な事象を見たり、考えたり、扱ったりする中で、物の性質や数量、文字などに対する感覚を豊かにする。
言葉	自分の気持ちを言葉で表現する楽しさを味わう。
	人の言葉や話などをよく聞き、自分の経験したことや考えたことを話し、伝え合う喜びを味わう。
	日常生活に必要な言葉が分かるようになるとともに、絵本や物語などに親しみ、言葉に対する感覚を豊かにし、保育教諭等や友達と心を通わせる。
表現	いろいろなものの美しさなどに対する豊かな感性をもつ。
	感じたことや考えたことを自分なりに表現して楽しむ。
	生活の中でイメージを豊かにし、様々な表現を楽しむ。

出欠状況	〇年度
教育日数	188
出席日数	188

	平成〇年度
指導の重点等	（学年の重点） ・友達と共通の目的に向かって思いを伝え合いながら活動に取り組む。
	（個人の重点） ・クラスや友達のことを自分事として捉えながら活動に向かうようになる。
指導上参考となる事項	・遊びの中で、自分の思いを通そうとすることが多く、友達の思いを受け入れられない姿があった。本人の思いを受け止めつつ、友達の思いにも気付けるよう一緒に遊びに加わりながら関わった。次第に、相手の思いを受け止められるようになったり、友達のことを自分事のように考えながら活動に取り組めるようになった❶。 ・クラスの相談の場では、気付いたことや自分の思いを積極的に伝えることができる。思いを認めることで張り切って思いを伝えようとしていた❷。 ・活動に向かう際、気持ちが高ぶると自分自身で気持ちを切り替えることが難しい。まずは、気持ちが落ち着くような声かけをし、本人の思いを受け止め、活動に向かえるよう促す。そのことで、スムーズに活動に向かうことができる❸。
	（特に配慮すべき事項） ・虫に刺されると、腫れやすい。

幼児期の終わりまでに育ってほしい姿	
「幼児期の終わりまでに育ってほしい姿」は、幼保連携型認定こども園教育・保育要領第２章に示すねらい及び内容に基づいて、各園で、幼児期にふさわしい遊びや生活を積み重ねることにより、幼保連携型認定こども園の教育及び保育において育みたい資質・能力が育まれている園児の具体的な姿であり、特に５歳児後半に見られるようになる姿である。「幼児期の終わりまでに育ってほしい姿」は、とりわけ園児の自発的な活動としての遊びを通して、一人一人の発達の特性に応じて、これらの姿が育っていくものであり、全ての園児に同じように見られるものではないことに留意すること。	
健康な心と体	幼保連携型認定こども園における生活の中で、充実感をもって自分のやりたいことに向かって心と体を十分に働かせ、見通しをもって行動し、自ら健康で安全な生活をつくり出すようになる。
自立心	身近な環境に主体的に関わり様々な活動を楽しむ中で、しなければならないことを自覚し、自分の力で行うために考えたり、工夫したりしながら、諦めずにやり遂げることで達成感を味わい、自信をもって行動するようになる。
協同性	友達と関わる中で、互いの思いや考えなどを共有し、共通の目的の実現に向けて、考えたり、工夫したり、協力したりし、充実感をもってやり遂げるようになる。
道徳性・規範意識の芽生え	友達と様々な体験を重ねる中で、してよいことや悪いことが分かり、自分の行動を振り返ったり、友達の気持ちに共感したりし、相手の立場に立って行動するようになる。また、きまりを守る必要性が分かり、自分の気持ちを調整し、友達と折り合いを付けながら、きまりをつくったり、守ったりするようになる。
社会生活との関わり	家族を大切にしようとする気持ちをもつとともに、地域の身近な人と触れ合う中で、人との様々な関わり方に気付き、相手の気持ちを考えて関わり、自分が役に立つ喜びを感じ、地域に親しみをもつようになる。また、幼保連携型認定こども園内外の様々な環境に関わる中で、遊びや生活に必要な情報を取り入れ、情報に基づき判断したり、情報を伝え合ったり、活用したりするなど、情報を役立てながら活動するようになるとともに、公共の施設を大切に利用するなどして、社会とのつながりなどを意識するようになる。
思考力の芽生え	身近な事象に積極的に関わる中で、物の性質や仕組みなどを感じ取ったり、気付いたりし、考えたり、予想したり、工夫したりするなど、多様な関わりを楽しむようになる。また、友達の様々な考えに触れる中で、自分と異なる考えがあることに気付き、自ら判断したり、考え直したりするなど、新しい考えを生み出す喜びを味わいながら、自分の考えをよりよいものにするようになる。
自然との関わり・生命尊重	自然に触れて感動する体験を通して、自然の変化などを感じ取り、好奇心や探究心をもって考え言葉などで表現しながら、身近な事象への関心が高まるとともに、自然への愛情や畏敬の念をもつようになる。また、身近な動植物に心を動かされる中で、生命の不思議さや尊さに気付き、身近な動植物への接し方を考え、命あるものとしていたわり、大切にする気持ちをもって関わるようになる。
数量や図形、標識や文字などへの関心・感覚	遊びや生活の中で、数量や図形、標識や文字などに親しむ体験を重ねたり、標識や文字の役割に気付いたりし、自らの必要感に基づきこれらを活用し、興味や関心、感覚をもつようになる。
言葉による伝え合い	保育教諭等や友達と心を通わせる中で、絵本や物語などに親しみながら、豊かな言葉や表現を身に付け、経験したことや考えたことなどを言葉で伝えたり、相手の話を注意して聞いたりし、言葉による伝え合いを楽しむようになる。
豊かな感性と表現	心を動かす出来事などに触れ感性を働かせる中で、様々な素材の特徴や表現の仕方などに気付き、感じたことや考えたことを自分で表現したり、友達同士で表現する過程を楽しんだりし、表現する喜びを味わい、意欲をもつようになる。

＊欄外の留意事項は省略

第4章

「要録」記入の実際
ケーススタディ Part2

・ケース11・【満3歳児】

意志が強く積極的だが口調の荒いミズキの場合

1年間を振り返って

ミズキは4月生まれで言葉も体の動きも同じ満3歳児（2歳児）クラスの中では発達が早い方でした。園内の様々な環境に興味をもち、遊びや生活面にも積極的に取り組んで「自分でやりたい！・できる！」という気持ちを満たしていました❶。おしゃべりが大好きで、保育者に上手に気持ちや現状を伝えることもでき❷、保育者が語りかける内容も理解できることがとても多い子でした❸。

年長者の姿に憧れをもち、「やりたい」「できるようになりたい」という気持ちから、粘り強く取り組んでは、誰よりも早く自分なりにできるようになっていくことが多くありました❹。その反面、同じ歳の子に対して強い口調で要求することが目立ってくるようになりました❺。

7月5日

Aちゃんに向かって「なんでできないの」「へんなの」、B君に向かって「ちょっとどいてよ」など、最近口調の荒さが目立つ。自分ができることを自覚しているようだが、言われた子の気持ちを伝えても「だって」と納得はしない様子なので「つぎかしてね」って言ってみたらどう？と提案する。

➡

- 想い（現状の姿）：口調が厳しい。
- 見取り：自分ができることと、周りの差を感じている。
- 育ちの姿：
- 願う姿：ほかの子の気持ちに気が付いてほしい。
- 関わり（環境）：ほかの子の気持ちを伝えたり、こう言ってみたらどう？と代替えの言葉を伝えていく❻。

ミズキなりの気付きを受け止め、言葉で表していく

異年齢の関わりが深まる中、年長児が作る泥団子を同じように作りたくて、何度も小さな手で頑張りますが、うまくいかなかった時、年少児に「まんまるじゃないね」と言われてしまい、涙をこらえる姿がありました。また、別の時には年長児と一緒に木登りに挑戦しますが、うまく登れず試行していた時に、「ここに足かけてごらん」「できたねー！」と優しく声をかけてもらい、さらに意欲がわいてくる姿が見られました。

この時の心の動きを感じた保育者は、それぞれのタイミングで寄り添い、「教えてもらって嬉しかったね」「お姉ちゃんたち優しいね」「こうやって言ってもらえると嬉しいね」等と気持ちを代弁し、ミズキが無意識に感じているであろうことを受け止めながら言葉で表していくように心がけました❼。そうしているうちに、徐々に、つい強い口調で言ってしまっても、はっとした表情をしていたり、優しい口調で伝えようと意識する姿も見られるようになりました❼。

幼稚園幼児指導要録（指導に関する記録）

<table>
<tr><td>ふりがな</td><td colspan="4">○○○○　みずき</td><td rowspan="3">指導の重点等</td><td>平成○年度</td></tr>
<tr><td>氏名</td><td colspan="4">○○　ミズキ
平成○年4月16日生</td><td>（学年の重点）
・園の楽しさを覚える。</td></tr>
<tr><td>性別</td><td colspan="4">女</td><td rowspan="2">（個人の重点）
・友達や保育者とともに穏やかな気持ちで過ごす。</td></tr>
<tr><td colspan="5">ねらい
（発達を捉える視点）</td><td></td></tr>
<tr><td>健康</td><td colspan="4">明るく伸び伸びと行動し、充実感を味わう。
自分の体を十分に動かし、進んで運動しようとする。
健康、安全な生活に必要な習慣や態度を身に付け、見通しをもって行動する。</td><td rowspan="5">指導上参考となる事項</td><td rowspan="5">・入園当初から安定して１日を過ごす日が続いていた。登園後の身支度などにも積極的に関わり、自ら取り組んで朝の支度を済ませてから遊び出す姿が見られていた❶。

・「みーちゃんね…」「おうちで○○したんだよ」「○○したいの」など、家庭での出来事や自分の気持ちを言葉で上手に伝えることができ、保育者と言葉でのやりとりを楽しむ姿が見られる❷❸。

・意志が強く、やりたいことにはできるようになるまで粘り強くチャレンジして一番最初に木登りができるようになるなどの姿も見られたが❹、一方で「○○したいんだからそこどいて」「なんで○○ちゃんはできないの。できないならどいて」など、強い口調でお友達に関わってしまうため❺、「一緒にやろう」「つぎかしてね」など、やさしい口調でお話しするように促しているところ❻である。

・食事は食べるのがゆっくりで、保育者も同じテーブルで一緒に楽しみながら食事をとり、同時に食べることを促していくことで、完食することができる日が増えてきている。完食できた日には嬉しそうにほかの部屋の先生のところまで行って「ぜんぶたべちゃった」と報告をしている。

・遊びに関しては、体を動かすことも大好きで、年長児が取り組んでいた木登りや鉄棒に憧れをもち、ぶら下がっては嬉しそうにしていたり、もっとできるようになりたいという意欲をもって関わる姿も見られる❹。こういう場で感じるお姉さんたちからの関わりによって、自分自身の言動に気が付いていけるように促している❼。</td></tr>
<tr><td>人間関係</td><td colspan="4">幼稚園生活を楽しみ、自分の力で行動することの充実感を味わう。
身近な人と親しみ、関わりを深め、工夫したり、協力したりして一緒に活動する楽しさを味わい、愛情や信頼感をもつ。
社会生活における望ましい習慣や態度を身に付ける。</td></tr>
<tr><td>環境</td><td colspan="4">身近な環境に親しみ、自然と触れ合う中で様々な事象に興味や関心をもつ。
身近な環境に自分から関わり、発見を楽しんだり、考えたりし、それを生活に取り入れようとする。
身近な事象を見たり、考えたり、扱ったりする中で、物の性質や数量、文字などに対する感覚を豊かにする。</td></tr>
<tr><td>言葉</td><td colspan="4">自分の気持ちを言葉で表現する楽しさを味わう。
人の言葉や話などをよく聞き、自分の経験したことや考えたことを話し、伝え合う喜びを味わう。
日常生活に必要な言葉が分かるようになるとともに、絵本や物語などに親しみ、言葉に対する感覚を豊かにし、先生や友達と心を通わせる。</td></tr>
<tr><td>表現</td><td colspan="4">いろいろなものの美しさなどに対する豊かな感性をもつ。
感じたことや考えたことを自分なりに表現して楽しむ。
生活の中でイメージを豊かにし、様々な表現を楽しむ。</td></tr>
<tr><td rowspan="3">出欠状況</td><td></td><td>○年度</td><td>年度</td><td>年度</td><td rowspan="3">備考</td><td rowspan="3">特記事項なし</td></tr>
<tr><td>教育日数</td><td>196</td><td></td><td></td></tr>
<tr><td>出席日数</td><td>189</td><td></td><td></td></tr>
</table>

＊欄外の留意事項は省略

・ケース12・【３歳児】

車へのこだわりが特に強いサトルの場合

１年間を振り返って

入園当初のサトルは、泣いて過ごすことが多い子で、教師が抱っこをしたり手をつないだりすると安心して泣き止むといった様子でした。もともと車が好きなサトルは、保育室の消防車の遊具に関心を示し、手に持つことで安心して遊び出すようになりました。

４・５月 登園してからしばらく泣き続けることが続く。消防車の遊具を手にすることで泣き止み遊び出す。欲しい遊具があると、叩くなどして自分のものにしようとする。消防車の遊具がないと癇癪を起こす❶。

７・９月 牛乳パックにジョウロや樋、空き容器の水鉄砲に興味をもち水での遊びを楽しむ。砂場では、スコップで道を作り、保育室の車の遊具を走らせようとする。教師と一緒に積み木を並べ、タワーと駐車場を作って楽しむ❷。

11月 登園すると箱車に乗って遊び出すが、しばらくすると箱車から離れ巧技台の場で体を動かし始める。はさみで紙片を切ったり、空き箱をセロハンテープでつなげて飛行機を作ったりと自分なりに作ることも楽しみ始める❸。

【幼児の姿の捉え・援助の方向】
ものへのこだわりが強く、手にできない時に戸惑いや苛立ちを抱いている。お気に入りの遊具を手にすると心が安定し比較的穏やかな表情を見せるため、いつでも使えるように遊具を確保しておくようにしよう。また、車の遊具を手にしながら砂や積み木に関わるようになった。車の遊具を心の拠り所にしながらも、他の遊びの環境にも興味が向くようになったのだろう。車の遊具だけでなく、様々な環境に目が向くよう思わず関わりたくなるような環境を整えたり、教師が一緒に遊ぶ中でその遊びの面白さを伝えたりしていこう❹。

サトルなりの一歩を見つける

入園当初からのお気に入りとなった消防車の遊具は、サトルの心の拠り所となっていました。その後も、砂場で使う車、自分が乗れる箱車と、車の遊具への関心が高い様子でした。車の遊具を傍らに置いて別の環境に関われるようにと徐々に他の環境にも関わる機会を作ってきたところ、次第に車以外のものでも遊ぶようになっていきました。だんだんと、自分なりに作ることを楽しんだり、友達と新聞紙で作った望遠鏡と地図を持って探検ごっこを楽しんだりするようになりました❺。

また、ものへのこだわりが強く友達とトラブルになることが多かったため、サトルの分を確保しておき思いが満たされるように援助をしたり、教師の話を受け入れられるようになってきた頃にはサトルの思いを十分に受け止めながら友達の思いやサトルの思いの伝え方などを丁寧に知らせたりしてきました。言葉が出なくてもどかしそうにする様子もあり、サトルの思いを言葉にして伝える援助も続けてきました。次第に手を出すことが減っていき、安心して友達の中に交じって遊ぶ姿も見られるようになりました。思いが通らないような時も、相手の様子を見て考えたり､自分の中で気持ちを整理しようとしたりしている姿も見られました❻。

今後の課題を導き出す

少しずついろいろな遊びに興味が出てきました。車以外の遊具での遊びの楽しさを感じ、その体験を積み重ねていくことが必要でしょう❼。

幼稚園幼児指導要録（指導に関する記録）

<table>
<tr><td>ふりがな</td><td>○○○○　さとる</td><td></td><td>平成○年度</td></tr>
<tr><td rowspan="2">氏名</td><td>○○　サトル</td><td rowspan="4">指導の重点等</td><td rowspan="2">（学年の重点）
・幼稚園の環境に親しむ。
・自分の思いを様々な方法で表現する。</td></tr>
<tr><td>平成○年○月○日生</td></tr>
<tr><td>性別</td><td>男</td><td rowspan="2">（個人の重点）
・お気に入りの遊びをきっかけに環境に関わりながら、遊びの経験を増やす。</td></tr>
<tr><td colspan="2">ねらい
（発達を捉える視点）</td></tr>
<tr><td rowspan="3">健康</td><td>明るく伸び伸びと行動し、充実感を味わう。</td><td rowspan="15">指導上参考となる事項</td><td rowspan="15">・消防車の遊具にこだわり、いつも持ち歩くことで心を安定させていた❶。どの遊びも消防車を用いて遊びのイメージを広げていく姿があったので、本人のイメージを認めつつ、教師が他のイメージを加えながら一緒に遊び、車以外のことにも興味をもてるように援助してきた。また、他の遊びも経験できるように、まみれる遊びや身体を動かす遊びの環境を整え、教師が一緒になって遊ぶことで楽しさを伝えてきた❷。11月頃になると、空き箱での製作や巧技台にも興味を示すようになり、車の遊具以外のものでも遊ぶ姿が見られるようになった❸❹❺。少しずついろいろなものに興味が出てきたところなので、車以外のお気に入りが見つかるよう、今後も援助をしていってほしい❼。

・こだわりが強いため、一つのものに固執したり友達とトラブルになったりすることが多く、思いが通らない苛立ちから突き飛ばしたり叩いたりすることがあった❶。本人の思いを十分に受け止めながら、友達の思いや行動の理由を言葉にして伝えたり、自分の思いを表現する方法を知らせたりしてきた❻ところ、次第に表情が穏やかになり、安心して自分のやりたい遊びができるようになった❺。また、友達との関わりの中で思いが通らないような時も、じっくりと相手の様子を見て考え、自分の中で気持ちを整理しようとしている姿が見られた❻。</td></tr>
<tr><td>自分の体を十分に動かし、進んで運動しようとする。</td></tr>
<tr><td>健康、安全な生活に必要な習慣や態度を身に付け、見通しをもって行動する。</td></tr>
<tr><td rowspan="3">人間関係</td><td>幼稚園生活を楽しみ、自分の力で行動することの充実感を味わう。</td></tr>
<tr><td>身近な人と親しみ、関わりを深め、工夫したり、協力したりして一緒に活動する楽しさを味わい、愛情や信頼感をもつ。</td></tr>
<tr><td>社会生活における望ましい習慣や態度を身に付ける。</td></tr>
<tr><td rowspan="3">環境</td><td>身近な環境に親しみ、自然と触れ合う中で様々な事象に興味や関心をもつ。</td></tr>
<tr><td>身近な環境に自分から関わり、発見を楽しんだり、考えたりし、それを生活に取り入れようとする。</td></tr>
<tr><td>身近な事象を見たり、考えたり、扱ったりする中で、物の性質や数量、文字などに対する感覚を豊かにする。</td></tr>
<tr><td rowspan="3">言葉</td><td>自分の気持ちを言葉で表現する楽しさを味わう。</td></tr>
<tr><td>人の言葉や話などをよく聞き、自分の経験したことや考えたことを話し、伝え合う喜びを味わう。</td></tr>
<tr><td>日常生活に必要な言葉が分かるようになるとともに、絵本や物語などに親しみ、言葉に対する感覚を豊かにし、先生や友達と心を通わせる。</td></tr>
<tr><td rowspan="3">表現</td><td>いろいろなものの美しさなどに対する豊かな感性をもつ。</td></tr>
<tr><td>感じたことや考えたことを自分なりに表現して楽しむ。</td></tr>
<tr><td>生活の中でイメージを豊かにし、様々な表現を楽しむ。</td></tr>
</table>

<table>
<tr><td rowspan="3">出欠状況</td><td></td><td>年度</td><td>○年度</td><td>年度</td><td rowspan="3">備考</td><td rowspan="3">特記事項なし</td></tr>
<tr><td>教育日数</td><td></td><td>182</td><td></td></tr>
<tr><td>出席日数</td><td></td><td>165</td><td></td></tr>
</table>

＊欄外の留意事項は省略

•ケース13•【３歳児】

園ではなかなか言葉が出ないハルトの場合

１年間を振り返って

ハルトは、早生まれで３歳になったばかりの入園でした。入園式当日は、母親にピタリと抱きつき不安そうでしたが、翌日から泣くことなく登園してきました。砂場が大好きでよく遊びますが、言葉はほとんど出ない様子でした。担任は、安心感をもち楽しさを感じられるように一緒に遊び、言葉かけを多くし、関わり合いを心がけました。

4月 表情は固めで、話しかけると首を振って答え、言葉は発しない様子でした。滑り台や砂場遊びがお気に入りでよく遊んでいましたが、全体で行う体操は、列に並ぶものの行いませんでした。入園当初はおむつだったため、トイレトレーニングも並行して行っていきました。

7月 にこやかに登園するようになり、トイレも一人で行けるようになりました。遊びもお絵描きや粘土など幅が広がり、話しかけにも言葉で答えるようになり園生活を楽しんでいる様子が伺えるようになりました。しかし体操は行わず、心配していました。母親から「家では元気に体操していますよ」との報告があり、そっと見守っていきました。

11月 友達から誘われ、共に遊ぶ姿が見られるようになってきました。身体を動かして遊ぶことが好きになり、活発に運動遊びに取り組む中で、身体の動きと共に声も多く発することが増え、自ら話しかけて会話を楽しむようになりました。ずっと行わなかった体操も皆と一緒に行うようになり、表情豊かに身体を動かしていました。

【教師の捉え、援助の方向】
母親からの「家では元気に体操していますよ」の言葉を受け、無理にさせるのではなく自分からやり出せると信じ、また言葉に関しても自然と出てくると、無理に話させようとせず、声かけを多くし園生活に安心感をもって楽しめるように、見守ることを心がけました。小さなことでも認め、できた喜びを共感していくことで、ハルトとの信頼関係を築いていきました。

ハルトのきっかけ

入園式当日の姿から、次の日から泣いて登園してくるものだと思いましたが、泣くことなく、よく遊ぶ姿が見られました。しかし、ほとんどしゃべらず、こちらの話しかけにも首を振ったり、うなずく程度で答えていました。声かけを多くし、園生活に安心感をもって楽しめるように関わっていきました。

トイレトレーニングが進み、自分でできると「できた！」と嬉しそうに声を上げました。自信を得たのか、その頃から表情が豊かになってきて、お母さんも笑顔でお迎えに来るようになりました❶。

小さな成功体験が自信となり様々なことに自ら取り組み、できた喜びを言葉と共に表情豊かに伝えるようになり、家での出来事を担任や友達に話すようになりました❷。

身体を動かして遊ぶことが好きで、かけっこや鉄棒、園庭の運動遊具でよく遊び活発になり、友達と体操も行うようになり、表情もますます豊かに「先生！」と話しかけてきました❸。

友達からも「一緒に絵本見ようよ」「ハルくん一緒に遊ぼう」と声がかかり、友達との関わり合いが多く見られ、会話を楽しむようになりました❹。

幼稚園幼児指導要録（指導に関する記録）

ふりがな	○○○○　はると		平成○年度
氏名	○○　ハルト 平成○年○月○日生	指導の重点等	（学年の重点） ・幼稚園生活に親しむ。 ・いろいろな方法で、自分の思いを表現する。 ・好きな遊びを見つけ、楽しさを味わう。
性別	男		（個人の重点） ・生活や遊びを通して、自分の思いを表現する喜びを味わう。
ねらい（発達を捉える視点）			

	ねらい		指導上参考となる事項
健康	明るく伸び伸びと行動し、充実感を味わう。 自分の体を十分に動かし、進んで運動しようとする。 健康、安全な生活に必要な習慣や態度を身に付け、見通しをもって行動する。	指導上参考となる事項	・入園当初、親子で不安な表情が見られ言葉もなかなか出ない様子だったが、小さな成功体験から自信を得て、表情が豊かになり、母親も笑顔で送迎し、幼稚園生活を楽しみ充実感を味わっていた❶。 ・身体を動かして遊ぶことが好きで、かけっこや鉄棒、園庭の運動遊具などでよく遊び活発になり、自分の身体を精一杯動かし、進んで園庭に駆け出していくようになった❸。 ・様々なことに自ら取り組み、できた喜びを言葉と共に表情豊かに伝えるようになり、家での出来事を担任や友達に話すようになった❷。 ・友達からも「一緒に絵本見ようよ」「ハルくん一緒に遊ぼう」と声がかかり、友達との関わり合いが多く見られ、会話を楽しむようになった❹。
人間関係	幼稚園生活を楽しみ、自分の力で行動することの充実感を味わう。 身近な人と親しみ、関わりを深め、工夫したり、協力したりして一緒に活動する楽しさを味わい、愛情や信頼感をもつ。 社会生活における望ましい習慣や態度を身に付ける。		
環境	身近な環境に親しみ、自然と触れ合う中で様々な事象に興味や関心をもつ。 身近な環境に自分から関わり、発見を楽しんだり、考えたりし、それを生活に取り入れようとする。 身近な事象を見たり、考えたり、扱ったりする中で、物の性質や数量、文字などに対する感覚を豊かにする。		
言葉	自分の気持ちを言葉で表現する楽しさを味わう。 人の言葉や話などをよく聞き、自分の経験したことや考えたことを話し、伝え合う喜びを味わう。 日常生活に必要な言葉が分かるようになるとともに、絵本や物語などに親しみ、言葉に対する感覚を豊かにし、先生や友達と心を通わせる。		
表現	いろいろなものの美しさなどに対する豊かな感性をもつ。 感じたことや考えたことを自分なりに表現して楽しむ。 生活の中でイメージを豊かにし、様々な表現を楽しむ。		

出欠状況	年度	○年度	年度	備考
教育日数		209		特記事項なし
出席日数		205		

＊欄外の留意事項は省略

・ケース14・【３歳児】

自分の思いを通そうとするダンの場合

１年間を振り返って

満３歳児から集団生活の経験があるダンは、年少組になってもすぐに園生活に慣れ、友達や遊具、周りの環境に積極的に関わっていきました。「やってみよう」とする意欲が高く、新しいことにも臆することなく向かっていきました。しかし、「自分がやりたい」という思いが強く、友達を押しのけたり、時には叩いたりと手が出ることが多く、友達の思いに気付き自分の思いに折り合いを付けることが難しかったです。

４月 登園すると元気よく園庭に駆け出していくダンでした。ジャンプが大好きで、駆けていき跳び下りる運動遊具に何度も取り組んでいました。友達が多くなるときちんと順番に並ぶことができますが、「早くやりたい」という思いが強く、待ちきれず友達を押してしまうことが多かったです。その度にダンの「やりたい」という思いを受け止めつつ、「押された友達は、どう感じるかな」と友達の気持ちに気付けるように諭していきました❶。

７月 ２時以降の預かり保育を利用しているため、異年齢との遊びが活発で、満３歳児とも一緒に生活をしています。ある時、大型積み木で新幹線を作っていたダン。そこに満３歳児が混ざり、勝手に積み木を移動し運転席を作り始めました。「これは、こっちだよ」「違うよ」と伝えますが、どんどん進めてしまいます。「いいよ。ここが運転席ね」と友達に譲り、自分は反対側に運転席を作り始めました。友達のやりたい思いに気付き、自分の思いにどう折り合いを付けるか考えられるようになってきました❷❸。

２月 友達と一緒に、興味ある昆虫の図鑑に夢中になっていました。ダンがページをめくろうとすると、「待ってて。もっと見たいから」と友達。いつもなら、言葉を聞かずにページをめくるダンですが、この日は違いました。「いいよ」とページを元に戻し、友達と一緒に頭を寄せ合って、見ていました❷❸。

【教師の捉え、援助の方向】
ダンの「やりたい」という思いは大切にしたいが、友達の思いにも気付いてほしい。時には、譲ったり、我慢したり、代替えを考えたりなどして、折り合いを付けていけるように伝えていきました。しかし、その中でもダンのやりたいことを「ダメ」と言うことでなく、どう実現していくのかをダンと共に一緒に考えていくことを心がけていきました。

ダンのきっかけ

自分の思いを全面に出すダンです。様々なことに興味・関心を向け、積極的に取り組んでいきました。友達と関わる中で、物の取り合いなどのトラブルが多いダンですが、トラブルを友達の思いに気付くよい機会と捉え、向き合っていきました。ダンの思いを聞き、友達の思いを代弁し伝える等、どのようにしたらよいかをダンと共に考えていきました。預かり保育で満３歳児との関わりの中で、相手の思いに気付き、自分の気持ちを調整することができました。そのことを認められ、友達からも「ありがとう」と言ってもらえたことがきっかけとなり、少しずつですが、思いやりの心が芽生えていきました❹。

幼稚園幼児指導要録（指導に関する記録）

<table>
<tr><td>ふりがな</td><td colspan="4">○○○○　だん</td><td rowspan="5">指導の重点等</td><td>平成○年度</td></tr>
<tr><td rowspan="2">氏名</td><td colspan="4">○○　ダン</td><td rowspan="2">（学年の重点）
・幼稚園生活に親しむ。
・いろいろな方法で、自分の思いを表現する。
・好きな遊びを見つけ、楽しさを味わう。</td></tr>
<tr><td colspan="4">平成○年○月○日生</td></tr>
<tr><td>性別</td><td colspan="4">男</td><td rowspan="2">（個人の重点）
・友達と関わる中で、相手の思いに気付き、自分の思いに折り合いを付けようとすることができる。</td></tr>
<tr><td colspan="5">ねらい
（発達を捉える視点）</td></tr>
<tr><td rowspan="3">健康</td><td colspan="4">明るく伸び伸びと行動し、充実感を味わう。</td><td rowspan="16">指導上参考となる事項</td><td rowspan="16">・登園すると元気よく園庭に駆け出していく。様々なことに興味・関心を向け、十分に身体を動かしながら充実感を味わっていた。自ら進んで取り組むことができる❶。

・友達との関わりの中で、「こっちに置くんだよ」などと、自分の気持ちを言葉で伝えようとすることができるようになってきた❷❸。

・絵本や図鑑に親しみ、「カブトムシはね…」と想像することを楽しんでいた❷❸。

・友達とのトラブルが多いダンだったが、友達の思いに気付くようになり、少しずつ自分の思いに折り合いを付けることができるようになってきた❷❸❹。</td></tr>
<tr><td colspan="4">自分の体を十分に動かし、進んで運動しようとする。</td></tr>
<tr><td colspan="4">健康、安全な生活に必要な習慣や態度を身に付け、見通しをもって行動する。</td></tr>
<tr><td rowspan="3">人間関係</td><td colspan="4">幼稚園生活を楽しみ、自分の力で行動することの充実感を味わう。</td></tr>
<tr><td colspan="4">身近な人と親しみ、関わりを深め、工夫したり、協力したりして一緒に活動する楽しさを味わい、愛情や信頼感をもつ。</td></tr>
<tr><td colspan="4">社会生活における望ましい習慣や態度を身に付ける。</td></tr>
<tr><td rowspan="3">環境</td><td colspan="4">身近な環境に親しみ、自然と触れ合う中で様々な事象に興味や関心をもつ。</td></tr>
<tr><td colspan="4">身近な環境に自分から関わり、発見を楽しんだり、考えたりし、それを生活に取り入れようとする。</td></tr>
<tr><td colspan="4">身近な事象を見たり、考えたり、扱ったりする中で、物の性質や数量、文字などに対する感覚を豊かにする。</td></tr>
<tr><td rowspan="3">言葉</td><td colspan="4">自分の気持ちを言葉で表現する楽しさを味わう。</td></tr>
<tr><td colspan="4">人の言葉や話などをよく聞き、自分の経験したことや考えたことを話し、伝え合う喜びを味わう。</td></tr>
<tr><td colspan="4">日常生活に必要な言葉が分かるようになるとともに、絵本や物語などに親しみ、言葉に対する感覚を豊かにし、先生や友達と心を通わせる。</td></tr>
<tr><td rowspan="3">表現</td><td colspan="4">いろいろなものの美しさなどに対する豊かな感性をもつ。</td></tr>
<tr><td colspan="4">感じたことや考えたことを自分なりに表現して楽しむ。</td></tr>
<tr><td colspan="4">生活の中でイメージを豊かにし、様々な表現を楽しむ。</td></tr>
<tr><td rowspan="3">出欠状況</td><td></td><td>年度</td><td>○年度</td><td>年度</td><td rowspan="3">備考</td><td rowspan="3">特記事項なし</td></tr>
<tr><td>教育日数</td><td></td><td>209</td><td></td></tr>
<tr><td>出席日数</td><td></td><td>203</td><td></td></tr>
</table>

＊欄外の留意事項は省略

・ケース15・【3歳児】

イメージが豊かだが一人遊びが大好きなリンの場合

進級当初

自分だけの世界を大切にしている姿が長く続いたリン。夏過ぎまで周りの友達が楽しそうに遊んでいることや帰りの会などには興味を示さず、部屋の隅の自分が安心できる場所で、安心できる遊びに没頭している姿がありました❶。

前年度から何となく気の合う仲間たちと触れ合いながら楽しそうに関わる姿もあるのですが、まだまだ自分のテリトリーに入ってこられたり、リンの意に反する出来事が起きたりすると、泣きながら手を出してしまい、またその気持ちを長く引きずってしまう傾向が見受けられたため、保育者はリンの世界を守る援助から始めました❶。

通じ合う楽しさを感じて

リンはとても豊かなイメージをもち、空き箱などを使って構成をする遊びが大好きでした。ところがそのイメージが「この箱とこの箱でゴジラを作りたい」「この腕の位置はもう少しこっち」と割と具体的なために、自分だけの力で作り上げることが難しいものでした。しかし、保育者とともに試行しながらイメージ通りのものが出来上がるまで粘り強く取り組む姿があり、こうして出来上がったものは他のお友達から「リンくんすごいね！」と称賛されるほどでした❷。

また、自然に触れ合うことも大好きで、衣服のまま泥水に飛び込んでは感触を楽しんだりし、水浸しのまま部屋に戻ってくるので着替えを促すと全身で嫌がります。保育者が庭で遊んでいる様子をよく観察していると、服についた泥が乾いて色が変わっていく様子に気付き、じっと観察していました❸。

こういったリンの気付きやイメージを他の子どもたちに伝え、共有していくことで、リンは認めてもらう喜びを感じていきました。

先生の見取りと関わり

【保育者】
【リン】
自分だけの世界
・安心
・楽しい
つなげる・共有
・楽しさの共有
・イメージの共有
・社会の広がり
【友達】
他者の世界
・不安
・わからない

少しずつですが、他者との関わりを喜べるようになったリンも、やはり思い通りにならないと「大きな声で泣く」という手段で自分の気持ちを訴えることが冬まで続きましたが、それまでの間に保育者はできるだけ多くの「他の世界とのつながり」を実感できるように援助しました。リンの気持ちを言葉で代弁し、他の子どもたちの思いを伝えていくことで、リンも自分の気持ちを徐々に伝えられるようになり、他者とつながる喜びを感じることで他者の思いに耳を傾けることも増えてきた結果、自分の気持ちに折り合いが付けられるようになってきました❹。

幼保連携型認定こども園園児指導要録（指導等に関する記録）

ふりがな	○○○○　りん	性別	指導の重点等	平成○年度
氏名	○○　リン	男		（学年の重点） ・決まりを知り、友達と触れ合う楽しさを覚える。
平成○年○月○日生				（個人の重点） ・友達との関わりを楽しみながら様々な経験を積み、安定して過ごす。
ねらい （発達を捉える視点）				
健康	明るく伸び伸びと行動し、充実感を味わう。 自分の体を十分に動かし、進んで運動しようとする。 健康、安全な生活に必要な習慣や態度を身に付け、見通しをもって行動する。		指導上参考となる事項	・皆がやっていることに興味を示さず、おままごとの道具や積み木、絵本など、気に入ったものを手提げに入れるだけ入れて、「お仕事なの」と言って部屋の隅で時間を気にせず満足するまで自分が安心できる遊びに没頭する姿があった。たまに気の合う進級児と一緒に遊んでいる姿もあるが、夏過ぎまで他の子が同じ場所に入ってくることを嫌がり、自分の意に反することがあると泣きながら手を出してしまうことも多々あったり、負の感情を長く引きずったりしやすいため、本児だけの世界を保育者も一緒になって守る必要があった❶。 ・空き箱を使った構成遊びが大好きで、「○○を作る」というイメージも豊かにもつ。しかし、作り始めるとなかなか思い通りにならず、保育者に要求しながら自分の納得する形になるまで粘り強く作り上げようとする姿がある❷。 ・水や泥で遊ぶことも大好きで、洋服が泥だらけになっても気にせず遊ぶ。着替えを促すと嫌がるが、水や泥がそのまま乾いていく様を興味深そうに観察していたりと、自然の現象に興味あり、気付きが広がっていく様が見られた❸。 ・思い通りにならないと大きな声で泣き出すことが12月頃まで続いたが、思いを受け止めながら「とられたくなかったんだね」「こうしたかったんだね」と言葉で代弁したり、本児の生み出す楽しいイメージの遊びを他児が認めていることを伝えるなど、その時の本児に必要な援助をしていくよう配慮し続けることで、徐々に伝える力や聞く力が付いてきて、気持ちに折り合いが付けられるようになった❹。 ・同時に友達と言葉のやりとりを楽しんだり保育者に甘えることを喜ぶようになるが、本児に伝えたいことが言葉だけだと伝わりにくいと感じる場面も多々残る。
人間関係	幼保連携型認定こども園の生活を楽しみ、自分の力で行動することの充実感を味わう。 身近な人と親しみ、関わりを深め、工夫したり、協力したりして一緒に活動する楽しさを味わい、愛情や信頼感をもつ。 社会生活における望ましい習慣や態度を身に付ける。			
環境	身近な環境に親しみ、自然と触れ合う中で様々な事象に興味や関心をもつ。 身近な環境に自分から関わり、発見を楽しんだり、考えたりし、それを生活に取り入れようとする。 身近な事象を見たり、考えたり、扱ったりする中で、物の性質や数量、文字などに対する感覚を豊かにする。			
言葉	自分の気持ちを言葉で表現する楽しさを味わう。 人の言葉や話などをよく聞き、自分の経験したことや考えたことを話し、伝え合う喜びを味わう。 日常生活に必要な言葉が分かるようになるとともに、絵本や物語などに親しみ、言葉に対する感覚を豊かにし、保育教諭等や友達と心を通わせる。			
表現	いろいろなものの美しさなどに対する豊かな感性をもつ。 感じたことや考えたことを自分なりに表現して楽しむ。 生活の中でイメージを豊かにし、様々な表現を楽しむ。			

出欠状況	年度	○年度	年度	（特に配慮すべき事項）
教育日数		196		特記事項なし
出席日数		181		

【満3歳未満の園児に関する記録】

関する事項 園児の育ちに	平成　　年度	平成　　年度

＊欄外の留意事項は省略

・ケース16・【3歳児】

友達との関わりがわからないマキの場合

1年間を振り返って

入園当初、初めての集団生活に戸惑い、離れ際泣いていることが多く、しばらく保育室に入れない様子が続きました。母親とは面談をし、入園前に同年代との関わりが少なかったこと、家の中で絵を描いたり何かを作ったりすることが好きということを聞きました。

その後、安定していき、友達と一緒に遊ぶ楽しさを感じてきましたが、初めての友達との関わりでどう接したらいいかがわからず、戸惑う様子が見られました。

4・5月 登園後、しばらくはテラスで泣いたが、友達が作ったステッキをじっと見て、作りたい気持ちをもっているようだった。保育者が「一緒に作ってみる？」と声をかけると、「うん」とうなずいた❶。

6・7月 朝、登園すると、製作コーナーに行き、作ることや絵を描くことに取り組んでいた。自分で、これをやりたいという思いをもって、登園するようになった。泣くことも少なくなってきたが一人遊び中心だった❷。

10月 運動会でダンスを踊っている時に、ユウコとリズムを合わせて楽しんでいた。その後、ユウコがマキのところにやってきて、一緒に作ろうと製作コーナーでもの作りをするようになった❸。

11月 ユウコとごっこ遊びを楽しむようになったが、マキの思い通りにならない時、ただ泣いたり、押したり、物を離さないなど、行動で思いを表現していた❹。

1月 ごっこ遊びの中で、マキが使いたいと思った時、「貸して」と言えるようになった。また、「これ使ってるから使わないで」と言葉で伝えることが増えてきた❺。

【保育者の捉え】
（課題に対しての援助）
・マキの好きなことを保護者と共有していたことを生かし、園生活の中で、居場所を作ることをまず第一に関わる。
・好きなことを通して、友達と一緒に遊ぶ楽しさが感じられるように、きっかけを作ったり、声かけをしたりするなど、橋渡しをする❻。
・マキの気持ちを受け止め、どうしたかったかを聞き、伝え方のモデルを示す❼。

マキなりの一歩を踏み出し成長したところと、よさを見つける

上記の記録から、マキは、初めての集団生活を送る中で、母親と離れることの不安を抱きながらも、保育者が寄り添い、マキの好きなこと（作ること・絵を描くこと）に向かえるようにきっかけを作ったことで、安心できる場所ができました❽。一人遊び中心ですが、黙々と作ること・絵を描くことに継続して取り組むことで、園生活を楽しみに登園するようになり、じっくりもの作りに向かう姿勢は、マキのよさであると考えます。

運動会を通して、友達と一緒に楽しむことを感じ、ユウコという友達と一緒に好きなことに向かうようになりました。その反面、自分の思う通りにいかないことを態度で示していました。その時保育者は、言葉で伝えることをモデルとして行い、1月頃には、少しずつ、自分の思いを態度ではなく、言葉で伝えるようになりました。

幼保連携型認定こども園園児指導要録（指導等に関する記録）

<table>
<tr><td>ふりがな</td><td colspan="3">○○○○　まき</td><td>性別</td><td rowspan="4">指導の重点等</td><td>平成○年度</td></tr>
<tr><td>氏名</td><td colspan="3">○○　マキ</td><td>女</td><td>（学年の重点）
・園生活を安心して過ごす。
・好きな遊びを見つける。</td></tr>
<tr><td colspan="5">平成○年○月○日生</td><td rowspan="2">（個人の重点）
・友達と一緒に遊ぶ楽しさを知る。</td></tr>
<tr><td colspan="5">ねらい
（発達を捉える視点）</td></tr>
<tr><td rowspan="3">健康</td><td colspan="4">明るく伸び伸びと行動し、充実感を味わう。</td><td rowspan="21">指導上参考となる事項</td><td rowspan="17">・一人遊びを中心に園生活を送っていたが、友達と一緒に手をつないでダンスをすることをきっかけに、友達と同じものを作って遊ぶ様子が見られた。そこでは、友達との関わりに戸惑い、泣いたり、黙ってしまったりするなど態度で思いを表現していた。保育者が、思いを受け止めながら、伝えるモデルを示していったことで、３学期には、少しずつ、自分はこうしたいという気持ちを言葉で表現するようになっていった❷❸❹❺❼。

・製作すること、絵を描くことを好み、じっくり向かう姿があった。園生活を送る不安な気持ちを、好きなことを通して、切り替えていくことができた。そのきっかけは、保育者の声かけが必要だったが、一度絵を描くことなどに向かい始めると、自分で表現したい気持ちを素直に表し、じっくり取り組む様子がある。その表現する力を今後も伸ばしていってほしい❶❻❽。

・入園当初、新しいことに不安を抱き、母親から離れず泣いていることが多かった。その後、好きなことが見つかり、園生活の流れがわかってくると泣くことも少なくなってきた。しかし、初めてのことには、不安をもちやすいので、視覚的に内容を伝えるなど、先の見通しがもてる援助が必要である。</td></tr>
<tr><td colspan="4">自分の体を十分に動かし、進んで運動しようとする。</td></tr>
<tr><td colspan="4">健康、安全な生活に必要な習慣や態度を身に付け、見通しをもって行動する。</td></tr>
<tr><td rowspan="3">人間関係</td><td colspan="4">幼保連携型認定こども園の生活を楽しみ、自分の力で行動することの充実感を味わう。</td></tr>
<tr><td colspan="4">身近な人と親しみ、関わりを深め、工夫したり、協力したりして一緒に活動する楽しさを味わい、愛情や信頼感をもつ。</td></tr>
<tr><td colspan="4">社会生活における望ましい習慣や態度を身に付ける。</td></tr>
<tr><td rowspan="3">環境</td><td colspan="4">身近な環境に親しみ、自然と触れ合う中で様々な事象に興味や関心をもつ。</td></tr>
<tr><td colspan="4">身近な環境に自分から関わり、発見を楽しんだり、考えたりし、それを生活に取り入れようとする。</td></tr>
<tr><td colspan="4">身近な事象を見たり、考えたり、扱ったりする中で、物の性質や数量、文字などに対する感覚を豊かにする。</td></tr>
<tr><td rowspan="3">言葉</td><td colspan="4">自分の気持ちを言葉で表現する楽しさを味わう。</td></tr>
<tr><td colspan="4">人の言葉や話などをよく聞き、自分の経験したことや考えたことを話し、伝え合う喜びを味わう。</td></tr>
<tr><td colspan="4">日常生活に必要な言葉が分かるようになるとともに、絵本や物語などに親しみ、言葉に対する感覚を豊かにし、保育教諭等や友達と心を通わせる。</td></tr>
<tr><td rowspan="3">表現</td><td colspan="4">いろいろなものの美しさなどに対する豊かな感性をもつ。</td></tr>
<tr><td colspan="4">感じたことや考えたことを自分なりに表現して楽しむ。</td></tr>
<tr><td colspan="4">生活の中でイメージを豊かにし、様々な表現を楽しむ。</td></tr>
<tr><td rowspan="3">出欠状況</td><td></td><td>年度</td><td>○年度</td><td>年度</td></tr>
<tr><td>教育日数</td><td></td><td>195</td><td></td><td rowspan="2">（特に配慮すべき事項）
・アトピー性皮膚炎のため、保護者との連携が必要。</td></tr>
<tr><td>出席日数</td><td></td><td>190</td><td></td></tr>
</table>

【満３歳未満の園児に関する記録】

関する事項 園児の育ちに	平成　　年度	平成　　年度

＊欄外の留意事項は省略

•ケース17•【４歳児】

自分とものの世界から、徐々に友達への興味・関心が出てきたタケシの場合

１年間を振り返って

入園前に保育所に通っていたタケシにとって、入園当初は保育所に比べて保育時間が短い幼稚園での生活に戸惑いを感じ、物足りないような表情を浮かべることもありました。イメージや発想が豊かなタケシは、自分の世界がある中でものと自分との関係性が大きく、友達との関わり方に迷いもある姿も見られました。次第に友達との偶然の接点からそのよさや楽しさを感じながら、より楽しい園生活を送るようになっていきました❶。

５月 降園の時間になり、周りが帰りの支度を始める中、保育室の一角にあった積み木で遊び始める。声をかけるが、なかなか支度が始まらず、降園活動のお話が始まってもその場で話を聞いている。視線を送るが動く様子はない。みんなが降園のため外に並び始めると教師の姿を目で追いながら、声をかけられるのを待つかのようにゆっくり支度を始めようとする❷。

７月 朝の支度が終わり、中庭でやっていた絵の具遊びのところへ向かう。手で絵の具に触れたあと、絵の具をそのまま腕に塗り、「次は何色に変わるでしょうか！」と大きな声を出しながら繰り返し楽しんでいる❸。

９月 自分で段ボールを使って作った貨物列車を引っ張りながら保育室やテラスを何周もする。隙間を通っていると、足がぶつかる。それに友達が反応すると「ごめん！ごめん！」と楽しげに言葉を返す。その後も「貨物列車通りますよ〜！」と大きな声で言いながら、テラスをぐるぐる周る❹。

10月 「この看板はどうしたらいい？」と教師に相談に行く。「どこに付けたいの？」と教師が聞くと「みんなが見えるところ」と答える。続けて「看板があったらお店やってるんだもん」と言う。教師と付ける場所を決めると、クレヨンを取り出し“おもちやさん”と書いた❺。

【教師の捉え・援助の方法】

新しい園での環境の中で、そこに戸惑いながらも自ら興味のある身近な環境に働きかける姿が多く見られているため、まずは自分の興味ある遊びやもので思う存分に楽しむことが必要ではないだろうか。その遊びの中で友達との偶然の接点が感じられるようにしていきたい。そして、友達のよさに気付いたり、そこでの遊びがタケシにとっての自信につながっていけるよう、時にはタケシの思いを教師が周囲に伝えていったり、トラブルの際には友達の思いを伝えていくことで支えていこう❻。

タケシなりの一歩を見つける

当初は自分の遊びに夢中だったタケシだが、遊びを通して友達とのつながりを感じていく様子が見られました。その後、タケシ自身から友達に発信していくような姿も見られ、友達とのつながりの中で自分の思いを伝えようとしたり、相手の思いを感じ取ったりすることの経験の一歩となりました。また、12月にあった、異年齢グループの楽しみ会ではダンスグループになり、自分と周囲との様々な思いの中で葛藤しながらも、当日に向かっていくにつれ、はりきって踊っているような姿が見えました。

幼稚園幼児指導要録（指導に関する記録）

ふりがな	○○○○　たけし	指導の重点等	平成○年度
氏名	○○　タケシ 平成○年○月○日生		（学年の重点） ・友達の中で、いろいろな遊びの楽しさを経験する。 ・幼稚園の生活の仕方がわかる。
性別	男		（個人の重点） ・お気に入りの遊びで存分に遊びながらも、友達と交じって遊ぶことの楽しさに気付く。
ねらい（発達を捉える視点）			
健康	明るく伸び伸びと行動し、充実感を味わう。 自分の体を十分に動かし、進んで運動しようとする。 健康、安全な生活に必要な習慣や態度を身に付け、見通しをもって行動する。	指導上参考となる事項	・入園当初は、前園との違いに戸惑う様子が多く見られた❶。片付けの時間も遊び続けることが多く、教師が声をかけたり、一緒に片付けをしたりすることを繰り返して、区切りをつけるようにしてきた❷。遊びへの思いは強かったので、思う存分遊んだと感じられるように❻、タケシの要求に応えながら材料や素材を準備したり、遊ぶ場を確保したりしてきた。徐々に教師が提示した素材等にも興味をもつようになり、まみれることを楽しんだり、自分のイメージをかたちにしていったりすることが多くなってきた❸❹❺。 ・夏休みが明けた頃には、自分から「○○を作りたいから○○が欲しい」と教師に伝えに来ることも多くなり、ものを介して自分の遊びを豊かにしていくようになってきた❸。一方で、自分とものとの世界に友達が交じることはなく、ひたすら作ったり、イメージの世界に浸ったりしていた。タケシの豊かなイメージやイメージをかたちにしていく姿を友達にも知ってほしいという教師の願いもあり、タケシの遊びの場をあえて友達の見える場にする等、友達との接点が偶然にできるようにしてきた。すると、少しずつ友達の真似をしたり、自分の遊びを友達に知らせたりするようになった。偶然の接点を大切に友達を感じられるようにしてきたので❺、今後も引き続き見守ってほしい。 ・後半になると、身支度や片付けもはりきるようになり、教師が認めて励ますと自信につながっていった。自信がつくことで、友達にも自分から関わるようになっていった。友達との関わりの中で自分の思いが伝わらずにトラブルになることもあったので、その時は教師が仲介に入りながら、それぞれの思いをつないできた❺。今後もそういった場面が見られると思うが、タケシのはりきりや自信を認めながら、自分の思いを伝える大切さを知ったり、友達の思いを感じ取ったりできるように、援助を続けてほしい❻。
人間関係	幼稚園生活を楽しみ、自分の力で行動することの充実感を味わう。 身近な人と親しみ、関わりを深め、工夫したり、協力したりして一緒に活動する楽しさを味わい、愛情や信頼感をもつ。 社会生活における望ましい習慣や態度を身に付ける。		
環境	身近な環境に親しみ、自然と触れ合う中で様々な事象に興味や関心をもつ。 身近な環境に自分から関わり、発見を楽しんだり、考えたりし、それを生活に取り入れようとする。 身近な事象を見たり、考えたり、扱ったりする中で、物の性質や数量、文字などに対する感覚を豊かにする。		
言葉	自分の気持ちを言葉で表現する楽しさを味わう。 人の言葉や話などをよく聞き、自分の経験したことや考えたことを話し、伝え合う喜びを味わう。 日常生活に必要な言葉が分かるようになるとともに、絵本や物語などに親しみ、言葉に対する感覚を豊かにし、先生や友達と心を通わせる。		
表現	いろいろなものの美しさなどに対する豊かな感性をもつ。 感じたことや考えたことを自分なりに表現して楽しむ。 生活の中でイメージを豊かにし、様々な表現を楽しむ。		

出欠状況		年度	年度	○年度	備考
	教育日数			185	特記事項なし
	出席日数			182	

＊欄外の留意事項は省略

•ケース18•【４歳児】

ガキ大将のようなケンタの場合

前年度（年少組）のケンタ

一番へのこだわりが強く、思い通りにいかないと手が出ます。注意を受けると、その場から早く逃れようと、大声で泣き「わかった。ごめんなさい」を繰り返すため、落ち着いて話ができるまでに時間がかかりました。

	子どもの姿	保育者の受け止め・願い
4月	・始業式後に保護者にも保育室に入っていただき、簡単に諸注意などを話していると、ケンタが「話が長い。早く帰りたい」と言い出して、保護者たちを驚かせた。 ・基本的生活習慣は自立している。	・ケンタとの距離感をつかむため、手を出すなどの乱暴な行動以外は、できる限り見守りながら、クラスの仲間が、ケンタにネガティブな思いを抱かないように配慮した❶。
5月 6月	・母の日の行事で、言葉の役をケンタに任せたところ、緊張しながらも、無事にやり遂げ、満足そうだった。 ・まるでガキ大将のような、乱暴で自己中心的な姿が目立つが、好奇心旺盛で発想も豊かで、活発で行動力もあるケンタは、クラスの男児のあこがれ的な存在で、傍若無人なふるまいでも、嫌われないほど人気がある。 ・困っている子がいると、自然に手を差し伸べ優しい姿も見られた。 ・父の日に向けて描いた絵は、表現の豊かさがうかがえる作品だった❼。	・保護者の方々のケンタへの悪いイメージを、少しでも和らげようと、母の日の役の一つをケンタに任せることにした❷。 ・どうしても注意することが多くなりがちだが、ケンタとの信頼関係を築き、ケンタの行動力や表現の豊かさを、クラスでの活動に生かせればと考え、注意するよりも、その都度相手の気持ちに気付けるよう、一対一で話し合いをするように努めた❸。
10月 11月	・運動会を境に、ケンタの周りにいた仲間たちもそれぞれに成長し、次第に、ケンタの誤りを指摘する者も現れたり、ケンタが遊びに誘っても付いていかなくなったりし始め、ケンタ自身「誰も付いてきてくれない」と葛藤する姿が見られるようになった。 ・色紙で紙飛行機を折って飛ばす遊びがはやり始めた時、ケンタは折り方が雑で、最初はよく飛ぶ飛行機が作れずにいたが、それまではいつもケンタの言いなりになっていた子の作る飛行機がよく飛ぶのを見て、自分から作り方を教えてもらいに行き、ようやくよく飛ぶ飛行機が作れたことで、みんなと笑顔で遊ぶ姿が見られ、大きな成長が感じられた。このことが契機となって、次第に友達の言い分にも耳を傾け、一緒に遊びを楽しめるようになっていった❽。	・ようやく友達との関わりで葛藤する場面が見られるようになり始めたので、行動や言動が悪い方向に向かないように配慮しつつ、ケンタの葛藤体験を見守るよう心がけた❹。 ・それまでの立場が逆転したかのような場面だったが、ケンタなりの葛藤体験を積み重ねてきたことよって、素直に乗り越えられた場面だったと思う❺。
1月	・縄跳びの活動が始まると、ケンタはうまく跳ぶことができずにいたが、クラスの友達を誘って、毎日みんなと一緒に頑張ろうとする姿や、自分の思いを言葉にして伝え合う姿も見られ、根気強く練習したことで跳べるようになり、みんなとの活動を楽しんでいた。	・友達が自己記録を更新しそうになると、ケンタが大声で応援をして、記録が出ても出なくても、友達の頑張りをほめ励ます姿を、クラスで話題にするなどすることで、クラスとしての縄跳びへの取り組みを盛り上げることができた❻。
3月	・修了式間近に、ふとケンタが「クラスのみんなと年長さんになりたいな」とつぶやいていた。	・満足感をもって落ち着いて生活できている。

幼稚園幼児指導要録（指導に関する記録）

ふりがな	○○○○　けんた	指導の重点等	平成○年度
氏名	○○　ケンタ 平成○年○月○日生		（学年の重点） ・様々な経験を通して、自己発揮し、友人関係を深め、友達との関わりを楽しむ。
性別	男		（個人の重点） ・友達同士での遊びを通して、意見を伝え合いながらも、思いやりの気持ちで関われるようにする。
ねらい（発達を捉える視点）			

領域	ねらい	指導上参考となる事項
健康	明るく伸び伸びと行動し、充実感を味わう。 自分の体を十分に動かし、進んで運動しようとする。 健康、安全な生活に必要な習慣や態度を身に付け、見通しをもって行動する。	・進級当初から、好奇心旺盛でクラスの友達の目を引くような遊びを展開させ、本児の周りにはいつも友達が集まっていた。しかし自分の思いのままに行動してしまうため、クラスの雰囲気を悪くし、友達に手を出してトラブルになることも多かった。一人っ子でもあり、他児の思いに気付ける様子はまだ見られなかったため、保護者を含めて、周囲の本児への印象が悪くならないよう、本児のよさを認め、保育者との信頼関係を基に考えて行動できるよう、注意を繰り返すのではなく、一対一で話し合い、落ち着いて考えられるように配慮してきた❶❷❸。 ・２学期以降の様々な行事を、友達と意欲的に乗り越えるごとに、周囲との関係性にも変化が表れ、友達との関わりに葛藤する場面も多く見られるようになると、その葛藤体験を通して次第に協調性も見られるようになり、少しずつ相手の気持ちにも気付けるようになっていった❹❺。 ・３学期には、友達を誘って根気強く縄跳びに取り組み、自分なりの目標を達成することで、より自信と意欲を身に付けることができていた❻。 ・製作遊びでは、イメージ豊かな作品を作り、周囲からも一目置かれる存在だった。折り紙などは、当初は雑な取り組みが続いたが、友達からのよい刺激を受けて、丁寧に仕上げようと努力する姿が見られるようになってきている❼❽。 ・手が出るようなトラブルは減ってきているが、調子に乗って保育者の注意を受ける場面はまだ見られ、引き続き配慮が必要と思われる。
人間関係	幼稚園生活を楽しみ、自分の力で行動することの充実感を味わう。 身近な人と親しみ、関わりを深め、工夫したり、協力したりして一緒に活動する楽しさを味わい、愛情や信頼感をもつ。 社会生活における望ましい習慣や態度を身に付ける。	
環境	身近な環境に親しみ、自然と触れ合う中で様々な事象に興味や関心をもつ。 身近な環境に自分から関わり、発見を楽しんだり、考えたりし、それを生活に取り入れようとする。 身近な事象を見たり、考えたり、扱ったりする中で、物の性質や数量、文字などに対する感覚を豊かにする。	
言葉	自分の気持ちを言葉で表現する楽しさを味わう。 人の言葉や話などをよく聞き、自分の経験したことや考えたことを話し、伝え合う喜びを味わう。 日常生活に必要な言葉が分かるようになるとともに、絵本や物語などに親しみ、言葉に対する感覚を豊かにし、先生や友達と心を通わせる。	
表現	いろいろなものの美しさなどに対する豊かな感性をもつ。 感じたことや考えたことを自分なりに表現して楽しむ。 生活の中でイメージを豊かにし、様々な表現を楽しむ。	

出欠状況		年度	年度	○年度	備考
	教育日数			198	特記事項なし
	出席日数			198	

＊欄外の留意事項は省略

• ケース19 •【4歳児】

とにかく内弁慶なヒカリの場合

前年度（年少組）のヒカリ

泣きながらの登園が続き、慣れるまでに時間がかかりました。基本的生活習慣は自立していましたが、とにかく自分から話すことが少なく、仲良しの友達と遊んでいる時以外は、ヒカリの声をほとんど聴くことはできませんでした。

	子どもの姿	保育者の受け止め・願い
4月	・泣きながらの登園が続いたが、「全部一緒にするから、泣かないで先生の所に来て」と伝えて関わりを続けるうちに、泣いている時間も少しずつ落ち着いて活動できるようになっていった❶。 ・年少組からの友達に誘われ、新しい活動にも泣かずに参加し、何か不安に感じたり、うまくいかなかったりしない限り、落ち着いて活動に取り組み、少しずつ笑顔も見られるようになっていった❷。	・クラスも担任も変わり、不安感が強い様子だったので、ヒカリが不安に思う前に声をかけ、落ち着いて活動できるように心がけた。 ・一日の流れやその日の活動について、きちんと理解し、友達を介しながらも、落ち着いて活動できる様子がうかがえた。
6月	・毎朝「幼稚園に行きたくない」と泣いて登園を嫌がることが続く❸。 ・家に電話すると、電話の向こうでヒカリが「○○先生？ なんだって？」と大声で叫んでいる声や、小学生の姉と言い争いをしている声がしばしば聞こえてきた。 ・製作遊びが得意で、手先も器用。折り紙などは誰よりも綺麗に折り上げることができ、周囲の友達からほめられたり、折り方を教えてほしいと頼まれたりもして、友達と関わりの中で、少しずつ会話しながら活動する姿が見られるようになった❹。	・保護者に園での様子を伝えながら連携して、休まず登園できるように援助した。 ・家ではうるさいくらいに話す様子や、自己主張が強く、とにかく頑固な様子もうかがえ、内弁慶な姿が強く感じられた。 ・製作などは、一度の説明でしっかりと理解して取り組むことができ、クラスの誰よりも理解力があるように感じられた。
9月 11月	・夏休み明けは進級当初に戻ったように、登園を嫌がる日が続いたが、「できたじゃない」とほめ認めると、嬉しそうな表情も見せるようになった❺。 ・運動会に向けての練習や取り組みには、友達と一緒に参加できていたが、運動会当日は嫌がって、駐車場の車から降りようとしなかったため、友達と一緒に頑張ろうと励ましながら、何とか一日を乗り越えた❻。 ・発表会に向けてクラスで遊戯の練習を始めると、友達と一緒に毎日積極的に踊る姿が見られ、友達から踊りをほめられることで、次第に表情も明るくなった。 ・自分の好きなヒロインになりきって踊りたいとの思いが、恥ずかしさや姉へのライバル心、プライドの高さや頑固さに勝り夢中になれたことで、ようやく幼稚園でも本来の自分を出せるようになった❼。 ・発表会当日も、友達と楽しく遊戯を踊れ、達成感を味わうとともに、友達関係にも広がりが見られた❽。	・1学期同様に、泣かないで過ごせるように、寄り添い安心感を与えつつ、恥ずかしがったりせずに、自信がもてるように援助してきた。 ・行事のたびに、泣いて不安定になることを繰り返していたので、運動会を何とか乗り越えられるようにと、ほめ励まし続け、ようやく大きな行事を乗り越えさせることができた。 ・ヒカリの意欲的な取り組みや、踊りの上手さを、クラスのみんなの前で繰り返しほめ、みんなの手本になってもらったりすることで、遊戯以外の面でも自信をもって活動できるように援助した。
1月	・縄跳びの活動が始まると、自分から記録カードを差し出してきたり、給食時には「おかわりください」と言ってきたりと、少しずつだが自分の思いを保育者に言葉で伝えられるようになり、成長が感じられた❾。	・発表会後は、ヒカリが自分で意思表示してくるまで、察していても気付かないふりをして、できる限り待つ援助を心がけた。
3月	・友達と大声を上げてふざけ合う姿が見られるようになったが、保育者に気付くと黙ってしまう。	・友達に対しては、幼稚園でも自分を出せるようになったが、今後も配慮が必要と思われる❿。

幼稚園幼児指導要録（指導に関する記録）

<table>
<tr><td>ふりがな</td><td colspan="2">○○○○　ひかり</td><td rowspan="4">指導の重点等</td><td>平成○年度</td></tr>
<tr><td>氏名</td><td colspan="2">○○　ヒカリ
平成○年○月○日生</td><td rowspan="2">（学年の重点）
・気の合う友達との遊びや葛藤体験を通して、自分の気持ちを伝えたり、相手の気持ちに気付いたりしながら、友達関係を深めよう。</td></tr>
<tr><td>性別</td><td colspan="2">女</td></tr>
<tr><td colspan="3">ねらい
（発達を捉える視点）</td><td>（個人の重点）
・友達との活動を好み、数人の友達と同じイメージを共有し合いながら、継続的に遊びを楽しめるようになる。</td></tr>
<tr><td rowspan="3">健康</td><td colspan="2">明るく伸び伸びと行動し、充実感を味わう。</td><td rowspan="16">指導上参考となる事項</td><td rowspan="16">・進級当初は保育者や保育室の変化に戸惑い、不安感が強く泣きながらの登園が続いたため、保育者が寄り添い、本児が不安に思う前に声をかけ、落ち着いて活動できるように心がけたところ、年少時からの友達に誘われ、新しい活動にも取り組めるようになり、少しずつ笑顔も見られるようになった❶❷。

・１学期は毎朝登園を嫌がり、泣きながらの登園が続いたが、園では落ち着き、友達に誘われながら活動できていたので、家庭との連絡を密にしながら、休まずに登園できるよう励まし認める援助をしてきた❸❹。

・２学期に入っても、登園を嫌がる姿は続いたが、保育者にほめられ認められると、泣かずに活動できるようにもなり、９月末の運動会は、保育者や友達に支えられながら、最後まで参加することができた❺❻。

・11月に入り、発表会に向けた取り組みが始まると、自発的に遊戯を踊る姿が見られた。遊戯や製作遊びにおいて理解力の高さを見せ、クラスの手本となってもらう場面を作るなど、ほめ認める援助をすることで、友達関係にも広がりが見られ、表情も明るくなり、泣いている姿も減っていった❼❽。

・３学期には、積極的に縄跳びに取り組み、自己記録を更新し、友達と大声でふざけ合う姿も見られるようになり、保育者に言葉で意思表示をしてくることも増えてきた❾。

・新しい環境に慣れるのに時間がかかる。進級などで不安感をもつと不安定になることが予想され、今後も配慮が必要と思われる❿。</td></tr>
<tr><td colspan="2">自分の体を十分に動かし、進んで運動しようとする。</td></tr>
<tr><td colspan="2">健康、安全な生活に必要な習慣や態度を身に付け、見通しをもって行動する。</td></tr>
<tr><td rowspan="3">人間関係</td><td colspan="2">幼稚園生活を楽しみ、自分の力で行動することの充実感を味わう。</td></tr>
<tr><td colspan="2">身近な人と親しみ、関わりを深め、工夫したり、協力したりして一緒に活動する楽しさを味わい、愛情や信頼感をもつ。</td></tr>
<tr><td colspan="2">社会生活における望ましい習慣や態度を身に付ける。</td></tr>
<tr><td rowspan="3">環境</td><td colspan="2">身近な環境に親しみ、自然と触れ合う中で様々な事象に興味や関心をもつ。</td></tr>
<tr><td colspan="2">身近な環境に自分から関わり、発見を楽しんだり、考えたりし、それを生活に取り入れようとする。</td></tr>
<tr><td colspan="2">身近な事象を見たり、考えたり、扱ったりする中で、物の性質や数量、文字などに対する感覚を豊かにする。</td></tr>
<tr><td rowspan="3">言葉</td><td colspan="2">自分の気持ちを言葉で表現する楽しさを味わう。</td></tr>
<tr><td colspan="2">人の言葉や話などをよく聞き、自分の経験したことや考えたことを話し、伝え合う喜びを味わう。</td></tr>
<tr><td colspan="2">日常生活に必要な言葉が分かるようになるとともに、絵本や物語などに親しみ、言葉に対する感覚を豊かにし、先生や友達と心を通わせる。</td></tr>
<tr><td rowspan="3">表現</td><td colspan="2">いろいろなものの美しさなどに対する豊かな感性をもつ。</td></tr>
<tr><td colspan="2">感じたことや考えたことを自分なりに表現して楽しむ。</td></tr>
<tr><td colspan="2">生活の中でイメージを豊かにし、様々な表現を楽しむ。</td></tr>
<tr><td colspan="3"></td></tr>
</table>

<table>
<tr><td rowspan="3">出欠状況</td><td></td><td>年度</td><td>年度</td><td>○年度</td><td rowspan="3">備考</td><td rowspan="3">特記事項なし</td></tr>
<tr><td>教育日数</td><td></td><td></td><td>197</td></tr>
<tr><td>出席日数</td><td></td><td></td><td>190</td></tr>
</table>

＊欄外の留意事項は省略

・ケース20・【4歳児】

友達とつるむことで安心するナミの場合

1年間を振り返って

4歳児になりクラス替えをし、3歳児クラスの時の友達といることで安心していたナミは、気の合う友達と自分のやりたい遊びを楽しんでいました。その後、友達との関係で登園を渋るようになりましたが、やがて再び園生活を楽しむようになりました。

4月 3歳児の時に同じクラスのサヤと一緒に、ごっこ遊びを楽しんでいた。3歳児からの引き続きのお店屋さんなど、好きな遊びをナミが「こうしよう」と言いながら、進めていた。

6月 ナミがやりたい遊びを決めて始めるが、「こうしようよ」と自分の思いだけを伝えていた。周りの子が「こうしたい」と言っても、「でもこうだよ」と言って決めてしまう❶。

10月 ナミが中心の遊びで、周りの子の表情が曇っていたり、遊びから抜けて違う遊びを始めてしまったりする様子が見られた。ナミは、それに対して、「なんで遊ばないの」と詰め寄る場面も。でも、他の子は、遊びから抜けてしまう❷。

11月 朝、ナミが登園を渋り、泣いてくることがあった。「幼稚園つまんない」と言っている。自分の好きな遊びをしたいが、周りが一緒に遊んでくれないのが、つまらない原因のようだ❸。

2月 ままごとコーナーで、ナミがサヤたち数人とお店屋さんを開いた。ナミは、宣伝に行きたい気持ちがあったが、サヤたちが「まだ品物が足りないから作らないとだめだよ」という思いを伝えてきたことで、ナミも「そうだね」と言って、自分の気持ちを我慢して作ることを続けていた❹。

【保育者の捉え】
(課題に対しての援助)

・ナミの遊びのイメージを保育者も共有しながらも、他の子がどうしたいのかを探り、その気持ちを周りの友達が伝えられるように関わる❺。
・ナミの友達との関係に対して不安に思っていることに寄り添って受け止める❻。
・相手の気持ちを知ったことで、どうしたらいいのかを、保育者が具体的に言葉にしたり、提案したりして、ナミ本人が気持ちをコントロールできるように関わる❼。

ナミなりの一歩を踏み出し成長したところと、よさを見つける

3歳児の時の友達が安心の場になり、友達と一緒につるみ、自分の思い通りに遊びを展開していました。その時、周りの友達は、なかなか思いを返すことができずにいる様子があり、保育者が間に入ることで、お互いに思いを伝えることが増えてきましたが、ナミにとって、受け入れがたい状況になっていったのでした。保育者が寄り添うことで、自分の思いを少しずつ抑えつつ、相手の気持ちに気付けるようになっていったのです。

また、どうしたら遊びが面白くなるのかイメージを広げ、それを言葉で伝えるなど、遊びを進めることが得意で、それが友達にとっては魅力のようでした。それは、ナミが強い思いを通してしまうことがあっても、友達が遊びに加わる様子から、感じられました。

幼保連携型認定こども園園児指導要録（指導等に関する記録）

ふりがな	○○○○　なみ	性別	指導の重点等	平成○年度
氏名	○○　ナミ	女		（学年の重点） ・様々な活動を経験し取り組む中で、自己肯定感を味わうようになる。
平成○年○月○日生				（個人の重点） ・自分のやりたい気持ちを伝えながら、相手の気持ちに気付く。
ねらい （発達を捉える視点）				

領域	ねらい	指導上参考となる事項
健康	明るく伸び伸びと行動し、充実感を味わう。 自分の体を十分に動かし、進んで運動しようとする。 健康、安全な生活に必要な習慣や態度を身に付け、見通しをもって行動する。	・気の合う友達と一緒に自分のやりたい遊びに向かう様子が多く、その友達と一緒にいることで安心していた。そこでは、自分の思いだけで遊びを進め、満足していた。しかし、周りの友達が少しずつ思いを発言したり、遊びから抜けてしまったりすることで、遊びが面白くなくなり、登園を渋ることがあった。保育者は、友達の思いに気付くいい機会と考え、本人の不安な思いに寄り添いながらも、相手の気持ちに気付く言葉かけや、関わり方を一緒に行うなどした。そのことで、3学期、自分の思いだけでなく相手の思いに気付く様子が遊びの中で見られるようになってきた❶❷❸❹❻❼。 ・イメージが豊かで、遊びを面白くするための思いや素材での物作りなど、様々な提案をすることがあり、そのことが周りの友達にとって魅力的な様子になっていた。本人の遊びに友達が加わることが多く、イメージを押し通すこともあるが、発想が広がることで遊びが具体的になるので、遊びの継続が見られる。本人の思いだけでなく、イメージが共有できるような援助は必要だが、発想の豊かさは今後も認めていきたいところである❶❺。 ・友達と一緒にいる場でなら自分の思いを伝えたり、安心したりするが、一人で人前で何かを伝えるなどの場では、緊張してしまうことがある。自分の思いを人前でも自信をもって伝えられるよう、今後も援助が必要である。
人間関係	幼保連携型認定こども園の生活を楽しみ、自分の力で行動することの充実感を味わう。 身近な人と親しみ、関わりを深め、工夫したり、協力したりして一緒に活動する楽しさを味わい、愛情や信頼感をもつ。 社会生活における望ましい習慣や態度を身に付ける。	
環境	身近な環境に親しみ、自然と触れ合う中で様々な事象に興味や関心をもつ。 身近な環境に自分から関わり、発見を楽しんだり、考えたりし、それを生活に取り入れようとする。 身近な事象を見たり、考えたり、扱ったりする中で、物の性質や数量、文字などに対する感覚を豊かにする。	
言葉	自分の気持ちを言葉で表現する楽しさを味わう。 人の言葉や話などをよく聞き、自分の経験したことや考えたことを話し、伝え合う喜びを味わう。 日常生活に必要な言葉が分かるようになるとともに、絵本や物語などに親しみ、言葉に対する感覚を豊かにし、保育教諭等や友達と心を通わせる。	
表現	いろいろなものの美しさなどに対する豊かな感性をもつ。 感じたことや考えたことを自分なりに表現して楽しむ。 生活の中でイメージを豊かにし、様々な表現を楽しむ。	

出欠状況	年度	年度	○年度
教育日数			201
出席日数			199

（特に配慮すべき事項）
特記事項なし

【満3歳未満の園児に関する記録】

	平成　　年度	平成　　年度
関する事項 園児の育ちに		

＊欄外の留意事項は省略

・ケース21・【4歳児】

遊びに入れないナナコの場合

1年間を振り返って

ナナコは、進級時、新たな環境に緊張する様子が見られました。朝の身支度後、遊びが見つからず周りを傍観し立ちすくむこともありました。保育者が製作コーナーに誘うと、保育者の隣に座り折り紙をする様子が見られました。また、年少組から心の拠り所だった友達（スミ）がいることで安心したり、スミを介して新たな友達との関わりも見られたりするようになりました。2学期後半になると、友達との関わりも見られ、3学期になると、少しずつ自分の思いを言葉にして伝えられるようにもなりました。

1学期 絵を描いたり、折り紙をしたり、落ち着いて遊ぶことを好んでいた。一人遊びが多く友達との関わりがもてない。スミに誘われたり、スミが一緒の時は、スミの後ろについて同じ行動をすることで安心していた❶。

2学期 困ったり、不安を感じたりしても、自分から言葉で伝えることができず、目で訴えることが多かった。その態度に気付いた友達がすべてやってあげてしまうため、ナナコ自身が困ることはなかった❷。

3学期 ナナコが折り紙で作った作品を友達が認めてくれたことをきっかけに、少しずつナナコは自信をもち、表情にも笑顔が見られるようになった。その後ナナコも一緒にごっこ遊びに入れるようになった❸。

【保育者の捉えと援助】

おとなしく、感情表現が乏しい。また、新たな環境で、保育者や友達との関わりに戸惑う様子が見られた。

保育者から声をかけたり、本人の気持ちに寄り添いながら信頼関係を築いていこう。また、ナナコが自分でできたことや作ったものなどを、クラスのみんなに伝えることで友達に認められる経験をさせ自信がもてるようにしよう。ナナコが、自分から遊びたいという気持ちがもてる魅力的な環境や雰囲気を作り、遊び出すきっかけを作っていこう。

ナナコなりの一歩を見つけ、成長したところやよさを見つける

手先の器用なナナコは、折り紙を楽しむ中で、友達から「一緒にお店屋さんをしよう」と、誘われるようになりました。そのことがきっかけで、ごっこ遊びに入り、いろいろな友達と言葉が交わせるようになりました。一人遊びが多かったナナコですが、少しずつ友達と一緒に遊ぶ楽しさを味わえるようになり、3学期になると、ステッキを作り、歌屋さんなど、みんなの前に出て友達と一緒なら歌を披露できるようにもなりました。友達から認められたことは、ナナコにとって自信となり、いろいろな活動や遊びに入れるきっかけになったと考えます。

幼保連携型認定こども園園児指導要録（指導等に関する記録）

ふりがな	○○○○　ななこ	性別	指導の重点等	平成○年度
氏名	○○　ナナコ	女		（学年の重点） ・いろいろな活動を通し、自己肯定感をもつ。
	平成○年○月○日生			（個人の重点） ・遊びや活動を通し、自信がもてるようになる。

	ねらい（発達を捉える視点）
健康	明るく伸び伸びと行動し、充実感を味わう。
	自分の体を十分に動かし、進んで運動しようとする。
	健康、安全な生活に必要な習慣や態度を身に付け、見通しをもって行動する。
人間関係	幼保連携型認定こども園の生活を楽しみ、自分の力で行動することの充実感を味わう。
	身近な人と親しみ、関わりを深め、工夫したり、協力したりして一緒に活動する楽しさを味わい、愛情や信頼感をもつ。
	社会生活における望ましい習慣や態度を身に付ける。
環境	身近な環境に親しみ、自然と触れ合う中で様々な事象に興味や関心をもつ。
	身近な環境に自分から関わり、発見を楽しんだり、考えたりし、それを生活に取り入れようとする。
	身近な事象を見たり、考えたり、扱ったりする中で、物の性質や数量、文字などに対する感覚を豊かにする。
言葉	自分の気持ちを言葉で表現する楽しさを味わう。
	人の言葉や話などをよく聞き、自分の経験したことや考えたことを話し、伝え合う喜びを味わう。
	日常生活に必要な言葉が分かるようになるとともに、絵本や物語などに親しみ、言葉に対する感覚を豊かにし、保育教諭等や友達と心を通わせる。
表現	いろいろなものの美しさなどに対する豊かな感性をもつ。
	感じたことや考えたことを自分なりに表現して楽しむ。
	生活の中でイメージを豊かにし、様々な表現を楽しむ。

出欠状況	年度	年度	○年度
教育日数			198
出席日数			197

指導上参考となる事項

・絵を描いたり、折り紙でいろいろな物を折ったりなどの物作りでは、細かな作業（紐通し、縛る）が得意で、じっくり、丁寧に取り組んでいた。しかし、友達との遊びや活動に積極的に取り組むことが難しいこともあった。本人が遊びに入れるように保育者は、後押ししたり、見守ったりした。そのことで、少しずつ興味をもった遊びには加われるようになっていった❶❸。

・整理整頓が得意で、ロッカーの中やカバンの中など常にきれいにしようと心がけている。また、手先が器用で、折り紙も一度経験するとすぐに覚え、丁寧に折れるようになり、友達に折り紙の折り方を教える様子が見られた。

・困ったことや不安に感じていることを言葉にして伝えることが難しく、自分から聞くことができないこともあった。保育者からの投げかけで困ったことが言えるようになってきたが、今後も本人を認め、自信をもたせながら、集団での活動やいろいろな遊びを通し、友達関係を築いていけるよう指導が必要である❷。

（特に配慮すべき事項）
特記事項なし

【満３歳未満の園児に関する記録】

	平成　　年度	平成　　年度
園児の育ちに関する事項		

＊欄外の留意事項は省略

•ケース22•【５歳児】

自分の思いをなかなか出せなかったサエコの場合

サエコの姿

自分なりのイメージをわかせ、イメージをかたちにすることが得意なサエコ。イメージが豊かで遊びが面白いことから、自然とサエコの周りには友達がいました。しかし、友達が遊びに入ると、サエコはなかなか自分の思いを主張することができずに友達の意見に流されることが多くなってしまいました。自分のやりたいことをしようにも友達から何か言われると戸惑ってしまい、なかなか自分の遊びに向かえない様子が見られました❶。

教師の援助とサエコの変容

【教師の援助】

まずは、サエコが自分のやりたい遊びにじっくりと向かえるように、周りの友達と教師が仲間になって遊ぶことで、サエコが自分の遊びに向かえる時間と場を確保するようにしてきた❷。

友達がサエコの周りに集まってきた時には、教師が「サエコちゃんはどんなことしているの？」と聞き役になりながらそれを周りに広げていき友達とつなぐようにしていった❸。

サエコが自分から動いたり発言したりした姿を即座に捉え、励ましながら自分から動き出した姿を支え、自信になるようにしてきた❹。

【その後のサエコの姿】

自分のやりたい遊びに向かっている間は表情も豊かで、じっくり取り組めた満足感からか、教師に「今日はこれをして、これが楽しかった」と伝えに来るようになった❺。

友達が集まることで自分の遊びができなくなるのではと不安をのぞかせながらも、友達に伝えたいことを、教師を介して伝えようとする姿が見られるようになってきた❻。

徐々に教師がいると自分の思いを友達に言えるようになり、それを繰り返したことで次第に教師がいなくとも友達に自分の思いを言えるようになってきた❼。

サエコなりの一歩

12月に行われる園行事の「たのしみ会」でリズムグループになったサエコ。異年齢グループの活動の中で、はじめは友達や年中組の幼児との関わりに戸惑う姿が見られました。しかし、「音楽に合わせて何かグッズを持ったり、衣装を身に着けたりしよう」と友達が言うと、サエコは紙に衣装やグッズのイラストを描き始めました。ニコニコしながら描いているサエコに教師が「どんなのだとみんなが楽しめるかな？」と聞くと、「この音楽は楽しい感じだから、明るい色の妖精のようにヒラヒラ動くものを持って……」と話しました。年中組の幼児も「いいね」「それでここはどうする？」などサエコに聞き始めました。すると、サエコは生き生きと友達や年中組の幼児の前で自分の思いを伝え出しました。たのしみ会ではサエコのアイデアが取り入れられ、サエコもいきいきと踊る姿が見られました。その後、サエコは学級でも自分の思いを友達に伝えようとするようになっていきました❽。

幼稚園幼児指導要録（最終学年の指導に関する記録）

ふりがな	○○○○　さえこ		平成○年度
氏名	○○　サエコ 平成○年○月○日生	指導の重点等	（学年の重点） ・目的に向かって、いろいろ工夫しながら、活動に取り組む。 ・友達と思いを伝え合いながら一緒に活動する。
性別	女		（個人の重点） ・自分の遊びを支えにしながら、友達とやりとりをしたり、友達の中で自分の思いを伝えたりすることを楽しむ。

ねらい（発達を捉える視点）		指導上参考となる事項
健康	明るく伸び伸びと行動し、充実感を味わう。	・進級当初から自分の身の回りのことは自分でしっかりとこなし、自分なりの見通しをもって取り組むことができた。 ・新しい環境や友達に対して、不安感はなく、興味をもっているようであったが、友達が集まってくると自分の思いを伝えられずに、友達の言うままに動き、自分のやりたい遊びに向かえないようであった❶。まずは自分のやりたいことにのびのびと意欲的に取り組んでほしいと願い、教師がサエコの周りに集まる友達と仲間になって遊ぶことでサエコがじっくりとやりたい遊びに向かえる状況を確保してきた❷。自分のやりたいことができた満足感から教師に自分のしたことを伝えに来るようになり、友達を気にせず遊ぶようになっていった❺。 ・夏休み明けには友達が集まっても、表情が曇ることが少なくなっていたので、友達との接点も大切にしながら、教師がパイプ役になって、サエコの思いを代弁して伝えながら友達とつなぐことを心がけてきた❸❹。次第に教師を介してなら自分の思いを出せるようになってきた。自分の思いが友達に伝わったことがわかると、それが自信につながっていき、徐々に教師がいなくとも自分の思いを伝えるようになってきた❻❼。今後もサエコが困っているような時には教師が仲介しながら援助をしてほしい。 ・たのしみ会で目標に向かってやり遂げた満足感や達成感から、それがその後のはりきりにつながっていた❽。教師からの課題等にも自分なりの目標をもって意欲的に活動できるので、今後も生かしていってほしい。
	自分の体を十分に動かし、進んで運動しようとする。	
	健康、安全な生活に必要な習慣や態度を身に付け、見通しをもって行動する。	
人間関係	幼稚園生活を楽しみ、自分の力で行動することの充実感を味わう。	
	身近な人と親しみ、関わりを深め、工夫したり、協力したりして一緒に活動する楽しさを味わい、愛情や信頼感をもつ。	
	社会生活における望ましい習慣や態度を身に付ける。	
環境	身近な環境に親しみ、自然と触れ合う中で様々な事象に興味や関心をもつ。	
	身近な環境に自分から関わり、発見を楽しんだり、考えたりし、それを生活に取り入れようとする。	
	身近な事象を見たり、考えたり、扱ったりする中で、物の性質や数量、文字などに対する感覚を豊かにする。	
言葉	自分の気持ちを言葉で表現する楽しさを味わう。	
	人の言葉や話などをよく聞き、自分の経験したことや考えたことを話し、伝え合う喜びを味わう。	
	日常生活に必要な言葉が分かるようになるとともに、絵本や物語などに親しみ、言葉に対する感覚を豊かにし、先生や友達と心を通わせる。	
表現	いろいろなものの美しさなどに対する豊かな感性をもつ。	
	感じたことや考えたことを自分なりに表現して楽しむ。	
	生活の中でイメージを豊かにし、様々な表現を楽しむ。	

出欠状況		○年度
	教育日数	188
	出席日数	185

備考
特記事項なし

幼児期の終わりまでに育ってほしい姿

「幼児期の終わりまでに育ってほしい姿」は、幼稚園教育要領第2章に示すねらい及び内容に基づいて、各幼稚園で、幼児期にふさわしい遊びや生活を積み重ねることにより、幼稚園教育において育みたい資質・能力が育まれている幼児の具体的な姿であり、特に5歳児後半に見られるようになる姿である。「幼児期の終わりまでに育ってほしい姿」は、とりわけ幼児の自発的な活動としての遊びを通して、一人一人の発達の特性に応じて、これらの姿が育っていくものであり、全ての幼児に同じように見られるものではないことに留意すること。

健康な心と体	幼稚園生活の中で、充実感をもって自分のやりたいことに向かって心と体を十分に働かせ、見通しをもって行動し、自ら健康で安全な生活をつくり出すようになる。
自立心	身近な環境に主体的に関わり様々な活動を楽しむ中で、しなければならないことを自覚し、自分の力で行うために考えたり、工夫したりしながら、諦めずにやり遂げることで達成感を味わい、自信をもって行動するようになる。
協同性	友達と関わる中で、互いの思いや考えなどを共有し、共通の目的の実現に向けて、考えたり、工夫したり、協力したりし、充実感をもってやり遂げるようになる。
道徳性・規範意識の芽生え	友達と様々な体験を重ねる中で、してよいことや悪いことが分かり、自分の行動を振り返ったり、友達の気持ちに共感したりし、相手の立場に立って行動するようになる。また、きまりを守る必要性が分かり、自分の気持ちを調整し、友達と折り合いを付けながら、きまりをつくったり、守ったりするようになる。
社会生活との関わり	家族を大切にしようとする気持ちをもつとともに、地域の身近な人と触れ合う中で、人との様々な関わり方に気付き、相手の気持ちを考えて関わり、自分が役に立つ喜びを感じ、地域に親しみをもつようになる。また、幼稚園内外の様々な環境に関わる中で、遊びや生活に必要な情報を取り入れ、情報に基づき判断したり、情報を伝え合ったり、活用したりするなど、情報を役立てながら活動するようになるとともに、公共の施設を大切に利用するなどして、社会とのつながりなどを意識するようになる。
思考力の芽生え	身近な事象に積極的に関わる中で、物の性質や仕組みなどを感じ取ったり、気付いたりし、考えたり、予想したり、工夫したりするなど、多様な関わりを楽しむようになる。また、友達の様々な考えに触れる中で、自分と異なる考えがあることに気付き、自ら判断したり、考え直したりするなど、新しい考えを生み出す喜びを味わいながら、自分の考えをよりよいものにするようになる。
自然との関わり・生命尊重	自然に触れて感動する体験を通して、自然の変化などを感じ取り、好奇心や探究心をもって考え言葉などで表現しながら、身近な事象への関心が高まるとともに、自然への愛情や畏敬の念をもつようになる。また、身近な動植物に心を動かされる中で、生命の不思議さや尊さに気付き、身近な動植物への接し方を考え、命あるものとしていたわり、大切にする気持ちをもって関わるようになる。
数量や図形、標識や文字などへの関心・感覚	遊びや生活の中で、数量や図形、標識や文字などに親しむ体験を重ねたり、標識や文字の役割に気付いたりし、自らの必要感に基づきこれらを活用し、興味や関心、感覚をもつようになる。
言葉による伝え合い	先生や友達と心を通わせる中で、絵本や物語などに親しみながら、豊かな言葉や表現を身に付け、経験したことや考えたことなどを言葉で伝えたり、相手の話を注意して聞いたりし、言葉による伝え合いを楽しむようになる。
豊かな感性と表現	心を動かす出来事などに触れ感性を働かせる中で、様々な素材の特徴や表現の仕方などに気付き、感じたことや考えたことを自分で表現したり、友達同士で表現する過程を楽しんだりし、表現する喜びを味わい、意欲をもつようになる。

＊欄外の留意事項は省略

・ケース23・【５歳児】

自己中心的だったツヨシの場合

1年間を振り返って

ツヨシは、新しい保育室や園庭の環境に興味津々で、自分から積極的に関わり、気の合う友達と遊び始めていたので、友達とやりとりしながら活動を進められるように見守り、困った時に相談に乗るようにしていました❶。

5・6月　園庭に仲間と一緒に基地を作り始めた。「ここに壁を付けよう」「ぼくは、こっちをやっているから、Aくん、ここに穴を掘っておいて」「Bくん、遊んでちゃだめだよ。木を運んできて」次から次へと、友達に指示を出す。言われた子も一生懸命応えてくれ、壁が完成した❷。

10・11月　基地への思いは強く、２階の部分にも壁を付けたり、扉を付けたりしたいと教師に訴えてきた。材料を準備したものの友達はだれもこない。それまで一緒にやっていた友達は、近くで鬼ごっこをしている。何日間か、一人で基地作りをするツヨシの姿があった❸。

1・2月　クラスの友達がコマ回しに挑戦していたが、基地の補修をしていた。Bくんが「ツヨシくんも一緒にやろう」と誘ってくれ、ひもの巻き方を教わり、コマに挑戦してみた。初めはうまくいかなかったが、何度も練習し、次の日、仲間と一緒に競い合いを楽しんでいた❹。

【幼児の姿の捉え・援助のポイント】

進級当初ツヨシは、友達に指示を出すことが多かったものの、ロープや滑車の仕組みを利用したり、土に水を混ぜて固まる性質を利用したりするなど道具や素材を扱いながら思考を巡らせ、アイデアを出しながら遊ぶ❺ので、友達からは一目置かれていました。しかし、次第にそれぞれのしたいことが見つかり、ツヨシの指示に従いたくない子が出てきて、一人で基地作りをすることが増えたのだと思います。ツヨシは友達の思いに気付いているものの、どのように振る舞ったらよいか、考えているようにも見えました。ツヨシにとっては、自分の行動を振り返ったり、友達の思いに気付いたりする機会であると捉え、教師は周りの友達が自立する姿を支え、必要な材料の相談に乗りながら見守ることにしました。

コマの遊びでは、Bくんの誘いに勇気をもって応えたところに心の成長を感じました。ツヨシが友達の思いを聞いたり、友達のよさに触れたりしながら遊べるように、教師も仲間の一人になって遊びを楽しむようにしました❻。

ツヨシなりの一歩を見つける

進級当初、自分の思いを前面に出していたツヨシでしたが、次第に自分の思うようにならないことを経験しました。その後、異年齢のグループでたのしみ会に向かう保育で、教師や年下の友達に頼りにされ、自分の役割を感じ、全体を見通して活動できました。この経験が1、2月の姿につながり、クラスの中でも、友達の意見を聞き、互いにアイデアを出し合ったり、友達の思いに寄り添ったりして遊ぶことも増え、場に応じた振る舞いが増えました❼。

1年間の姿を整理する

1年間のツヨシの成長の過程と援助を振り返り、以下のような観点で整理しました（ここでは、内容については省略）。これらの観点は、「幼児期の終わりまでに育ってほしい姿」の内容が網羅されており、総合的にツヨシの姿を整理することができます。

<table>
<tr><th></th><th colspan="2">自己の育ち</th><th>生活の組み立て</th><th colspan="2">様々な人との関わり・刺激の取り入れ方</th><th colspan="4">遊びへの取り組み・言葉</th></tr>
<tr><td>5歳児前期</td><td colspan="2">新しい環境（担任、保育室）への戸惑いや葛藤があるか、または乗り越えようとしているか</td><td>新しい生活にはりきって取り組んでいるか</td><td colspan="2">自分と友達との関係を意識しながら、関わりをもとうとしているか</td><td colspan="4">挑戦・試し・工夫などをしながら遊びに取り組んでいるか</td></tr>
<tr><td>5歳児後期</td><td>自己発揮と自己抑制のバランス</td><td>生活や遊びの中でのはりきり</td><td>クラスを意識しながら自分たちの生活を創り出そうとしているか</td><td>全体と自分との関係をどのように把握しているか</td><td>様々な人との関わりを自分たちの遊びや生活にどう取り入れているか</td><td>身近な情報をどう捉えているか</td><td>遊びへの取り組み（試行錯誤・工夫・材料道具の選択）</td><td>場に応じた言葉遣い</td><td>相手に伝わるような話し方を考えているか</td></tr>
</table>

幼稚園幼児指導要録（最終学年の指導に関する記録）

		指導の重点等	
ふりがな	○○○○　つよし		平成○年度
氏名	○○　ツヨシ 平成○年○月○日生		（学年の重点） ・目的に向かって、いろいろ工夫しながら、活動に取り組む。 ・友達と思いを伝え合いながら、一緒に活動する。
性別	男		（個人の重点） ・気の合う仲間の中で自分の考えを出し合って、目的に向かっていく楽しさを味わい、自信をもって生活する。

ねらい（発達を捉える視点）		指導上参考となる事項
健康	明るく伸び伸びと行動し、充実感を味わう。	・進級当初、新しい保育室や園庭の環境に興味津々で、自分から積極的に関わり、遊び始めた。年中組の時の仲間と一緒に虫探しをしたり、自分たちの基地で遊んだりすることを楽しんでいた❷ので、友達とやりとりしながら活動を進められるように見守り、困った時に相談に乗るようにした❶❷。 ・基地作りの中では、次々にアイデアがわき、ロープや滑車の仕組みを利用したり、土に水を混ぜて固まる性質を利用したりするなど思考しながら取り組み、様々なアイデアを出せるので、友達からも一目置かれていた。しかし、強く言いすぎることが多かったためか、周りの友達もやりたいことがはっきりしてくると、友達が自分の思うようにならないことを経験した。ツヨシ自身が自分の振る舞い方に気付けるように見守った❸❺。 ・たのしみ会では、異年齢の中で教師や年下の友達に頼りにされることで、自分の役割を感じて、全体を見通して活動した。次第に、コマ回しの競い合いなど、クラスでの遊びの中でも、友達の意見を聞き、互いにアイデアを出し合ったり、友達の思いに寄り添ったりして遊ぶことも増え、場に応じた振る舞いが増えた。教師も仲間の一員となり、友達のよさに触れながら遊べるようにしてきたところである❹❻❼。
	自分の体を十分に動かし、進んで運動しようとする。	
	健康、安全な生活に必要な習慣や態度を身に付け、見通しをもって行動する。	
人間関係	幼稚園生活を楽しみ、自分の力で行動することの充実感を味わう。	
	身近な人と親しみ、関わりを深め、工夫したり、協力したりして一緒に活動する楽しさを味わい、愛情や信頼感をもつ。	
	社会生活における望ましい習慣や態度を身に付ける。	
環境	身近な環境に親しみ、自然と触れ合う中で様々な事象に興味や関心をもつ。	
	身近な環境に自分から関わり、発見を楽しんだり、考えたりし、それを生活に取り入れようとする。	
	身近な事象を見たり、考えたり、扱ったりする中で、物の性質や数量、文字などに対する感覚を豊かにする。	
言葉	自分の気持ちを言葉で表現する楽しさを味わう。	
	人の言葉や話などをよく聞き、自分の経験したことや考えたことを話し、伝え合う喜びを味わう。	
	日常生活に必要な言葉が分かるようになるとともに、絵本や物語などに親しみ、言葉に対する感覚を豊かにし、先生や友達と心を通わせる。	
表現	いろいろなものの美しさなどに対する豊かな感性をもつ。	
	感じたことや考えたことを自分なりに表現して楽しむ。	
	生活の中でイメージを豊かにし、様々な表現を楽しむ。	

出欠状況		○年度	備考
	教育日数	188	特記事項なし
	出席日数	187	

幼児期の終わりまでに育ってほしい姿	
「幼児期の終わりまでに育ってほしい姿」は、幼稚園教育要領第2章に示すねらい及び内容に基づいて、各幼稚園で、幼児期にふさわしい遊びや生活を積み重ねることにより、幼稚園教育において育みたい資質・能力が育まれている幼児の具体的な姿であり、特に5歳児後半に見られるようになる姿である。「幼児期の終わりまでに育ってほしい姿」は、とりわけ幼児の自発的な活動としての遊びを通して、一人一人の発達の特性に応じて、これらの姿が育っていくものであり、全ての幼児に同じように見られるものではないことに留意すること。	
健康な心と体	幼稚園生活の中で、充実感をもって自分のやりたいことに向かって心と体を十分に働かせ、見通しをもって行動し、自ら健康で安全な生活をつくり出すようになる。
自立心	身近な環境に主体的に関わり様々な活動を楽しむ中で、しなければならないことを自覚し、自分の力で行うために考えたり、工夫したりしながら、諦めずにやり遂げることで達成感を味わい、自信をもって行動するようになる。
協同性	友達と関わる中で、互いの思いや考えなどを共有し、共通の目的の実現に向けて、考えたり、工夫したり、協力したりし、充実感をもってやり遂げるようになる。
道徳性・規範意識の芽生え	友達と様々な体験を重ねる中で、してよいことや悪いことが分かり、自分の行動を振り返ったり、友達の気持ちに共感したりし、相手の立場に立って行動するようになる。また、きまりを守る必要性が分かり、自分の気持ちを調整し、友達と折り合いを付けながら、きまりをつくったり、守ったりするようになる。
社会生活との関わり	家族を大切にしようとする気持ちをもつとともに、地域の身近な人と触れ合う中で、人との様々な関わり方に気付き、相手の気持ちを考えて関わり、自分が役に立つ喜びを感じ、地域に親しみをもつようになる。また、幼稚園内外の様々な環境に関わる中で、遊びや生活に必要な情報を取り入れ、情報に基づき判断したり、情報を伝え合ったり、活用したりするなど、情報を役立てながら活動するようになるとともに、公共の施設を大切に利用するなどして、社会とのつながりなどを意識するようになる。
思考力の芽生え	身近な事象に積極的に関わる中で、物の性質や仕組みなどを感じ取ったり、気付いたりし、考えたり、予想したり、工夫したりするなど、多様な関わりを楽しむようになる。また、友達の様々な考えに触れる中で、自分と異なる考えがあることに気付き、自ら判断したり、考え直したりするなど、新しい考えを生み出す喜びを味わいながら、自分の考えをよりよいものにするようになる。
自然との関わり・生命尊重	自然に触れて感動する体験を通して、自然の変化などを感じ取り、好奇心や探究心をもって考え言葉などで表現しながら、身近な事象への関心が高まるとともに、自然への愛情や畏敬の念をもつようになる。また、身近な動植物に心を動かされる中で、生命の不思議さや尊さに気付き、身近な動植物への接し方を考え、命あるものとしていたわり、大切にする気持ちをもって関わるようになる。
数量や図形、標識や文字などへの関心・感覚	遊びや生活の中で、数量や図形、標識や文字などに親しむ体験を重ねたり、標識や文字の役割に気付いたりし、自らの必要感に基づきこれらを活用し、興味や関心、感覚をもつようになる。
言葉による伝え合い	先生や友達と心を通わせる中で、絵本や物語などに親しみながら、豊かな言葉や表現を身に付け、経験したことや考えたことなどを言葉で伝えたり、相手の話を注意して聞いたりし、言葉による伝え合いを楽しむようになる。
豊かな感性と表現	心を動かす出来事などに触れ感性を働かせる中で、様々な素材の特徴や表現の仕方などに気付き、感じたことや考えたことを自分で表現したり、友達同士で表現する過程を楽しんだりし、表現する喜びを味わい、意欲をもつようになる。

＊欄外の留意事項は省略

•ケース24•【5歳児】

不安感が強く先生の側にいたいユウヒの場合

進級当初のユウヒの姿

進級当初、ユウヒは、新しい環境や経験など見通しがもてないことに対して不安感を強くもっていました。また、教師にスキンシップを求めたり、不安に感じることを一つ一つ確認したりすることで安心感を得ていました❶。教師や友達の楽しそうな雰囲気を感じ関心を寄せているものの、自分一人では動き出せず傍観する姿が見られました。

1年間を通した教師の援助

クラスの中で自分を感じたり、友達と活動する楽しさを味わったりしてのびのびと幼稚園生活が送れるように様々な方法で援助を試みました。

自分なりに環境に関わって遊ぶ楽しさを感じてほしいと願い、教師と一緒に活動することで安心して動き出せるようにしました❷。本人の興味をもっていた虫探しを中心に教師も仲間になることで友達と一緒に楽しむ経験を大事にしてきました❸。

同じ場で遊んでいる友達に、ユウヒのアイデアの面白さを紹介し、遊びの中でユウヒ自身が存在感を感じられるようにしました。遊びの手助けになるよう新たな素材を提示し、教師も一緒に遊ぶことで❺教師や友達と一緒に思いを実現していく楽しさを味わえるようにしました❻。

ユウヒの得意なことが遊びや園行事などで活かされるように、友達と接点ができる場の工夫やものの選択などをしながら、自然と友達とのつながりを感じられるようにしました。

ユウヒの変容

以上のような援助をしたところ、少しずつ、ユウヒの姿に変化が見られてきました。

自分なりに環境に関わって楽しむ経験を重ねたことで、次第に安心して園生活を送れるようになり、教師と一緒でなくても友達の中で興味をもった遊びに向かう姿が見られ❹、虫探しやドミノ、積み木など夢中になって取り組むようになりました。

友達との基地作りにおいて、教師に支えられながら自分のアイデアで遊びが進んでいくことに心地よさを感じ始めました。遊びの中で教師や友達に認められた経験や新たな素材との出会いが自分のやりたかった活動に向かう姿として表れてきました❼。

イメージ豊かに製作することが得意で工夫しながら遊びを進める姿が見られました。運動会の退場門作りではペットボトルなどの素材を組み合わせながらカブトムシなどの生き物を作り上げました。友達にも一目置かれ自信をもって活動することができました❽。

ユウヒの特徴的な姿と今後も必要な援助

初めてのことや、見通しがもてないことには不安感が強くなってしまうこともありますが、一つ一つ教師に確認することで安心して活動できました。丁寧に関わり、得意なことを自信をもって表現できるようにしてきましたが、今後も必要な援助であると考えます❾。

幼稚園幼児指導要録（最終学年の指導に関する記録）

ふりがな	○○○○　ゆうひ
氏名	○○　ユウヒ 平成○年○月○日生
性別	男

	平成○年度
指導の重点等	（学年の重点） ・目的に向かって、いろいろ工夫しながら、活動に取り組む。 ・友達と思いを伝え合いながら、一緒に活動する。
	（個人の重点） ・教師を支えとしながら、友達の中で、思いを表現しながら、自信をもって生活する。
指導上参考となる事項	・進級したことでの環境の違いに不安感が強く、少しのことでも教師に確認を求めてきたり、スキンシップを求めてきたりすることが多かった❶。教師と一緒に活動することで安心して動き出せるようにした❷。同じように生き物に興味をもっている友達と一緒に虫探しをすることに楽しみを見つけ始め、教師も仲間になって活動しながら❸、次第に新しい生活にも慣れることができた。少しずつ、教師がいなくても仲間と一緒に活動している時間が増えた❹。 ・友達との基地作りでは、ユウヒのアイデアを教師が周りの友達に伝えることで、友達と一緒に思いを実現していく楽しさを味わい❺❻、友達に認められたことで自分から動き出すことが増えた❼。運動会の退場門作りでは、ペットボトルを体の部分にして生き物を作ったが、カブトムシやザリガニなど、思いのままに作ることができ、友達からも一目置かれたことで、友達の分も作るなど、自信をもって活動した。運動会当日も、張り切って活動でき、やり遂げた達成感が自信につながった❽。 ・初めてのことや、見通しがもてないことに対しては不安感が強くなってしまうこともある。一つ一つ教師に確認することで安心して活動できるので、丁寧に関わりながら、得意なことを自信をもって表現できるようにしてきたが、今後も必要な援助であると考える❾。
備考	特記事項なし

ねらい（発達を捉える視点）	
健康	明るく伸び伸びと行動し、充実感を味わう。
	自分の体を十分に動かし、進んで運動しようとする。
	健康、安全な生活に必要な習慣や態度を身に付け、見通しをもって行動する。
人間関係	幼稚園生活を楽しみ、自分の力で行動することの充実感を味わう。
	身近な人と親しみ、関わりを深め、工夫したり、協力したりして一緒に活動する楽しさを味わい、愛情や信頼感をもつ。
	社会生活における望ましい習慣や態度を身に付ける。
環境	身近な環境に親しみ、自然と触れ合う中で様々な事象に興味や関心をもつ。
	身近な環境に自分から関わり、発見を楽しんだり、考えたりし、それを生活に取り入れようとする。
	身近な事象を見たり、考えたり、扱ったりする中で、物の性質や数量、文字などに対する感覚を豊かにする。
言葉	自分の気持ちを言葉で表現する楽しさを味わう。
	人の言葉や話などをよく聞き、自分の経験したことや考えたことを話し、伝え合う喜びを味わう。
	日常生活に必要な言葉が分かるようになるとともに、絵本や物語などに親しみ、言葉に対する感覚を豊かにし、先生や友達と心を通わせる。
表現	いろいろなものの美しさなどに対する豊かな感性をもつ。
	感じたことや考えたことを自分なりに表現して楽しむ。
	生活の中でイメージを豊かにし、様々な表現を楽しむ。

出欠状況	○年度
教育日数	188
出席日数	182

幼児期の終わりまでに育ってほしい姿	
「幼児期の終わりまでに育ってほしい姿」は、幼稚園教育要領第2章に示すねらい及び内容に基づいて、各幼稚園で、幼児期にふさわしい遊びや生活を積み重ねることにより、幼稚園教育において育みたい資質・能力が育まれている幼児の具体的な姿であり、特に5歳児後半に見られるようになる姿である。「幼児期の終わりまでに育ってほしい姿」は、とりわけ幼児の自発的な活動としての遊びを通して、一人一人の発達の特性に応じて、これらの姿が育っていくものであり、全ての幼児に同じように見られるものではないことに留意すること。	
健康な心と体	幼稚園生活の中で、充実感をもって自分のやりたいことに向かって心と体を十分に働かせ、見通しをもって行動し、自ら健康で安全な生活をつくり出すようになる。
自立心	身近な環境に主体的に関わり様々な活動を楽しむ中で、しなければならないことを自覚し、自分の力で行うために考えたり、工夫したりしながら、諦めずにやり遂げることで達成感を味わい、自信をもって行動するようになる。
協同性	友達と関わる中で、互いの思いや考えなどを共有し、共通の目的の実現に向けて、考えたり、工夫したり、協力したりし、充実感をもってやり遂げるようになる。
道徳性・規範意識の芽生え	友達と様々な体験を重ねる中で、してよいことや悪いことが分かり、自分の行動を振り返ったり、友達の気持ちに共感したりし、相手の立場に立って行動するようになる。また、きまりを守る必要性が分かり、自分の気持ちを調整し、友達と折り合いを付けながら、きまりをつくったり、守ったりするようになる。
社会生活との関わり	家族を大切にしようとする気持ちをもつとともに、地域の身近な人と触れ合う中で、人との様々な関わり方に気付き、相手の気持ちを考えて関わり、自分が役に立つ喜びを感じ、地域に親しみをもつようになる。また、幼稚園内外の様々な環境に関わる中で、遊びや生活に必要な情報を取り入れ、情報に基づき判断したり、情報を伝え合ったり、活用したりするなど、情報を役立てながら活動するようになるとともに、公共の施設を大切に利用するなどして、社会とのつながりなどを意識するようになる。
思考力の芽生え	身近な事象に積極的に関わる中で、物の性質や仕組みなどを感じ取ったり、気付いたりし、考えたり、予想したり、工夫したりするなど、多様な関わりを楽しむようになる。また、友達の様々な考えに触れる中で、自分と異なる考えがあることに気付き、自ら判断したり、考え直したりするなど、新しい考えを生み出す喜びを味わいながら、自分の考えをよりよいものにするようになる。
自然との関わり・生命尊重	自然に触れて感動する体験を通して、自然の変化などを感じ取り、好奇心や探究心をもって考え言葉などで表現しながら、身近な事象への関心が高まるとともに、自然への愛情や畏敬の念をもつようになる。また、身近な動植物に心を動かされる中で、生命の不思議さや尊さに気付き、身近な動植物への接し方を考え、命あるものとしていたわり、大切にする気持ちをもって関わるようになる。
数量や図形、標識や文字などへの関心・感覚	遊びや生活の中で、数量や図形、標識や文字などに親しむ体験を重ねたり、標識や文字の役割に気付いたりし、自らの必要感に基づきこれらを活用し、興味や関心、感覚をもつようになる。
言葉による伝え合い	先生や友達と心を通わせる中で、絵本や物語などに親しみながら、豊かな言葉や表現を身に付け、経験したことや考えたことなどを言葉で伝えたり、相手の話を注意して聞いたりし、言葉による伝え合いを楽しむようになる。
豊かな感性と表現	心を動かす出来事などに触れ感性を働かせる中で、様々な素材の特徴や表現の仕方などに気付き、感じたことや考えたことを自分で表現したり、友達同士で表現する過程を楽しんだりし、表現する喜びを味わい、意欲をもつようになる。

＊欄外の留意事項は省略

・ケース25・【５歳児】

自分の思いに自信がもてないカリンの場合

１年間を振り返って

カリンは、気の合う友達と遊びのイメージを伝え合いながらごっこ遊びを楽しんでいました。しかし、関わりの少ない子や新しい保育者には自信がないため、うまく思いを伝えられずに黙ってしまう姿が見られました❶。様々な活動を通して、思いを伝える・受け止めてもらう経験をすることで、次第に思いを伝えることに自信がもてるようになりました。

４・５月 クラスの友達は持ち上がりで一緒ではあるものの、新しい環境に戸惑い、なかなか遊びが見つからなかった。少しずつ環境に慣れ、友達と好きな遊びに向かうようになった。

６月 担任との関係が少しずつできてきた。そのことで、自ら保育者の側に来て思いを伝えようとするようになってきた。しかし、まだ思いを言葉にするのは難しい。

11月以降 クラスの集まりなど、大きな集団で思いを伝えることは難しいものの、活動での小集団の中では自分の思いを伝えようとするようになってきた。

【保育者の捉え・援助の方法】

進級後、新しい保育者や環境に不安を感じ、安心して遊びに向かうことが難しかった。また、保育者との関係ができていないため、思いの伝え方がわからずに葛藤していたのだろう。まずは、安心して好きな遊びに向かうことが必要である。さらに、好きな遊びに向かっている際に目線を送ったり、保育者との関係を築けるよう本人の好きな遊びに保育者も加わり一緒に遊んだりするなどして関わっていこう。思いがうまく伝えられない姿が見られたら、カリンの気持ちを受け止め、本人の思いを言葉に変えていき、うなずくなど思いを表現することができた時には認めていこう。

また、好きな野菜を育てたり、行事の出し物を考えたりする活動では、少人数のグループになって相談する機会もある。その中で、保育者も相談の場に加わり、思いの橋渡しをしていき、思いを伝えられる場を設けていこう❷。

カリンなりの一歩を見つける

カリンは、友達や保育者と関係を築くのに時間がかかってしまうものの、関係が少しずつ形成されていくと自分の思いを伝えようとするようになりました。また、活動ごとの少人数での相談は、気の合う友達もいたこともあり、安心して自分の思いを伝えられた経験を繰り返し得ることができました。そのことで、自信がもてるきっかけとなりました。そして、２月に行われた劇の活動では、大人数の前で自分が演じる役の台詞を大きな声で言えるようにもなりました。

幼保連携型認定こども園園児指導要録（最終学年の指導に関する記録）

ふりがな	○○○○　かりん
氏名	○○　カリン 平成○年○月○日生
性別	女

ねらい（発達を捉える視点）	
健康	明るく伸び伸びと行動し、充実感を味わう。
	自分の体を十分に動かし、進んで運動しようとする。
	健康、安全な生活に必要な習慣や態度を身に付け、見通しをもって行動する。
人間関係	幼保連携型認定こども園の生活を楽しみ、自分の力で行動することの充実感を味わう。
	身近な人と親しみ、関わりを深め、工夫したり、協力したりして一緒に活動する楽しさを味わい、愛情や信頼感をもつ。
	社会生活における望ましい習慣や態度を身に付ける。
環境	身近な環境に親しみ、自然と触れ合う中で様々な事象に興味や関心をもつ。
	身近な環境に自分から関わり、発見を楽しんだり、考えたりし、それを生活に取り入れようとする。
	身近な事象を見たり、考えたり、扱ったりする中で、物の性質や数量、文字などに対する感覚を豊かにする。
言葉	自分の気持ちを言葉で表現する楽しさを味わう。
	人の言葉や話などをよく聞き、自分の経験したことや考えたことを話し、伝え合う喜びを味わう。
	日常生活に必要な言葉が分かるようになるとともに、絵本や物語などに親しみ、言葉に対する感覚を豊かにし、保育教諭等や友達と心を通わせる。
表現	いろいろなものの美しさなどに対する豊かな感性をもつ。
	感じたことや考えたことを自分なりに表現して楽しむ。
	生活の中でイメージを豊かにし、様々な表現を楽しむ。

出欠状況	○年度
教育日数	188
出席日数	188

指導の重点等

平成○年度

（学年の重点）
・友達と共通の目的に向かって思いを伝え合いながら活動に取り組む。

（個人の重点）
・自分の思いを言葉で伝えながら、遊びや活動に取り組む。

指導上参考となる事項

・気の合う友達には思いを伝えられるものの、関係の少ない友達や保育者には自信がないため、うまく伝えられず黙ってしまうことが多かった。保育者が本人の思いを代弁したり、うなずくなどのしぐさを受け止めたりして、思いを表現できたことを認めていった。そのことで、次第に自信がつき、活動を行うためのグループでの相談で少しずつ思いを言葉にして伝えるなど友達と協力しようとする姿が見られてきた❶。

・絵を描くことが得意で、細かい部分まで表現することができる。また、物作りでも、指先を使いながら折り紙や毛糸などで細かい製作物を作ることができ、作った物を認めていくことで本人の自信へとつながっていく。今後も本人の得意なことを伸ばしていってほしい。

・思いを伝えられるようになったものの、自ら他の子と関わろうとすることが少ない。遊びに誘ったり、保育者が橋渡しをしたりして、他の友達と関わるきっかけづくりをする必要がある❷。

（特に配慮すべき事項）
・体温調節が難しく、長時間日光に当たるとすぐに顔が赤くなってしまうため、こまめに水分補給や日陰で休むなど促す。

幼児期の終わりまでに育ってほしい姿

「幼児期の終わりまでに育ってほしい姿」は、幼保連携型認定こども園教育・保育要領第２章に示すねらい及び内容に基づいて、各園で、幼児期にふさわしい遊びや生活を積み重ねることにより、幼保連携型認定こども園の教育及び保育において育みたい資質・能力が育まれている園児の具体的な姿であり、特に５歳児後半に見られるようになる姿である。「幼児期の終わりまでに育ってほしい姿」は、とりわけ園児の自発的な活動としての遊びを通して、一人一人の発達の特性に応じて、これらの姿が育っていくものであり、全ての園児に同じように見られるものではないことに留意すること。

健康な心と体	幼保連携型認定こども園における生活の中で、充実感をもって自分のやりたいことに向かって心と体を十分に働かせ、見通しをもって行動し、自ら健康で安全な生活をつくり出すようになる。
自立心	身近な環境に主体的に関わり様々な活動を楽しむ中で、しなければならないことを自覚し、自分の力で行うために考えたり、工夫したりしながら、諦めずにやり遂げることで達成感を味わい、自信をもって行動するようになる。
協同性	友達と関わる中で、互いの思いや考えなどを共有し、共通の目的の実現に向けて、考えたり、工夫したり、協力したりし、充実感をもってやり遂げるようになる。
道徳性・規範意識の芽生え	友達と様々な体験を重ねる中で、してよいことや悪いことが分かり、自分の行動を振り返ったり、友達の気持ちに共感したりし、相手の立場に立って行動するようになる。また、きまりを守る必要性が分かり、自分の気持ちを調整し、友達と折り合いを付けながら、きまりをつくったり、守ったりするようになる。
社会生活との関わり	家族を大切にしようとする気持ちをもつとともに、地域の身近な人と触れ合う中で、人との様々な関わり方に気付き、相手の気持ちを考えて関わり、自分が役に立つ喜びを感じ、地域に親しみをもつようになる。また、幼保連携型認定こども園内外の様々な環境に関わる中で、遊びや生活に必要な情報を取り入れ、情報に基づき判断したり、情報を伝え合ったり、活用したりするなど、情報を役立てながら活動するようになるとともに、公共の施設を大切に利用するなどして、社会とのつながりなどを意識するようになる。
思考力の芽生え	身近な事象に積極的に関わる中で、物の性質や仕組みなどを感じ取ったり、気付いたりし、考えたり、予想したり、工夫したりするなど、多様な関わりを楽しむようになる。また、友達の様々な考えに触れる中で、自分と異なる考えがあることに気付き、自ら判断したり、考え直したりするなど、新しい考えを生み出す喜びを味わいながら、自分の考えをよりよいものにするようになる。
自然との関わり・生命尊重	自然に触れて感動する体験を通して、自然の変化などを感じ取り、好奇心や探究心をもって考え言葉などで表現しながら、身近な事象への関心が高まるとともに、自然への愛情や畏敬の念をもつようになる。また、身近な動植物に心を動かされる中で、生命の不思議さや尊さに気付き、身近な動植物への接し方を考え、命あるものとしていたわり、大切にする気持ちをもって関わるようになる。
数量や図形、標識や文字などへの関心・感覚	遊びや生活の中で、数量や図形、標識や文字などに親しむ体験を重ねたり、標識や文字の役割に気付いたりし、自らの必要感に基づきこれらを活用し、興味や関心、感覚をもつようになる。
言葉による伝え合い	保育教諭等や友達と心を通わせる中で、絵本や物語などに親しみながら、豊かな言葉や表現を身に付け、経験したことや考えたことなどを言葉で伝えたり、相手の話を注意して聞いたりし、言葉による伝え合いを楽しむようになる。
豊かな感性と表現	心を動かす出来事などに触れ感性を働かせる中で、様々な素材の特徴や表現の仕方などに気付き、感じたことや考えたことを自分で表現したり、友達同士で表現する過程を楽しんだりし、表現する喜びを味わい、意欲をもつようになる。

＊欄外の留意事項は省略

・ケース26・【５歳児】

なんでも一番になりたがるシュンスケの場合

１年間を振り返って

負けず嫌いなシュンスケは、食事や排泄など特に競う場面でない時も一番にこだわるところがあり、生活や遊びのすべての場面で頑張っている姿が見られました。しかし、一番になれない場面では、自分より前の友達を押しのけてまで一番になろうとし、注意されると、いじけて泣き出し、手に負えなくなりました。年長に進級した時点でもその姿は変わらなかったので、シュンスケの育ちを丁寧に記録することにしました。

４月の記録 基本的な生活習慣は自立しており、着替えなど手早くできるが、急ぐあまり脱いだ物の始末が雑になってしまう面が見られたため、丁寧にするよう確認していき、４月後半にはきちんと始末することが身に付いた❶。

７月の記録 夏祭りで踊る、キッズソーランの曲をかけると、一番に気付き練習を始める。その姿を保護者に伝えたところ、家庭でも携帯で曲をかけさせられ練習しているとのこと。その甲斐があって夏祭り当日は皆からほめられ嬉しそうであった❷。

10月の記録 足の速いシュンスケなので、リレーの練習の時に自分のチームが負けると友達を責めたり、怒ってバトンを投げたりする姿が見られた。そこで、本人に他のクラスのリレーの様子を見学させ、他児も頑張っている様子に気付けるようにしたところ、負けても友達を責めるようなことがなくなった❸。

12月の記録 合奏で大太鼓のパートをやりたがり、名乗り出たのだが、どうしても最後のところがはずれてしまっていた。本人も皆と合わないことに気が付いており、担任の耳元でもっと練習したいと言ってきた。本人の納得するまで練習に付き合うようにしていった❹。

２月の記録 あやとりの面白さに気が付いたシュンスケは、「あやとりの本を３巻ともマスターするんだ」と毎日あやとりを楽しんでいる。友達に教えるのも上手で、クラスの中では「あやとり名人」と呼ばれるほどになっている。また、就学を前に文字に対する興味も高まり、異年齢交流の場では小さい子に絵本を音読してみせるなどして得意になっていた❺。

シュンスケの心の育ちを読み取る

小さい頃から年子の姉と競い合っていたシュンスケは、様々な遊びに興味はありましたが、一番になることで満足感を味わっていました。年長になると、自分が頑張る楽しみだけでなく、友達も頑張っている姿に気付き、友達を手伝ってあげることに喜びを感じる姿や、自分なりに気持ちをコントロールする姿が、記録から読み取ることができました❻。

保育所児童保育要録（保育に関する記録）

本資料は、就学に際して保育所と小学校（義務教育学校の前期課程及び特別支援学校の小学部を含む。）が子どもに関する情報を共有し、子どもの育ちを支えるための資料である。

ふりがな	○○○○　しゅんすけ
氏名	○○　シュンスケ
生年月日	○年○月○日
性別	男

ねらい（発達を捉える視点）

領域	ねらい
健康	明るく伸び伸びと行動し、充実感を味わう。
	自分の体を十分に動かし、進んで運動しようとする。
	健康、安全な生活に必要な習慣や態度を身に付け、見通しをもって行動する。
人間関係	保育所の生活を楽しみ、自分の力で行動することの充実感を味わう。
	身近な人と親しみ、関わりを深め、工夫したり、協力したりして一緒に活動する楽しさを味わい、愛情や信頼感をもつ。
	社会生活における望ましい習慣や態度を身に付ける。
環境	身近な環境に親しみ、自然と触れ合う中で様々な事象に興味や関心をもつ。
	身近な環境に自分から関わり、発見を楽しんだり、考えたりし、それを生活に取り入れようとする。
	身近な事象を見たり、考えたり、扱ったりする中で、物の性質や数量、文字などに対する感覚を豊かにする。
言葉	自分の気持ちを言葉で表現する楽しさを味わう。
	人の言葉や話などをよく聞き、自分の経験したことや考えたことを話し、伝え合う喜びを味わう。
	日常生活に必要な言葉が分かるようになるとともに、絵本や物語などに親しみ、言葉に対する感覚を豊かにし、保育士等や友達と心を通わせる。
表現	いろいろなものの美しさなどに対する豊かな感性をもつ。
	感じたことや考えたことを自分なりに表現して楽しむ。
	生活の中でイメージを豊かにし、様々な表現を楽しむ。

保育の過程と子どもの育ちに関する事項

（最終年度の重点）
- 友達とともに生活や遊びを行う中で、相手のよさに気付き、協働する楽しさを味わう。

（個人の重点）
- 様々な遊びに挑戦する中で、友達の思いやよさに気付き、一緒に遊ぶ楽しさを感じる❻。

（保育の展開と子どもの育ち）
- 基本的な生活習慣は身に付いている。時には早く終えたいために雑になることもあったが、確認するよう伝えることで丁寧に行える❶。
- 走ることが得意でリレーを楽しむ姿があった。初めは負けたことを友達のせいにすることもあったが、友達も頑張っている姿に気付くようにさせると、悔しい気持ちをコントロールし、共感し合えるようになった❸❻。
- 夏祭りで踊る「キッズソーラン」は、家庭に帰っても、自分から練習し、当日は見事な演技を披露することができた❷。
- 文字に関する興味があり、絵本を小さい子に読んであげる姿が見られた❺。
- 合奏では大太鼓のパートに挑戦し、諦めずに最後まで練習し、友達と一緒に行う合奏の楽しさを味わっていた❹。

（特に配慮すべき事項）
- 軽い喘息があり、季節の変わり目等、発作を起こすが、椅子に座り水分補給をすることなどで改善される。

最終年度に至るまでの育ちに関する事項

- 0歳児クラスより入園した。
- 2歳児クラス後半の頃より、自我を強く表すようになり、散歩の列は一番前でないと泣いて怒る姿が見られ、なんでも一人でやりたがり周りの大人が手を出すと癇癪を起こして泣く姿があった。
- 年子の姉に対する競争心は強く、毎日姉と走って登降園していた。

幼児期の終わりまでに育ってほしい姿 ※各項目の内容等については、別紙に示す「幼児期の終わりまでに育ってほしい姿について」を参照すること。
健康な心と体
自立心
協同性
道徳性・規範意識の芽生え
社会生活との関わり
思考力の芽生え
自然との関わり・生命尊重
数量や図形、標識や文字などへの関心・感覚
言葉による伝え合い
豊かな感性と表現

＊欄外の留意事項は省略

・ケース27・【５歳児】

友達との関わり方が難しかったチヅルの場合

年長になるまでのチヅルの育ちを振り返る

１歳児クラスから入園したチヅルは、探索活動を活発に行い、いつもニコニコと笑顔の絶えない子供でした。また家庭的にも４人姉妹の末っ子のため、家族からとても可愛がられている様子がうかがえました。

しかし、３歳児クラスになる頃から、友達のおもちゃを取り、それで遊ぶわけではなく追いかけられるのを楽しんだり、思い通りにならないと相手の子を叩いたりする行為が見られ始め、周りの子どもから敬遠されるようになってきていました❶。

年長１年間のチヅルの様子

年長に進級したチヅルは、保育士に抱きついてきたり、１、２歳児の子どもを見つけて抱っこしようとしたり頬ずりしたりするなどの関わりを楽しんでいました。しかし、同年代の友達と遊ぶことはなく、クラス活動の時は、絵本を見たり絵を描いたりするなどの一人遊びが中心でした。

そんなチヅルがこの１年間で成長が見られた「きっかけ」を中心に「その内容と変化」をまとめてみました。

「１歳児のお世話係」
小さい子どもを優しく扱う方法や、あやし方など具体的に教える機会となり、クラスの友達からも一目置かれるようになる。

↓

当番活動に消極的であったが、新しくチヅルの得意分野を当番活動としたので、クラスの友達と一緒に役割を担う楽しさとつながりがもてた❷。

「運動会」
苦手だった縄跳びだが、友達が次々に跳べるようになり、できるようになった友達からの励ましで自分から練習を繰り返し、跳べるようになった。

運動遊び全般が苦手であったが、このことがきっかけで、体を動かす遊び（鬼ごっこやボール遊びなど）も積極的に参加するようになった❸。

「生活発表会」
みんながやりたがらなかった役を進んで買って出て、クラスの友達から感謝されたのと同時に、役割を交代しながら友達と劇ごっこを楽しむようになった。

製作活動がますます得意になり、劇ごっこで使う衣装や小道具など、自分で作って楽しむ姿が多くなった❹。

育ちのきっかけを捉える

このように、友達とうまく関われず、遊べなかったチヅルは、年度当初の当番活動で友達から認められたことをきっかけに、少しずつ変化が見られ始めました。このように、１年間の様々な場面で、本人なりに頑張ったり、自分をコントロールして友達と遊ぶ楽しさを味わえたりした「きっかけ」にスポットを当て、要録記入に生かしていきました。

保育所児童保育要録（保育に関する記録）

本資料は、就学に際して保育所と小学校（義務教育学校の前期課程及び特別支援学校の小学部を含む。）が子どもに関する情報を共有し、子どもの育ちを支えるための資料である。

ふりがな	○○○○　ちづる
氏名	○○　チヅル
生年月日	○年○月○日
性別	女

ねらい（発達を捉える視点）	
健康	明るく伸び伸びと行動し、充実感を味わう。
	自分の体を十分に動かし、進んで運動しようとする。
	健康、安全な生活に必要な習慣や態度を身に付け、見通しをもって行動する。
人間関係	保育所の生活を楽しみ、自分の力で行動することの充実感を味わう。
	身近な人と親しみ、関わりを深め、工夫したり、協力したりして一緒に活動する楽しさを味わい、愛情や信頼感をもつ。
	社会生活における望ましい習慣や態度を身に付ける。
環境	身近な環境に親しみ、自然と触れ合う中で様々な事象に興味や関心をもつ。
	身近な環境に自分から関わり、発見を楽しんだり、考えたりし、それを生活に取り入れようとする。
	身近な事象を見たり、考えたり、扱ったりする中で、物の性質や数量、文字などに対する感覚を豊かにする。
言葉	自分の気持ちを言葉で表現する楽しさを味わう。
	人の言葉や話などをよく聞き、自分の経験したことや考えたことを話し、伝え合う喜びを味わう。
	日常生活に必要な言葉が分かるようになるとともに、絵本や物語などに親しみ、言葉に対する感覚を豊かにし、保育士等や友達と心を通わせる。
表現	いろいろなものの美しさなどに対する豊かな感性をもつ。
	感じたことや考えたことを自分なりに表現して楽しむ。
	生活の中でイメージを豊かにし、様々な表現を楽しむ。

保育の過程と子どもの育ちに関する事項

（最終年度の重点）
・自分たちで遊びや生活を作り出す中で、互いのよさに気付き、一緒に過ごす楽しさを味わう。

（個人の重点）
・よいところを認められながら、自分を表現したり、時には我慢する経験をし、友達のよさに気付き園生活を楽しむ❷❸❹。

（保育の展開と子どもの育ち）
・運動遊びは得意ではなかったが、友達の励ましで縄跳びを跳べることができるようになった。このことがきっかけで、鬼ごっこやボール遊びなど自分から参加し体を動かすことを楽しめるようになった❸。

・当番活動を通し、年下の子どもに優しく接することができ、友達にも積極的に関わり方を教えるなどして、クラスの中で一目置かれるようになっていた❷。

・生活発表会で行った劇遊びでは、なかなか決まらなかった役に自分から立候補し、頑張って演じることができた。その後は、劇遊びの好きな女児数名と配役を交代していろいろな役を楽しんだり、劇に使う衣装や小道具など工夫して作り、劇ごっこを楽しんでいた❹。

（特に配慮すべき事項）
特記事項なし

最終年度に至るまでの育ちに関する事項

・１歳児クラスより入園した。

・４人姉妹の末っ子ということもあり、家庭では家族中から可愛がられ、自分から何かしなくても世話してもらえる環境で育っていった。

・マイペースで周りのことは気にせず、自分から友達に関わることは少なかった❶。

幼児期の終わりまでに育ってほしい姿 ※各項目の内容等については、別紙に示す「幼児期の終わりまでに育ってほしい姿について」を参照すること。
健康な心と体
自立心
協同性
道徳性・規範意識の芽生え
社会生活との関わり
思考力の芽生え
自然との関わり・生命尊重
数量や図形、標識や文字などへの関心・感覚
言葉による伝え合い
豊かな感性と表現

＊欄外の留意事項は省略

•ケース28•【５歳児】

集団行動や活動が苦手なリュウジの場合

１年間を振り返って

	幼児の姿	保育者の援助
４月	・クラスのみんなとの話し合いや行事に向けての取り組みの際、その場に居られなくなり、保育室から出て自分のやりたい遊びをし始めていた❶。 ・保育者や友達数人とのサッカー遊びは、積極的に取り組み、楽しんでいた❷。	・本児の好みや受け止め方、気持ちを理解し、受容することから始めたⒶ。 **発達の課題** 保育者に信頼を寄せ、自分の思いを伝えながら遊ぶことができるようになる。
５月	・トランプ遊びや鬼遊び等では、勝ちたくて自分に有利なルールへと次々と変えてしまい、友達と言い合いになり、手が出たり、悪態をついたりし、トラブルになることが多い❸。 ・友達と相談したり、話し合ったりして活動を進めていくことが苦手で、相手の話を聞かないでいることがある❹。 ・情緒の面では、不安定であり、落ち着きがない時や集中できずイライラして友達に当たったり、大声を出したりする日とテンションが高くふざけてしまう時がある。	・保育者と一緒に遊ぶ中で、本児の負けて悔しい気持ちや残念な気持ちを言葉にして受け止め、何度でも取り組めることができることを感じられるようにしたⒷ。 ・本児の思いが強い個性を理解し、まずは、本児の気持ちを丁寧に聞くようにしたⒸ。 ・家庭での様子を聞きながら、園での本児の伸びている様子を伝え、家庭との連携を図った。 **発達の課題** 保育者に自分の気持ちを大切にされていることを感じ、自分の思いを言葉で保育者や友達に伝えられるようになる。
６月	・年長クラスのみで行う「わくわくデー」（お店屋さんごっこ）の取り組みでは、自分のやりたい活動内容の時には、積極的に取り組んでいた❺。 ・イメージしたものを形にしていく（製作）過程を喜び、考え出したものに必要なものを保育者に伝えながら、取り組み、友達に作り方を教えていた❻。	・本児の力を発揮しながら取り組んでいる姿を認め、クラスのみんなに伝わるようにした。友達が製作で困っていることを本児に相談するなどして友達と本児の橋渡しをし、仲間づくりをしていったⒹ。
７月	・プール活動では、自分なりの目標に向けて取り組み、達成感を味わっていた。また、できた喜びを保育者に共感してもらうことで、様々な活動への興味が出て参加することが多くなってきた。	・プール活動において、クラスのみんなで協力して行うゲームを取り入れ、友達と一緒に取り組む楽しさが味わえるようにした。

保育者や友達と認め合い、協力し合い、互いに必要とし、友達の役に立っているという経験を積み重ねて

集団で過ごすことが苦手だったリュウジですが、担任との信頼関係を基軸に自分の好きな活動を楽しみ、少人数の中でまず自己発揮していく経験を経て、徐々に変わっていったリュウジの姿を整理しながら要録に記載しました。

保育所児童保育要録（保育に関する記録）

本資料は、就学に際して保育所と小学校（義務教育学校の前期課程及び特別支援学校の小学部を含む。）が子どもに関する情報を共有し、子どもの育ちを支えるための資料である。

ふりがな	○○○○　りゅうじ
氏名	○○　リュウジ
生年月日	○年○月○日
性別	男

ねらい（発達を捉える視点）	
健康	明るく伸び伸びと行動し、充実感を味わう。
	自分の体を十分に動かし、進んで運動しようとする。
	健康、安全な生活に必要な習慣や態度を身に付け、見通しをもって行動する。
人間関係	保育所の生活を楽しみ、自分の力で行動することの充実感を味わう。
	身近な人と親しみ、関わりを深め、工夫したり、協力したりして一緒に活動する楽しさを味わい、愛情や信頼感をもつ。
	社会生活における望ましい習慣や態度を身に付ける。
環境	身近な環境に親しみ、自然と触れ合う中で様々な事象に興味や関心をもつ。
	身近な環境に自分から関わり、発見を楽しんだり、考えたりし、それを生活に取り入れようとする。
	身近な事象を見たり、考えたり、扱ったりする中で、物の性質や数量、文字などに対する感覚を豊かにする。
言葉	自分の気持ちを言葉で表現する楽しさを味わう。
	人の言葉や話などをよく聞き、自分の経験したことや考えたことを話し、伝え合う喜びを味わう。
	日常生活に必要な言葉が分かるようになるとともに、絵本や物語などに親しみ、言葉に対する感覚を豊かにし、保育士等や友達と心を通わせる。
表現	いろいろなものの美しさなどに対する豊かな感性をもつ。
	感じたことや考えたことを自分なりに表現して楽しむ。
	生活の中でイメージを豊かにし、様々な表現を楽しむ。

保育の過程と子どもの育ちに関する事項

（最終年度の重点）
・友達と共に過ごす喜びを味わい、自分たちで遊びや生活を進め、充実感を味わう。

（個人の重点）
・自分の力を十分に発揮しながら取り組み、充実感ややり遂げた喜びを味わう。

（保育の展開と子どもの育ち）
・身体を動かす遊びは、好きではあるが、友達やチームで競うゲームでは、勝ちたい気持ちが強く、時々ルールを変えたり、守らなかったりしてトラブルになる。気持ちを受け止めてから、ルールを説明したり、次もできる見通しをもたせることで、徐々に運動遊びの楽しさを感じられるようになった❶❷❸AB。

・友達の話を聞くことが苦手だったが、保育者が本児の思いを聞いたり、汲んだりすることで、友達と一緒に遊ぶ楽しさを感じるようになった❹C。

・自然現象や昆虫等に興味があり、図鑑を見て種類や名前を調べて、特性や生態を理解しようとしていた。

・自分の思いが強いと我慢したり、折り合いを付けたりすることが難しい時が多かったが、認めてもらったり、協力して進めていく楽しさを重ねることで、伝え合いができるようになった❺❻D。

・材料や用具を目的に合わせて選ぼうとし感じたこと、考えたことを様々な表現方法で表すことを楽しむ❻D。

（特に配慮すべき事項）
・ハンカチを握りしめて気持ちを落ち着かせようとしたり、洋服の感触にこだわりがあったりする。

最終年度に至るまでの育ちに関する事項

・遊びや生活の中でも、自分の思うように行かないと泣いたり怒ったりして、なかなか気持ちを切り替えることが難しかった。

・本児が納得できるように、ゆっくりわかりやすく説明したり、他児の思いを伝えたりしていくようにした。少しずつではあるが、落ち着いて考えられるようになってきた。

幼児期の終わりまでに育ってほしい姿 ※各項目の内容等については、別紙に示す「幼児期の終わりまでに育ってほしい姿について」を参照すること。
健康な心と体
自立心
協同性
道徳性・規範意識の芽生え
社会生活との関わり
思考力の芽生え
自然との関わり・生命尊重
数量や図形、標識や文字などへの関心・感覚
言葉による伝え合い
豊かな感性と表現

＊欄外の留意事項は省略／＊AB…は前ページの「保育者の援助」に対応

保育所

• ケース29 •【5歳児】

生活面や様々な活動等、発達がゆっくりなカズキの場合

1年間を振り返って

幼児の姿	保育者の援助
4月 ・言葉もあまり出ないカズキは、いつも友達の遊びを側で見て覚えたり、友達に聞かれたりするとうなずいて応えることがほとんどであった。 ・気の合う友達は、一人いたが、K児がいつも主導で、「～して」「～の役だからね」と、言われるままであったが、それがカズキにとっては、楽しいようで、K児の側にいつもいた。 ・生活面では、活動の準備や片付けなど、手順ややり方がわからないので、保育者と一緒に行っていた。 発達の課題 ・わからない時には、周りの友達の動きを見て、行動しようとする。 ・困った時には、保育者に伝えに来る。	・家庭では、児童相談所の発達相談を定期的に訪れ、そこで教えられた援助方法を保育者も保護者から聞き、同じように援助していった。 ・時々、本児の言いたいことを代弁することで言い方を知らせていったⒶ。 ・準備や片付けのやり方は、前もって伝えておくようにしたⒷ。 ・周りの様子を見るとわかることを知らせていったⒸ。 ・道具箱に物を片付けるのが苦手であったので、写真を撮って貼り、そこに同じものをしまっていけるようにしたⒹ。
7月 ・プール遊びでは、顔付けができるようになると、少しずつ“潜れるようになりたい”“浮けるようになりたい”等自分の目標ができ、繰り返し挑戦するようになった❶。 発達の課題 ・クラスで過ごす心地よさやクラスの友達とつながる嬉しさを味わい、クラスの一員であることを感じる。	・K児が顔付けができないでいるので、「どうやったらできるか教えてあげれば？」と言うと、それから本児の意識が変わっていった。このタイミングを逃さず、周りにいる皆に挑戦している姿を伝えると、本児のことをみんなも認めていくようになったⒺ。
8月 ・夏野菜の水やり当番の時に、同じ班の友達は、慣れてくるとさっと終わらせてしまうが、カズキは、丁寧に水やりをしていた❷。	・小さなきゅうりや緑色のミニトマトを保育者と毎回探し、その中で本児のペースで気付いたり、数を一緒に数えたりして、生長や収穫を楽しむようにしたⒻ。
11月 ・劇の発表会に向けての取り組みでは、会話がゆっくりではあるが伝え合い❸、自分なりに考え製作したり、表現したり、友達と動きを合わせる楽しさを感じていた❹。	・本児の考えたこと、イメージを聞き、他児とのやりとりを仲介しながら進めていったⒼ。

少しずつ自分の思いを相手に伝えられ、一緒に遊ぶ友達が増えていくと

発達がゆっくりなため、活動にみんなと同じようについていけないと感じていたカズキですが、好きな遊びで仲の良かった友達に教えることができたことで、一つ自信をもち、遊びの興味の幅が少しずつ広がっていきました。クラスの友達と協力して遊びを進めていくことができるようになってきたカズキの姿を整理しながら要録に記載しました。

保育所児童保育要録（保育に関する記録）

本資料は、就学に際して保育所と小学校（義務教育学校の前期課程及び特別支援学校の小学部を含む。）が子どもに関する情報を共有し、子どもの育ちを支えるための資料である。

ふりがな	○○○○　かずき
氏名	○○　カズキ
生年月日	○年○月○日
性別	男

ねらい（発達を捉える視点）	
健康	明るく伸び伸びと行動し、充実感を味わう。
	自分の体を十分に動かし、進んで運動しようとする。
	健康、安全な生活に必要な習慣や態度を身に付け、見通しをもって行動する。
人間関係	保育所の生活を楽しみ、自分の力で行動することの充実感を味わう。
	身近な人と親しみ、関わりを深め、工夫したり、協力したりして一緒に活動する楽しさを味わい、愛情や信頼感をもつ。
	社会生活における望ましい習慣や態度を身に付ける。
環境	身近な環境に親しみ、自然と触れ合う中で様々な事象に興味や関心をもつ。
	身近な環境に自分から関わり、発見を楽しんだり、考えたりし、それを生活に取り入れようとする。
	身近な事象を見たり、考えたり、扱ったりする中で、物の性質や数量、文字などに対する感覚を豊かにする。
言葉	自分の気持ちを言葉で表現する楽しさを味わう。
	人の言葉や話などをよく聞き、自分の経験したことや考えたことを話し、伝え合う喜びを味わう。
	日常生活に必要な言葉が分かるようになるとともに、絵本や物語などに親しみ、言葉に対する感覚を豊かにし、保育士等や友達と心を通わせる。
表現	いろいろなものの美しさなどに対する豊かな感性をもつ。
	感じたことや考えたことを自分なりに表現して楽しむ。
	生活の中でイメージを豊かにし、様々な表現を楽しむ。

保育の過程と子どもの育ちに関する事項

（最終年度の重点）
・自分の力を十分に発揮しながら取り組み、充実感ややり遂げた喜びを味わう。

（個人の重点）
・友達と思いや考えを伝え合い、協力したり分担したりしながら取り組み、自分たちで遊びや生活を進めていく楽しさを味わう。

（保育の展開と子どもの育ち）
・運動遊びに興味をもち、繰り返し取り組むことでできるようになると、自分なりの目標に向かって意欲的に取り組んだり、繰り返し挑戦したりしていた❶🄴。
・友達の遊びに参加するようになり、ゆっくりではあるがやりとりを楽しむ姿が見られている。
・行事を通して、自分の力を発揮しながら、友達と共通の目的に向けて取り組む楽しさに充実感を味わっていた❸❹🄶。
・夏野菜の生長に興味をもち、世話をしていく中で、文字や数を理解し、収穫を喜ぶ姿が見られた❷🄵。
・自分の気持ちや困っていることを簡単な言葉で、保育者や友達に伝えられるようになった🄰🄶。
・劇遊びの活動をきっかけに絵本や物語に親しみ、気に入った絵本や図鑑を見て楽しんでいる❹🄶。
・自分なりに考えたことやイメージしたことを形にしたり、表現したりすることを楽しんでいる❹。
・見通しや段取りを頭に思い浮かべながら作業することが難しいことがある。片付け等の際は、写真や絵カードを使用したり、時には他児の様子に気付くように知らせていくなど保育者と一緒に確認しながら行うことでできるようになってきた🄲🄳。

（特に配慮すべき事項）
特記事項なし

最終年度に至るまでの育ちに関する事項

・活動の取り組み方ややり方を理解するのに時間がかかっていたが、前もって伝えたり、考える時間を多く取るようにしたり、保育者と一緒に取り組むことで、本児ができることが増えていった🄱🄲。

・他児との関わりでは、保育者が仲介しながら友達と一緒に楽しめるように配慮した。少しずつ自分から話しかけるなど関わりが増えてきた。

幼児期の終わりまでに育ってほしい姿 ※各項目の内容等については、別紙に示す「幼児期の終わりまでに育ってほしい姿について」を参照すること。
健康な心と体
自立心
協同性
道徳性・規範意識の芽生え
社会生活との関わり
思考力の芽生え
自然との関わり・生命尊重
数量や図形、標識や文字などへの関心・感覚
言葉による伝え合い
豊かな感性と表現

＊欄外の留意事項は省略／＊🄰🄱…は前ページの「保育者の援助」に対応

・ケース30・【５歳児】

友達の言いなりになるアキコの場合

1年間を振り返って

進級当初、アキコは、自分から何かをするということはほとんどなく、クラスの友達の後を、なんとなく付いていくという様子でした。友達から使っている玩具や用具などを貸すように言われると、すぐに貸してあげたり、遊びに誘われるとすぐに従ったりといった姿がありました❶。自分の意見を言うことはなく、友達から年下扱いされている様子もありました。そこで、自分で考えて行動してほしいというねらいをもとに❷、就学までの１年間の姿を丁寧に記録していきました。

4月 生活の流れがわからず、身の回りのことを友達に手助けされて行う❸。自分から話をすることはほとんどなく、聞かれたことに対して簡単な言葉で答える❹。ごっこ遊びでは、友達に言われるままの役になる。なりたい役を聞くと、「なんでもいいの」と答える❶。

7月 プール遊びの時、準備をクラスのリーダー的な存在のＳ子にほとんど手伝ってもらう。水をかけ合ったり同時に水に顔を付けたりするうち、打ち解けた様子が見られる。この頃から、少しずつ話すことが多くなる。

10月 運動会の取り組みの中で、縄跳びが跳べたことをＳ子にほめられ、嬉しそうな表情になる。運動会後も縄跳びや砂遊びなど、園庭での遊びを好むようになる❺。

11月 Ｓ子と一緒に空き箱で作った家をＫ男に壊されると、「せっかく作ったのに、やめてよ」と言う。

1月 バケツに氷が張っていることに気付く❻と、そばにいたＹ子に知らせる。はじめは二人で見ていたが、「みんなに知らせよう」と自分から声をかけに行く❼。取り出して太陽に透かしてみるとキラキラと輝き、友達と歓声をあげる❽。

変化を見取る

１年間を通して、アキコの成長の過程を記録したことで、アキコの微妙な変化を見取ることができたと同時に、自分の保育の振り返りにもなりました。日々の経験の積み重ねがアキコの自信へとつながり、自分を表現できるよう、友達と協力し、意見を出し合う活動を心がけました。アキコの発見や気付きを友達に伝えることで、次第にクラスの一員として、認められるようになったことが、アキコの成長へとつながりました❼。

１年間の成長の記録を整理して保育要録に記載しました。保育所から小学校への連続した指導につなげるために、保育要録が有効に活用されるよう、わかりやすい記載を心がけました。

保育所児童保育要録（保育に関する記録）

本資料は、就学に際して保育所と小学校（義務教育学校の前期課程及び特別支援学校の小学部を含む。）が子どもに関する情報を共有し、子どもの育ちを支えるための資料である。

ふりがな	○○○○　あきこ
氏名	○○　アキコ
生年月日	○年○月○日
性別	女

ねらい（発達を捉える視点）	
健康	明るく伸び伸びと行動し、充実感を味わう。
	自分の体を十分に動かし、進んで運動しようとする。
	健康、安全な生活に必要な習慣や態度を身に付け、見通しをもって行動する。
人間関係	保育所の生活を楽しみ、自分の力で行動することの充実感を味わう。
	身近な人と親しみ、関わりを深め、工夫したり、協力したりして一緒に活動する楽しさを味わい、愛情や信頼感をもつ。
	社会生活における望ましい習慣や態度を身に付ける。
環境	身近な環境に親しみ、自然と触れ合う中で様々な事象に興味や関心をもつ。
	身近な環境に自分から関わり、発見を楽しんだり、考えたりし、それを生活に取り入れようとする。
	身近な事象を見たり、考えたり、扱ったりする中で、物の性質や数量、文字などに対する感覚を豊かにする。
言葉	自分の気持ちを言葉で表現する楽しさを味わう。
	人の言葉や話などをよく聞き、自分の経験したことや考えたことを話し、伝え合う喜びを味わう。
	日常生活に必要な言葉が分かるようになるとともに、絵本や物語などに親しみ、言葉に対する感覚を豊かにし、保育士等や友達と心を通わせる。
表現	いろいろなものの美しさなどに対する豊かな感性をもつ。
	感じたことや考えたことを自分なりに表現して楽しむ。
	生活の中でイメージを豊かにし、様々な表現を楽しむ。

保育の過程と子どもの育ちに関する事項

（最終年度の重点）
・思いや考えを様々な方法で豊かに表現し、友達と協力して遊びや生活を進める。
・生活に見通しをもって取り組んだり、必要なことがわかって自分たちでやろうとしたりする。

（個人の重点）
・思いや考えを伝え合いながら、友達と一緒に遊びや生活を進めようとするよう、友達と協同して遊ぶ経験を多くもつよう留意した。

（保育の展開と子どもの育ち）
・進級当初は、生活の流れがわからず、友達や保育者に声をかけられたり、手助けされたりしながら行動することが多く❸、自分から行動したり、気持ちを表現したりすることが難しかった❹。自分で考えて行動してほしいという願いをもとに❷、友達と意見を出し合いながら協力して行う活動の中で、本児の発見や気付きを友達に伝えることで、次第にクラスの一員として認められるようになった。本児も友達から認められることで、自信となり、自分の思いを言葉で表現することが多くなってきた❼。

・経験したことが、好きな遊びへ結び付かない様子があり、友達に言われるままに誘われた遊びをする姿があった❶。本児の遊びの様子や表情変化を見逃さず、興味をもった遊びについては、友達を気にせずに遊びこめるよう、留意したところ、少しずつ、好きな遊びを楽しむようになった❺。

・環境の変化に気付くようになり、バケツに氷が張ったことに気付き❻、その気付きを友達に知らせて、感動を共有する❽。発見したことを友達に共感してもらったことで、友達と関わることの楽しさや安心感を味わうことができた。

・新しい環境や活動に対しては、個別に説明したり、見守るなど、細やかな対応が必要である。

（特に配慮すべき事項）
特記事項なし

最終年度に至るまでの育ちに関する事項

・家庭では兄と年齢が離れていることもあり、家族から十分に可愛がられて育っている。

・自分から何かしようとする意欲があまり見られないことが多かった。担任とは安定した関係であったが、他児と積極的に関わっていこうとする姿はまだ見られない。

・本児のやりたいことが表現できるように、急がせることなくゆっくりと話を聞くようにしたり、他児と関わりができるように本児の気持ちを代弁したりするなど援助してきた。

幼児期の終わりまでに育ってほしい姿

※各項目の内容等については、別紙に示す「幼児期の終わりまでに育ってほしい姿について」を参照すること。

幼児期の終わりまでに育ってほしい姿
健康な心と体
自立心
協同性
道徳性・規範意識の芽生え
社会生活との関わり
思考力の芽生え
自然との関わり・生命尊重
数量や図形、標識や文字などへの関心・感覚
言葉による伝え合い
豊かな感性と表現

＊欄外の留意事項は省略

●参考資料

幼稚園及び特別支援学校幼稚部における指導要録の改善について（通知）

平成30年３月30日
29文科初第1814号
文部科学省初等中等教育局長

幼稚園及び特別支援学校幼稚部（以下「幼稚園等」という。）における指導要録は、幼児の学籍並びに指導の過程及びその結果の要約を記録し、その後の指導及び外部に対する証明等に役立たせるための原簿となるものです。

今般の幼稚園教育要領及び特別支援学校幼稚部教育要領の改訂に伴い、文部科学省では、各幼稚園等において幼児理解に基づいた評価が適切に行われるとともに、地域に根ざした主体的かつ積極的な教育の展開の観点から、各設置者等において指導要録の様式が創意工夫の下決定され、また、各幼稚園等により指導要録が作成されるよう、指導要録に記載する事項や様式の参考例についてとりまとめましたのでお知らせします。

つきましては、下記に示す幼稚園等における評価の基本的な考え方及び指導要録の改善の要旨等並びに別紙１及び２、別添資料１及び２（様式の参考例）に関して十分御了知の上、都道府県教育委員会におかれては所管の学校及び域内の市町村教育委員会に対し、都道府県知事におかれては所轄の学校に対し、各国立大学法人学長におかれてはその管下の学校に対して、この通知の趣旨を十分周知されるようお願いします。

また、幼稚園等と小学校、義務教育学校の前期課程及び特別支援学校の小学部（以下「小学校等」という。）との緊密な連携を図る観点から、小学校等においてもこの通知の趣旨の理解が図られるようお願いします。

なお、この通知により、平成21年１月28日付け20文科初第1137号「幼稚園幼児指導要録の改善について（通知）」、平成21年３月９日付け20文科初第1315号「特別支援学校幼稚部幼児指導要録の改善について（通知）」は廃止します。

記

１　幼稚園等における評価の基本的な考え方

幼児一人一人の発達の理解に基づいた評価の実施に当たっては、次の事項に配慮すること。

⑴　指導の過程を振り返りながら幼児の理解を進め、幼児一人一人のよさや可能性などを把握し、指導の改善に生かすようにすること。その際、他の幼児との比較や一定の基準に対する達成度についての評定によって捉えるものではないことに留意すること。

⑵　評価の妥当性や信頼性が高められるよう創意工夫を行い、組織的かつ計画的な取組を推進するとともに、次年度又は小学校等にその内容が適切に引き継がれるようにすること。

２　指導要録の改善の要旨

「指導上参考となる事項」について、これまでの記入の考え方を引き継ぐとともに、最終学年の記入に当たっては、特に小学校等における児童の指導に生かされるよう、「幼児期の終わりまでに育ってほしい姿」を活用して幼児に育まれている資質・能力を捉え、指導の過程と育ちつつある姿を分かりやすく記入することに留意するよう追記したこと。このことを踏まえ、様式の参考例を見直したこと。

３　実施時期

この通知を踏まえた指導要録の作成は、平成30年度から実施すること。なお、平成30年度に新たに入園、入学（転入園、転入学含む。）、進級する幼児のために指導要録の様式を用意している場合には様式についてはこの限りではないこと。

この通知を踏まえた指導要録を作成する場合、既に在園、在学している幼児の指導要録については、従前の指導要録に記載された事項を転記する必要はなく、この通知を踏まえて作成された指導要録と併せて保存すること。

４　取扱い上の注意

⑴　指導要録の作成、送付及び保存については、学校教育法施行規則（昭和22年文部省令第11号）第24条及び第28条の規定によること。なお、同施行規則第24条第２項により小学校等の進学先に指導要録の抄本又は写しを送付しなければならないことに留意すること。

⑵　指導要録の記載事項に基づいて外部への証明等を作成する場合には、その目的に応じて必要な事項だけを記載するよう注意すること。

⑶　配偶者からの暴力の被害者と同居する幼児については、転園した幼児の指導要録の記述を通じて転園先、転学先の名称や所在地等の情報が配偶者（加害者）に伝わることが懸念される場合がある。このような特別の事情がある場合には、平成21年７月13日付け21生参学第７号「配偶者からの暴力の被害者の子どもの就学について（通知）」を参考に、関係機関等との連携を図りながら、適切に情報を取り扱うこと。

⑷　評価の妥当性や信頼性を高めるとともに、教師の負担感の軽減を図るため、情報の適切な管理を図りつつ、情報通信技術の活用により指導要録等に係る事務の改善を検討することも重要であること。なお、法令に基づく文書である指導要録につ

いて、書面の作成、保存、送付を情報通信技術を活用して行うことは、現行の制度上も可能であること。

(5) 別添資料1及び2（様式の参考例）の用紙や文字の大きさ等については、各設置者等の判断で適宜工夫できること。

5 幼稚園型認定こども園における取扱い上の注意

幼稚園型認定こども園においては、「幼保連携型認定こども園園児指導要録の改善及び認定こども園こども要録の作成等に関する留意事項等について（通知）」（平成30年3月30日付け府子本第315号・29初幼教第17号・子保発0330第3号）を踏まえ、認定こども園こども要録の作成を行うこと。なお、幼稚園幼児指導要録を作成することも可能であること。

別紙1 幼稚園幼児指導要録に記載する事項

○ 学籍に関する記録

学籍に関する記録は、外部に対する証明等の原簿としての性格をもつものとし、原則として、入園時及び異動の生じたときに記入すること。

1 幼児の氏名、性別、生年月日及び現住所

2 保護者（親権者）氏名及び現住所

3 学籍の記録

(1) 入園年月日

(2) 転入園年月日

他の幼稚園や特別支援学校幼稚部、保育所、幼保連携型認定こども園等から転入園してきた幼児について記入する。

(3) 転・退園年月日

他の幼稚園や特別支援学校幼稚部、保育所、幼保連携型認定こども園等へ転園する幼児や退園する幼児について記入する。

(4) 修了年月日

4 入園前の状況

保育所等での集団生活の経験の有無等を記入すること。

5 進学先等

進学した小学校等や転園した幼稚園、保育所等の名称及び所在地等を記入すること。

6 園名及び所在地

7 各年度の入園（転入園）・進級時の幼児の年齢、園長の氏名及び学級担任の氏名

各年度に、園長の氏名、学級担任者の氏名を記入し、それぞれ押印する。（同一年度内に園長又は学級担任者が代わった場合には、その都度後任者の氏名を併記する。）

なお、氏名の記入及び押印については、電子署名（電子署名及び認証業務に関する法律（平成12年法律第102号）第2条第1項に定義する「電子署名」をいう。）を行うことで替えることも可能である。

○ 指導に関する記録

指導に関する記録は、1年間の指導の過程とその結果を要約し、次の年度の適切な指導に資するための資料としての性格をもつものとすること。

1 指導の重点等

当該年度における指導の過程について次の視点から記入すること。

(1) 学年の重点

年度当初に、教育課程に基づき長期の見通しとして設定したものを記入すること。

(2) 個人の重点

1年間を振り返って、当該幼児の指導について特に重視してきた点を記入すること。

2 指導上参考となる事項

(1) 次の事項について記入すること。

① 1年間の指導の過程と幼児の発達の姿について以下の事項を踏まえ記入すること。

・幼稚園教育要領第2章「ねらい及び内容」に示された各領域のねらいを視点として、当該幼児の発達の実情から向上が著しいと思われるもの。その際、他の幼児との比較や一定の基準に対する達成度についての評定によって捉えるものではないことに留意すること。

・幼稚園生活を通して全体的、総合的に捉えた幼児の発達の姿。

② 次の年度の指導に必要と考えられる配慮事項等について記入すること。

③ 最終年度の記入に当たっては、特に小学校等における児童の指導に生かされるよう、幼稚園教育要領第1章総則に示された「幼児期の終わりまでに育ってほしい姿」を活用して幼児に育まれている資質・能力を捉え、指導の過程と育ちつつある姿を分かりやすく記入するように留意すること。その際、「幼児期の終わりまでに育ってほしい姿」が到達すべき目標ではないことに留意し、項目別に幼児の育ちつつある姿を記入するのではなく、全体的、総合的に捉えて記入すること。

(2) 幼児の健康の状況等指導上特に留意する必要がある場合等について記入すること。

3 出欠の状況

(1) 教育日数

1年間に教育した総日数を記入すること。この教育日数は、原則として、幼稚園教育要領に基づき編成した教育課程の実施日数と同日数であり、同一年齢の全ての幼児について同日数であること。ただし、転入園等をした幼児については、転入園等をした日以降の教育日数を記入し、転園又は退園をした幼児については、転園のため当該施設を去った日又は退園をした日までの教育日数を記入すること。

(2) 出席日数

教育日数のうち当該幼児が出席した日数を記入すること。

4 備考

教育課程に係る教育時間の終了後等に行う教育活動を行っている場合には、必要に応じて当該教育活動を通した幼児の発達の姿を記入すること。

別紙2 特別支援学校幼稚部幼児指導要録に記載する事項

○ 学籍に関する記録

学籍に関する記録は、外部に対する証明等の原簿としての性格をもつものとし、原則として、入学時及び異動の生じたときに記入すること。

1 幼児の氏名、性別、生年月日及び現住所

2 保護者（親権者）氏名及び現住所

3 学籍の記録

(1) 入学年月日

(2) 転入学年月日

他の特別支援学校幼稚部や幼稚園、保育所、幼保連携型認定こども園等から転入学してきた幼児について記入する。

(3) 転・退学年月日

他の特別支援学校幼稚部や幼稚園、保育所、幼保連携型認定こども園等へ転学する幼児や退学する幼児について記入する。

(4) 修了年月日

4 入学前の状況

児童福祉施設等での集団生活の経験の有無等を記入すること。

5 進学先等

進学した学校や転学した学校等の名称及び所在地等を記入すること。

6 学校名及び所在地

7 各年度の入学（転入学）・進級時の幼児の年齢、校長の氏名及び学級担任の氏名

各年度に、校長の氏名、学級担任者の氏名を記入し、それぞれ押印する。（同一年度内に校長又は学級担任者が代わった場合には、その都度後任者の氏名を併記する。）

なお、氏名の記入及び押印については、電子署名（電子署名及び認証業務に関する法律（平成12年法律第102号）第2条第1項に定義する「電子署名」をいう。）を行うことで替えることも可能である。

○ 指導に関する記録

指導に関する記録は、1年間の指導の過程とその結果を要約し、次の年度の適切な指導に資するための資料としての性格をもつものとすること。

1 指導の重点等

当該年度における指導の過程について次の視点から記入すること。

(1) 学年の重点

年度当初に、教育課程に基づき長期の見通しとして設定したものを記入すること。

(2) 個人の重点

1年間を振り返って、当該幼児の指導について特に重視してきた点を記入すること。

(3) 自立活動の内容に重点を置いた指導

自立活動の内容に重点を置いた指導を行った場合に、1年間を振り返って、当該幼児の指導のねらい、指導内容等について特に重視してきた点を記入すること。

2 入学時の障害の状態等

入学又は転入学時の幼児の障害の状態等について記入すること。

3 指導上参考となる事項

(1) 次の事項について記入すること。

① 1年間の指導の過程と幼児の発達の姿について以下の事項を踏まえ記入すること。

・特別支援学校幼稚部教育要領第2章「ねらい及び内容」に示された各領域のねらいを視点として、当該幼児の発達の実情から向上が著しいと思われるもの。その際、他の幼児との比較や一定の基準に対する達成度についての評定によって捉えるものではないことに留意

することｏ
・幼稚部における生活を通して全体的、総合的に捉えた幼児の発達の姿。

② 次の年度の指導に必要と考えられる配慮事項等について記入すること。

③ 最終年度の記入に当たっては、特に小学校等における児童の指導に生かされるよう、特別支援学校幼稚部教育要領第１章総則に示された「幼児期の終わりまでに育ってほしい姿」を活用して幼児に育まれている資質・能力を捉え、指導の過程と育ちつつある姿を分かりやすく記入するように留意すること。その際、「幼児期の終わりまでに育ってほしい姿」が到達すべき目標ではないことに留意し、項目別に幼児の育ちつつある姿を記入するのではなく、全体的、総合的に捉えて記入すること。

⑵ 幼児の健康の状況等指導上特に留意する必要がある場合等について記入すること。

4　出欠の状況

⑴ 教育日数

１年間に教育した総日数を記入すること。この教育日数は、原則として、特別支援学校幼稚部教育要領に基づき編成した教育課程の実施日数と同日数であり、同一年齢の全ての幼児について同日数であること。ただし、転入学等をした幼児については、転入学等をした日以降の教育日数を記入し、転学又は退学をした幼児については、転学のため学校を去った日又は退学をした日までの教育日数を記入すること。

⑵ 出席日数

教育日数のうち当該幼児が出席した日数を記入すること。

5　備考

教育課程に係る教育時間の終了後等に行う教育活動を行っている場合には、必要に応じて当該教育活動を通した幼児の発達の姿を記入すること。

別添資料１
（幼稚園幼児指導要録　様式の参考例）

⇒本書028～030ページに収録

別添資料２
（特別支援学校幼稚部幼児指導要録　様式の参考例）

省略

保育所保育指針の適用に際しての留意事項について

平成30年３月30日
子保発0330第２号
厚生労働省子ども家庭局保育課長

平成30年４月１日より保育所保育指針（平成29年厚生労働省告示第117号。以下「保育所保育指針」という。）が適用されるが、その適用に際しての留意事項は、下記のとおりであるため、十分御了知の上、貴管内の市区町村、保育関係者等に対して遅滞なく周知し、その運用に遺漏のないよう御配慮願いたい。

なお、本通知は、地方自治法（昭和22年法律第67号）第245条の４第１項の規定に基づく技術的助言である。

また、本通知をもって、「保育所保育指針の施行に際しての留意事項について」（平成20年３月28日付け雇児保発第0328001号厚生労働省雇用均等・児童家庭局保育課長通知）を廃止する。

記

１．保育所保育指針の適用について

(1)　保育所保育指針の保育現場等への周知について

平成30年４月１日より保育所保育指針が適用されるに当たり、その趣旨及び内容が、自治体の職員、保育所、家庭的保育事業者等及び認可外保育施設の保育関係者、指定保育士養成施設の関係者、子育て中の保護者等に十分理解され、保育現場における保育の実践、保育士養成課程の教授内容等に十分反映されるよう、改めて周知を図られたい。

なお、周知に当たっては、保育所保育指針の内容の解説、保育を行う上での留意点等を記載した「保育所保育指針解説」を厚生労働省のホームページに公開しているので、当該解説を活用されたい。

○　保育所保育指針解説
http://www.mhlw.go.jp/file/06-Seisakujouhou-11900000-Koyoukintoujidoukateikyoku/kaisetu.pdf

(2)　保育所保育指針に関する指導監査について

「児童福祉行政指導監査の実施について」（平成12年４月25日付け児発第471号厚生省児童家庭局長通知）に基づき、保育所保育指針に関する保育所の指導監査を実施する際には、以下①から③までの内容に留意されたい。

①　保育所保育指針において、具体的に義務や努力義務が課せられている事項を中心に実施すること。

②　他の事項に関する指導監査とは異なり、保育の内容及び運営体制について、各保育所の創意工夫や取組を尊重しつつ、取組の結果のみではなく、取組の過程（※１）に着目して実施すること。

（※１．保育所保育指針第１章の３(1)から(5)までに示す、全体的な計画の作成、指導計画の作成、指導計画の展開、保育の内容等の評価及び評価を踏まえた計画の改善等）

③　保育所保育指針の参考資料として取りまとめた「保育所保育指針解説」のみを根拠とした指導等を行うことのないよう留意すること。

２．小学校との連携について

保育所においては、保育所保育指針に示すとおり、保育士等が、自らの保育実践の過程を振り返り、子どもの心の育ち、意欲等について理解を深め、専門性の向上及び保育実践の改善に努めることが求められる。また、その内容が小学校（義務教育学校の前期課程及び特別支援学校の小学部を含む。以下同じ。）に適切に引き継がれ、保育所保育において育まれた資質・能力を踏まえて小学校教育が円滑に行われるよう、保育所と小学校との間で「幼児期の終わりまでに育ってほしい姿」を共有するなど、小学校との連携を図ることが重要である。

このような認識の下、保育所と小学校との連携を確保するという観点から、保育所から小学校に子どもの育ちを支えるための資料として、従前より保育所児童保育要録が送付されるよう求めているが、保育所保育指針第２章の４(2)「小学校との連携」に示す内容を踏まえ、今般、保育所児童保育要録について、

・養護及び教育が一体的に行われるという保育所保育の特性を踏まえた記載事項
・「幼児期の終わりまでに育ってほしい姿」の活用、特別な配慮を要する子どもに関する記載内容等の取扱い上の注意事項

等について見直し（※２）を行った。見直し後の保育所児童保育要録の取扱い等については、以下(1)及び(2)に示すとおりであるので留意されたい。

（※２．見直しの趣旨等については、別添２「保育所児童保育要録の見直し等について（検討の整理）（2018（平成30）年２月７日保育所児童保育要録の見直し検討会）」参照）

(1)　保育所児童保育要録の取扱いについて

ア　記載事項

保育所児童保育要録には、別添１「保育所児童保育要録に記載する事項」に示す事項を記載すること。

なお、各市区町村においては、地域の実情等を踏まえ、別紙資料を参考として様式を作成し、管内の保育所に配布すること。

イ　実施時期

本通知を踏まえた保育所児童保育要録の作成は、平成30年度から実施すること。

なお、平成30年度の保育所児童保育要録の様式を既に用意している場合には、必ずしも新たな様式により保育所児童保育要録を作成する必要はないこと。

ウ　取扱い上の注意

(ア)　保育所児童保育要録の作成、送付及び保存については、以下①から③までの取扱いに留意すること。また、各市区町村においては、保育所児童保育要録が小学校に送付されることについて市区町村教育委員会にあらかじめ周知を行うなど、市区町村教育委員会との連携を図ること。

①　保育所児童保育要録は、最終年度の子どもについて作成すること。作成に当たっては、施設長の責任の下、担当の保育士が記載すること。

②　子どもの就学に際して、作成した保育所児童保育要録の抄本又は写しを就学先の小学校の校長に送付すること。

③　保育所においては、作成した保育所児童保育要録の原本等について、その子どもが小学校を卒業するまでの間保存することが望ましいこと。

(イ)　保育所児童保育要録の作成に当たっては、保護者との信頼関係を基盤として、保護者の思いを踏まえつつ記載するとともに、その送付について、入所時や懇談会等を通して、保護者に周知しておくことが望ましいこと。その際には、個人情報保護及び情報開示の在り方に留意すること。

(ウ)　障害や発達上の課題があるなど特別な配慮を要する子どもについて「保育の過程と子どもの育ちに関する事項」及び「最終年度に至るまでの育ちに関する事項」を記載する際には、診断名及び障害の特性のみではなく、その子どもが育ってきた過程について、その子どもの抱える生活上の課題、人との関わりにおける困難等に応じて行われてきた保育における工夫及び配慮を考慮した上で記載すること。

なお、地域の身近な場所で一貫して効果的に支援する体制を構築する観点から、保育所、児童発達支援センター等の関係機関で行われてきた支援が就学以降も継続するように、保護者の意向及び個人情報の取扱いに留意しながら、必要に応じて、保育所における支援の情報を小学校と共有することが考えられること。

(エ)　配偶者からの暴力の被害者と同居する子どもについては、保育児童保育要録の記述を通じて就学先の小学校名や所在地等の情報が配偶者（加害者）に伝わることが懸念される場合がある。このような特別の事情がある場合には、「配偶者からの暴力の被害者の子どもの就学について（通知）」（平成21年7月13日付け21生参学第7号文部科学省生涯学習政策局男女共同参画学習課長・文部科学省初等中等教育局初等中等教育企画課長連名通知）を参考に、関係機関等との連携を図りながら、適切に情報を取り扱うこと。

(オ)　保育士等の専門性の向上や負担感の軽減を図る観点から、情報の適切な管理を図りつつ、情報通信技術の活用により保育所児童保育要録に係る事務の改善を検討することも重要であること。なお、保育所児童保育要録について、情報通信技術を活用して書面の作成、送付及び保存を行うことは、現行の制度上も可能であること。

(カ)　保育所児童保育要録は、児童の氏名、生年月日等の個人情報を含むものであるため、個人情報の保護に関する法律（平成15年法律第57号）等を踏まえて適切に個人情報を取り扱うこと。なお、個人情報の保護に関する法令上の取扱いは以下の①及び②のとおりである。

①　公立の保育所については、各市区町村が定める個人情報保護条例に準じた取扱いとすること。

②　私立の保育所については、個人情報の保護に関する法律第2条第5項に規定する個人情報取扱事業者に該当し、原則として個人情報を第三者に提供する際には本人の同意が必要となるが、保育所保育指針第2章の4(2)ウに基づいて保育所児童保育要録を送付する場合においては、同法第23条第1項第1号に掲げる法令に基づく場合に該当するため、第三者提供について本人（保護者）の同意は不要であること。

エ　保育所型認定こども園における取扱い

保育所型認定こども園においては、「幼保連携型認定こども園園児指導要録の改善及び認定こども園こども要録の作成等に関する留意事項等について（通知）」（平成30年3月30日付け府子本第315号・29初幼教第17号・子保発0330第3号内閣府子ども・子育て本部参事官（認定こども園担当）・文部科学省初等中等教育局幼児教育課長・厚生労働省子ども家庭局保育課長連名通知）を参考にして、各市区町村と相談しつつ、各設置者等の創意工夫の下、同通知に基づく認定こども園こども要録（以下「認定こども園こども要録」という。）を作成することも可能であること。その際、送付及び保存についても同通知に準じて取り扱うこと。また、認定こども園こども要録を作成した場合には、同一の子どもについて、保育所児童保育要録を作成する必要はないこと。

(2) 保育所と小学校との間の連携の促進体制について

保育所と小学校との間の連携を一層促進するためには、地域における就学前後の子どもの育ち等について、地域の関係者が理解を共有することが重要であり、

・保育所、幼稚園、認定こども園、小学校等の関係者が参加する合同研修会、連絡協議会等を設置するなど、関係者の交流の機会を確保すること、
・保育所、幼稚園、認定こども園、小学校等の管理職が連携及び交流の意義及び重要性を理解し、組織として取組を進めること

等が有効と考えられるため、各自治体において、関係部局と連携し、これらの取組を積極的に支援・推進すること。

別添1　保育所児童保育要録に記載する事項
（別紙資料1「様式の参考例」を参照）

○　入所に関する記録

1　児童の氏名、性別、生年月日及び現住所
2　保護者の氏名及び現住所
3　児童の保育期間（入所及び卒所年月日）
4　児童の就学先（小学校名）
5　保育所名及び所在地
6　施設長及び担当保育士氏名

○　保育に関する記録

保育に関する記録は、保育所において作成した様々な記録の内容を踏まえて、最終年度（小学校就学の始期に達する直前の年度）の1年間における保育の過程と子どもの育ちを要約し、就学に際して保育所と小学校が子どもに関する情報を共有し、子どもの育ちを支えるための資料としての性格を持つものとすること。

また、保育所における保育は、養護及び教育を一体的に行うことをその特性とするものであり、保育所における保育全体を通じて、養護に関するねらい及び内容を踏まえた保育が展開されることを念頭に置き、記載すること。

1　保育の過程と子どもの育ちに関する事項

最終年度における保育の過程及び子どもの育ちについて、次の視点から記入すること。

(1) 最終年度の重点

年度当初に、全体的な計画に基づき長期の見通しとして設定したものを記入すること。

(2) 個人の重点

1年間を振り返って、子どもの指導について特に重視してきた点を記入すること。

(3) 保育の展開と子どもの育ち

次の事項について記入すること。

① 最終年度の1年間の保育における指導の過程及び子どもの発達の姿について、以下の事項を踏まえ記入すること。

・保育所保育指針第2章「保育の内容」に示された各領域のねらいを視点として、子どもの発達の実情から向上が著しいと思われるもの。その際、他の子どもとの比較や一定の基準に対する達成度についての評定によって捉えるものではないことに留意すること。
・保育所の生活を通して全体的、総合的に捉えた子どもの発達の姿。

② 就学後の指導に必要と考えられる配慮事項等について記入すること。

③ 記入に当たっては、特に小学校における子どもの指導に生かされるよう、保育所保育指針第1章「総則」に示された「幼児期の終わりまでに育ってほしい姿」を活用して子どもに育まれている資質・能力を捉え、指導の過程と育ちつつある姿をわかりやすく記入するように留意すること。その際、別紙資料1に示す「幼児期の終わりまでに育ってほしい姿について」を参照するなどして、「幼児期の終わりまでに育ってほしい姿」の趣旨や内容を十分に理解するとともに、これらが到達すべき目標ではないことに留意し、項目別に子どもの育ちつつある姿を記入するのではなく、全体的かつ総合的に捉えて記入すること。

(4) 特に配慮すべき事項

子どもの健康の状況等、就学後の指導における配慮が必要なこととして、特記すべき事項がある場合に記入すること。

2　最終年度に至るまでの育ちに関する事項

子どもの入所時から最終年度に至るまでの育ちに関して、最終年度における保育の過程と子どもの育ちの姿を理解する上で、特に重要と考えられることを記入すること。

別紙資料1
（保育所児童保育要録　様式の参考例）

⇒本書044～046ページに収録

別添2　保育所児童保育要録の見直し等について（検討の整理）

2018（平成30）年2月7日
保育所児童保育要録の見直し検討会

目次　略

1．検討の背景

保育所に入所している子どもの就学に際しては、保育所保育指針（平成20年厚生労働省告示第141号、平成21年4月1日適用）において、保育所と小学校との連携の観点から、市町村の支援の下に、子どもの育ちを支えるための資料が保育所から小学校に送付されるようにすることとされている。同指針の適用に当たり、厚生労働省から当該資料の参考様式等を「保育所児童保育要録」として示し、各保育所において活用されているところである。

今般、2018（平成30）年4月1日から適用される改定保育所保育指針（平成29年厚生労働省告示第117号）において、保育所と小学校との連携に関して、「幼児期の終わりまでに育ってほしい姿」を共有する等の記載が追加された。（同時期に改訂された幼稚園教育要領及び幼保連携型認定こども園教育・保育要領にも、同様の記載あり）

本検討会は、こうした状況を踏まえ、保育所保育と小学校教育との一層の円滑な接続に資するよう、保育所児童保育要録の見直し等を行うため、計2回にわたり、以下の観点を中心に検討を行った。

なお、検討に当たっては、関係府省における幼稚園幼児指導要録、幼保連携型認定こども園園児指導要録に係る改訂に向けた検討状況にも留意した。

本報告書は、本検討会における検討の整理として、保育所児童保育要録の見直しの方向性等を示すものである。

【保育所児童保育要録の見直し】
・子どもの育ちを支えるための資料として、保育所から小学校へ送付される保育所児童保育要録が、より現場の実態に即して活用されるためには、現行の参考様式、記載内容に関する留意事項等について、どのように整理・充実すべきか。

【保育所と小学校との連携に関する取組の促進】
・保育所と小学校との連携を一層促進するためには、要録の活用を含め、今後どのような取組が必要と考えられるか。

2．保育所児童保育要録の見直し

(1)　要録の目的を踏まえた記載事項の改善

【今後の方向性】
○　保育所と小学校との間で、保育所保育の特性、基本原則（養護と教育の一体的展開、生活や遊びを通した総合的な保育など）、保育のねらい及び内容などの理解が共有されるよう、様式の冒頭に保育所児童保育要録（以下「要録」という。）の意義や位置付けを明記した上で、要録の記載事項を以下のように改善する。
・保育所保育においては、養護と教育が一体的に展開されることを踏まえ、現行の参考様式では「養護（生命の保持及び情緒の安定）に関わる事項」と「教育（発達援助）に関わる事項」について、それぞれ別々に記載欄が設けられているが、これらを一つに統合する。
・保育所保育における子どもの育ちの姿をより適切に表現する観点から、保育所保育指針に示される保育の目標を具体化した五つの「領域のねらい」に加え、新たに「幼児期の終わりまでに育ってほしい姿（※）」についても様式に明記する。
（※）改定保育所保育指針の第2章「保育の内容」に示すねらい及び内容に基づく保育活動全体を通して資質・能力が育まれている子どもの小学校就学時の具体的な姿

〈主な意見〉
（要録の意義・位置付けの明確化）
・要録は、保育所保育を通じた子どもの育ちの姿を小学校に伝えるためのものであるという目的を明確にすることが重要である。
・要録の記載内容の意図について、読み手である小学校の教員も理解した上で読むことにより、小学校において要録が適切に活用される。
・要録がどのようなもので、何のためのものなのかを要録の様式冒頭に明記するなど、その意義や位置付けが様式において明確に示されることが必要である。

（養護と教育に関する記載欄の統合）
・保育所保育は、養護と教育が一体的に行われることをその特性としているため、養護と教育に関わる欄を統合し、一体的に記載する形とした方が、保育の実態に即しており、保育現場にとって書くべきことが分かりやすく、記載しやすいと考えられる。
・記載欄を一体とすることにより、保育所保育においては養護と教育が一体的に展開されるということが、小学校にも伝わりやすいと考えられる。

（五つの領域のねらいと「幼児期の終わりまでに育ってほしい姿）

・要録作成の担当者が、保育所保育指針に示す保育の内容に係る「五つの領域のねらい」と「幼児期の終わりまでに育ってほしい姿」を意識し、要録の目的を踏まえて子どもの育ちの姿を記載することが重要であり、様式の中に両内容を示すことが適当である。
・「幼児期の終わりまでに育ってほしい姿」は、小学校へと引き継いでいくべき子どもの育ちを捉える視点として、就学前の保育施設に共通して示されているものであり、様式において明示することは重要である。
・一方、「幼児期の終わりまでに育ってほしい姿」について、小学校側から到達目標的に受け止められることのないよう、その示し方や記載内容に関する説明には注意や工夫が必要である。同時に、その趣旨を要録の様式に示すことに加え、保小合同の研修の機会などを通じて、丁寧に伝えていくことも必要である。

⑵　要録における保育の過程と子どもの育ちの示し方

【今後の方向性】

○　要録には、主に最終年度（5、6歳）における1年間の保育の過程と子どもの育ちについて、「幼児期の終わりまでに育ってほしい姿」を考慮し、子どもの生活や遊びにおける姿を捉えて記載することを留意事項として様式に提示する。

○　保育士（要録の書き手）が、どのような視点をもって保育を行い、子どもがどのように育ったかを明確に意識することにより、要録が記載しやすくなる。また、小学校の教員（要録の読み手）にも、保育の計画から実践、評価へと至る保育の過程とその中での子どもの育ちが明確に示されている方が、子どもの姿が伝わりやすい。こうしたことを踏まえ、「年度当初に全体的な計画に基づき長期的な見通しとして設定したこと」と「その子どもの保育に当たって特に重視してきたこと」を記載事項として明記する。

○　「子どもの育ちに関わる事項」は、現行の様式では「子どもの育ってきた過程を踏まえ、その全体像を捉えて総合的に記載すること」とされているが、入所からの子どもの育ってきた過程全体の中で、最終年度における保育の過程と育ちの姿を理解する上で特に重要と考えられることを記載するよう示すなど、記載内容をより明確化する。また、要録を記載する際には、入所してからの様々な記録を活用することなどを提示する。

〈主な意見〉

（最終年度の保育と子どもの育ちの記載の仕方）

・要録において、単に子どもがこんな遊びをしていたというような表面的なことではなく、遊びを通して子どもに何が育まれてきたのかを伝えることが重要である。
・子どもは遊びを通して総合的に育っていくという保育所保育の基本的な考え方を、要録の記載を通じて小学校も共有することが、小学校教員等の保育所保育に対する理解につながると考えられる。
・一人一人の子どもの育ちをより具体的に伝えるためには、子どもの育ちについて、「五つの領域」や「幼児期の終わりまでに育ってほしい姿」の各々に一対一で対応した形で項目的に書くのではなく、その子どもの特徴的な活動や興味関心のある活動などの具体例を数例挙げて、全体的に書くようにした方が良いと思われる。
・その場合、一つの記載の中に、「幼児期の終わりまでに育ってほしい姿」に示された視点が、複数含まれることもある。また、「幼児期の終わりまでに育ってほしい姿」の十項目全てに対応した育ちの姿を書き出さなくてはならないわけでもない。要録の記載の仕方について、保育現場でこうした理解を共有することが重要である。
・要録に記載される子どもの姿は、到達点や「この子はこういう子どもだ」といったレッテルとなるものではなく、発達の過程における途中経過的なものであることや、子どもの良さや特徴を書くことなどを記載の留意点として明示すると、要録作成の担当者にとって記載すべきことが把握しやすいと思われる。

（計画・実践・評価に至る保育の過程を反映した要録の記載）

・要録は、最終年度に至るまでの保育における指導計画や長期的な見通しと日々の子どもの観察とが結びついて書かれるものである。これまでにどのような指導や環境を通して保育を行ってきたのか、その中で子どもがどのような力をつけてきたのか、そうした一連の過程を、具体的な活動の記載を通じて伝えることが重要である。
・個々の子どもの育ちを理解するためには、保育所全体、クラス全体で1年間の長期的な見通しのもと保育において重点をおいてきたことと、その中で一人一人の子どもの保育について特に大切にしてきたことの両方が示された上で、最終年度に、この子どもはこのように育ってきたということが記載されることが重要である。
・その際、全体の中で比較するとこの子はまだこの段階といったネガティブな印象を与えることがないよう、書き方には注意が必要である。
・また、これらそれぞれに対応する記載欄を様式に設けることにより、小学校へ伝えたいことを書き漏らすことなく記載できると考えられ、要録の作成担当者にとっても、各欄にどのようなことを書けばよいかわかりやすいと思われる。

（最終年度に至る保育期間全体を通じての育ちの経過）
・要録の記載に当たり、これまでの育ちの経過や背景があっての最終年度の育ちの姿であるという意識を保育士等が持つことが大切である。
・保育所生活全体を通して子どもが育ってきた過程の中で、特にその子どもを理解する上で重要と思われることが要録に反映されるとよい。
・このことを踏まえ、現行の様式参考例に示す「子どもの育ちにかかわる事項」欄には、最終年度以前までの記録を踏まえ、最終年度に向かって特に育ちが大きく伸びたことや、節目を迎えたようなことを整理して書くようにすると、最終年度における子どもの育ちをより深く理解する助けとなるのではないかと思われる。
・また、最終年度に至るまでの児童票や記録の活用を含め、この記載欄に書くべき内容を留意事項として明記することにより、保育現場も混乱なく、記載すべき内容の趣旨を理解して、要録を作成できると考えられる。

⑶　その他、特に小学校に伝えるべき事項等

【今後の方向性】
○　子どもの健康状態など、個人情報の取扱いに留意しながら、特に小学校へ伝えたい事項に関しては、特記事項として記載する。
○　保育に関する日々の記録を作成することが、要録の作成や保育所内での子どもの理解の共有につながることの意義や重要性について、様式または通知等に明示する。
○　保育のねらい及び内容、幼児教育を行う施設として共有すべき事項並びに小学校との連携について、保育所保育指針、幼稚園教育要領及び幼保連携型認定こども園教育・保育要領において整合性が図られたことを踏まえ、要録の様式についても整合性を図る。
○　要録を活用した小学校との交流について、その有効性を示す、要録作成に関する事例集や資料集を作るなど、要録が様々な場面でより活用されるよう、具体的な取組を進める。

〈主な意見〉
（特に小学校へ伝えるべき事項）
・子どもの健康状態に関することなど、特に小学校へ伝えるべき事項として、何を、どのように記載すべきか、保育現場では迷いもある。要録に書くべきことは何か、どの欄に何を書くべきなのかなど、基本的な考え方を整理してわかりやすく示すことが必要である。
・就学前健診により小学校へ伝えられること、保護者を通じて小学校へ伝えられること、保護者にとって保育所から小学校に伝えてほしくないこともある。要録以外の手段で小学校に引き継がれる情報とは何か、要録でなくては引き継げないことは何かといったことを整理・明確化し、要録に記載することが過多とならないようにすることも重要である。
・基本的には、要録の本来的な意義を踏まえて、小学校においても日常生活において特に配慮が必要であり、就学後も引き継いで指導の際に生かしてほしい情報に絞り、特記事項として記載するということを明示することが必要と考えられる。
・障害のある子どもに関しては、「こういう障害がある」ということではなく他の子どもと同様に、保育の中でその子どもがどのように育ってきたかということを中心に書くことが重要である。特別な配慮を要する子どもについては、要録とは別に、就学時引き継ぎシートを作成・活用するといった取組を行っている自治体の例もある。

（要録作成を通じた保育の質の向上）
・地域によっては、子どもの育ちの経過を毎月児童票に記録しているといった例もある。それらを総括したものが翌年度に次の担任へ毎年引き継がれていき、要録作成の際に参考とされるなど、従来からある記録を整理して要録作成に活用する方法も考えられる。
・要録に関する様々な取組を通じて、子どもの育ちを捉える視点が保育所内で共有されることが期待される。
・子どもの育ちの姿を踏まえて要録を作成し、小学校へ送ることにより、日常の保育における保育士の子どもの育ちや内面を捉える視点もより明確なものになる。
・また、そうした視点は、保育所内で組織として共有され、要録のみでなく日頃の指導計画等にも反映される。こうした一連の取組全体が、保育の質の向上へとつながっていくものであるという理解も重要である。

（就学前の保育施設における要録の様式の整合性）
・保育所、幼稚園、認定こども園の間で、要録の様式に整合性をもたせることにより、合同での研修等が実施しやすくなるとともに、要録の趣旨や内容について、保育者、小学校教員、行政の担当者がより理解しやすくなることも期待される。

（要録の活用に向けた取組）
・保育所と小学校が要録を介して連絡会を行ったり、要録についての補足説明や保育所・クラス全体の保育の様子や目標について、複数の保育所と小学校の教職員が集まって情報共有する機会を設けたりしている例がある。そうした要録の活用の仕方について、その有効性を示していくことも大切である。
・要録の作成に関する事例集や資料集があるとよい。そうしたものを参考にして要録の作成について保育所全体で検討することにより、「こういう視点をもって保育していく」という意識を共有することにもつながる。

3　保育所と小学校との連携に関する取組の促進

【今後の方向性】
○　保育所と小学校との間で連携が一層促進されるよう、保育所と小学校との間での保育所保育の特性や幼児期の終わりまでに育ってほしい姿等に関して理解を共有すること、施設長や校長などの管理職が要録の意義や重要性を理解し、組織として取組を進めることが重要である。
○　保育における子どもの育ちの姿についての理解を共有する観点から、保育所と小学校に加え、幼稚園や認定こども園を含めた、地域において保育や幼児教育を担う施設の関係者が連携することも重要である。その際、地域全体における連携を促進するため、行政が多様な取組の促進を支援していくことが求められる。

〈主な意見〉
（保育所と小学校の理解の共有に関わる取組）
・保育所、幼稚園、認定こども園における保育の基本的な考え方、幼児期の終わりまでに育ってほしい姿、五つの領域の保育のねらい及び内容などについて、小学校側と理解を共有するとともに、小学校における子どもの生活や学び等について保育所等が理解することも、小学校との連携において非常に重要である。
・地域の保育所等と小学校とが合同で協議や研修を行う機会や、その際に使用するツール等があることにより、互いに理解を深めることの重要性を提言したい。

（連携を促進するための体制）
・連携促進に際しては、保育所や小学校の管理職が、要録の活用を含め、保育所と小学校の連携の意義や重要性について理解し、組織として取組を進めることが重要である。
・また、小学校との連携と同時に、就学前の施設間での連携も重要である。
・こうした地域全体における保育所等と小学校の連携の促進に当たっては、個々の保育所等では対応が難しいため、行政の関与が必要である。合同の研修や協議の機会のほか、小学校教員の一日保育士体験など、地域全体における各施設の連携が充実するよう、行政が取組の促進を支えていくことが求められる。

おわりに

本報告書においては、改定保育所保育指針（2018（平成30年）４月１日適用）に基づき、2019（平成31）年４月に就学する児童から適用される保育所保育児童要録の改訂に向けて、当該要録の記載事項、参考様式の見直しの方向性等を示した。

厚生労働省においては、本報告書に示した見直しの方向性等を踏まえ、要録の改訂等について必要な手続きを進めるとともに、要録の趣旨や内容が関係者に十分理解され、各保育所において要録が適切に作成・送付されるよう、周知等を行うことが必要である。

また、各保育所においては、一人一人の子どもの育ちが小学校へと適切に引き継がれるよう、要録の作成をはじめ、小学校との連携の一層の促進・充実に取り組むことを期待したい。

参　考

○　**保育所保育指針**
（平成29年厚生労働省告示第117号）（抄）

第２章　保育の内容
４　保育の実施に関して留意すべき事項
⑵　小学校との連携
ア　保育所においては、保育所保育が、小学校以降の生活や学習の基盤の育成につながることに配慮し、幼児期にふさわしい生活を通じて、創造的な思考や主体的な生活態度などの基礎を培うようにすること。
イ　保育所保育において育まれた資質・能力を踏まえ、小学校教育が円滑に行われるよう、小学校教師との意見交換や合同の研究の機会などを設け、第１章の４の⑵に示す「幼児期の終わりまでに育って欲しい姿」を共有するなど連携を図り、保育所保育と小学校教育との円滑な接続を図るよう努めること。
ウ　子どもに関する情報共有に関して、保育所に入所している子どもの就学に際し、市町村の支援の下に、子どもの育ちを支えるための資料が保育所から小学校へ送付されるようにすること。

○　**小学校学習指導要領**

（平成29年文部科学省告示第63号）（抄）

第１章　総則

第２　教育課程の編成

４　学校段階等間の接続

教育課程の編成に当たっては、次の事項に配慮しながら、学校段階等間の接続を図るものとする。

(1)　幼児期の終わりまでに育ってほしい姿を踏まえた指導を工夫することにより、幼稚園教育要領等に基づく幼児期の教育を通して育まれた資質·能力を踏まえて教育活動を実施し、児童が主体的に自己を発揮しながら学びに向かうことが可能となるようにすること。

また、低学年における教育全体において、例えば生活科において育成する自立し生活を豊かにしていくための資質・能力が、他教科等の学習においても生かされるようにするなど、教科等間の関連を積極的に図り、幼児期の教育及び中学年以降の教育との円滑な接続が図られるよう工夫すること。特に、小学校入学当初においては、幼児期において自発的な活動としての遊びを通して育まれてきたことが、各教科等における学習に円滑に接続されるよう、生活科を中心に、合科的・関連的な指導や弾力的な時間割の設定など、指導の工夫や指導計画の作成を行うこと。

第５　学校運営上の留意事項

２　家庭や地域社会との連携及び協働と学校間の連携

教育課程の編成及び実施に当たっては、次の事項に配慮するものとする。

イ　他の小学校や、幼稚園、認定こども園、保育所、中学校、高等学校、特別支援学校などとの間の連携や交流を図るとともに、障害のある幼児児童生徒との交流及び共同学習の機会を設け、共に尊重し合いながら協働して生活していく態度を育むようにすること。

幼保連携型認定こども園園児指導要録の改善及び認定こども園こども要録の作成等に関する留意事項等について（通知）

平成30年３月30日
府子本第315号
29初幼教第17号
子保発0330第３号
内閣府子ども・子育て本部参事官（認定こども園担当）
文部科学省初等中等教育局幼児教育課長
厚生労働省子ども家庭局保育課長

幼保連携型認定こども園園児指導要録（以下「園児指導要録」という。）は、園児の学籍並びに指導の過程及びその結果の要約を記録し、その後の指導及び外部に対する証明等に役立たせるための原簿となるものです。

今般の幼保連携型認定こども園教育・保育要領（平成29年内閣府・文部科学省・厚生労働省告示第１号）の改訂に伴い、各幼保連携型認定こども園において園児の理解に基づいた評価が適切に行われるとともに、地域に根ざした主体的かつ積極的な教育及び保育の展開の観点から、各設置者等において園児指導要録の様式が創意工夫の下決定され、また、各幼保連携型認定こども園により園児指導要録が作成されるよう、園児指導要録に記載する事項や様式の参考例についてとりまとめましたのでお知らせします。

また、幼保連携型以外の認定こども園における、園児指導要録に相当する資料（以下「認定こども園こども要録」という。）の作成等に関しての留意事項も示しましたのでお知らせします。

つきましては、下記に示す幼保連携型認定こども園における評価の基本的な考え方及び園児指導要録の改善の要旨等並びに別紙及び別添資料（様式の参考例）に関して十分御了知の上、管内・域内の関係部局並びに幼保連携型認定こども園及び幼保連携型認定こども園以外の認定こども園の関係者に対して、この通知の趣旨を十分周知されるようお願いします。

また、幼保連携型認定こども園等と小学校、義務教育学校の前期課程及び特別支援学校の小学部（以下「小学校等」という。）との緊密な連携を図る観点から、小学校等においてもこの通知の趣旨の理解が図られるようお願いします。

なお、この通知により、「認定こども園こども要録について（通知）」（平成21年１月29日付け20初幼教第９号・雇児保発第0129001号文部科学省初等中等教育局幼児教育課長・厚生労働省雇用均等・児童家庭局保育課長連名通知）及び「幼保連携型認定こども園園児指導要録について（通知）」（平成27年１月27日付け府政共生第73号・26初幼教第29号・雇児保発0127第１号内閣府政策統括官（共生社会政策担当）付参事官（少子化対策担当）・文部科学省初等中等教育局幼児教育課長・厚生労働省雇用均等・児童家庭局保育課長連名通知）は廃止します。

本通知は、地方自治法（昭和22年法律第67号）第245条の４第１項の規定に基づく技術的助言であることを申し添えます。

記

1　幼保連携型認定こども園における評価の基本的な考え方

園児一人一人の発達の理解に基づいた評価の実施に当たっては、次の事項に配慮すること。

⑴　指導の過程を振り返りながら園児の理解を進め、園児一人一人のよさや可能性などを把握し、指導の改善に生かすようにすること。その際、他の園児との比較や一定の基準に対する達成度についての評定によって捉えるものではないことに留意すること。

⑵　評価の妥当性や信頼性が高められるよう創意工夫を行い、組織的かつ計画的な取組を推進するとともに、次年度又は小学校等にその内容が適切に引き継がれるようにすること。

2　園児指導要録の改善の要旨

幼保連携型認定こども園における養護は教育及び保育を行う上での基盤となるものであるということを踏まえ、満３歳以上の園児に関する記録として、従前の「養護」に関わる事項は、「指導上参考となる事項」に、また、「園児の健康状態等」については、「特に配慮すべき事項」に記入するように見直したこと。さらに、従前の「園児の育ちに関わる事項」については、満３歳未満の園児に関する記録として、各年度ごとに、「養護（園児の健康の状態等も含む）」に関する事項も含め、「園児の育ちに関する事項」に記入するように見直したこと。

最終学年の記入に当たっては、これまでの記入の考え方を引き継ぐとともに、特に小学校等における児童の指導に生かされるよう、「幼児期の終わりまでに育ってほしい姿」を活用して園児に育まれている資質・能力を捉え、指導の過程と育ちつつある姿を分かりやすく記入することに留意するよう追記したこと。

以上のことなどを踏まえ、様式の参考例を見直したこと。

3　実施時期

この通知を踏まえた園児指導要録の作成は、平成30年度から実施すること。なお、平成30年度に新たに入園（転入園含む。）、進級する園児のために園児指導要録の様式を用意している場合には様式についてはこの限りではないこと。

この通知を踏まえた園児指導要録を作成する場合、既に在園している園児の園児指導要録については、従前の園児指導要録に記載された事項を転記する必要はなく、この通知を踏まえて作成された園児指導要録と併せて保存すること。

4　取扱い上の注意

(1)　園児指導要録の作成、送付及び保存については、就学前の子どもに関する教育、保育等の総合的な提供の推進に関する法律施行規則（平成26年内閣府・文部科学省・厚生労働省令第２号。以下「認定こども園法施行規則」という。）第30条並びに認定こども園法施行規則第26条の規定により準用する学校教育法施行規則（昭和22年文部省令第11号）第28条第１項及び第２項前段の規定によること。なお、認定こども園法施行規則第30条第２項により小学校等の進学先に園児指導要録の抄本又は写しを送付しなければならないことに留意すること。

(2)　園児指導要録の記載事項に基づいて外部への証明等を作成する場合には、その目的に応じて必要な事項だけを記載するよう注意すること。

(3)　配偶者からの暴力の被害者と同居する園児については、転園した園児の園児指導要録の記述を通じて転園先の園名や所在地等の情報が配偶者（加害者）に伝わることが懸念される場合がある。このような特別の事情がある場合には、「配偶者からの暴力の被害者の子どもの就学について（通知）」（平成21年７月13日付け21生参学第７号文部科学省生涯学習政策局男女共同参画学習課長・文部科学省初等中等教育局初等中等教育企画課長連名通知）を参考に、関係機関等との連携を図りながら、適切に情報を取り扱うこと。

(4)　評価の妥当性や信頼性を高めるとともに、保育教諭等の負担感の軽減を図るため、情報の適切な管理を図りつつ、情報通信技術の活用により園児指導要録等に係る事務の改善を検討することも重要であること。なお、法令に基づく文書である園児指導要録について、書面の作成、保存、送付を情報通信技術を活用して行うことは、現行の制度上も可能であること。

(5)　別添資料（様式の参考例）の用紙や文字の大きさ等については、各設置者等の判断で適宜工夫できること。

(6)　個人情報については、「個人情報の保護に関する法律」（平成15年法律第57号）等を踏まえて適切に個人情報を取り扱うこと。なお、個人情報の保護に関する法令上の取扱いは以下の①及び②のとおりである。

①　公立の幼保連携型認定こども園については、各地方公共団体が定める個人情報保護条例に準じた取扱いとすること。

②　私立の幼保連携型認定こども園については、当該施設が個人情報の保護に関する法律第２条第５項に規定する個人情報取扱事業者に該当し、原則として個人情報を第三者に提供する際には本人の同意が必要となるが、認定こども園法施行規則第30条第２項及び第３項の規定に基づいて提供する場合においては、同法第23条第１項第１号に掲げる法令に基づく場合に該当するため、第三者提供について本人（保護者）の同意は不要であること。

5　幼保連携型認定こども園以外の認定こども園における認定こども園こども要録の作成等の留意事項

(1)　幼保連携型認定こども園以外の認定こども園（以下「認定こども園」という。）においては、本通知「１　幼保連携型認定こども園における評価の基本的な考え方」及び「２　園児指導要録の改善の要旨」を踏まえ、別紙及び別添資料を参考に、適宜「幼保連携型認定こども園園児指導要録」を「認定こども園こども要録」に読み替える等して、各設置者等の創意工夫の下、認定こども園こども要録を作成すること。

なお、幼稚園型認定こども園以外の認定こども園において認定こども園こども要録を作成する場合には、保育所では各市区町村が保育所児童保育要録（「保育所保育指針の適用に際しての留意事項について」（平成30年３月30日付け子保発0330第２号厚生労働省子ども家庭局保育課長通知）に基づく保育所児童保育要録をいう。以下同じ。）の様式を作成することとされていることを踏まえ、各市区町村と相談しつつ、その様式を各設置者等において定めることが可能であること。

(2)　５(1)に関わらず、幼稚園型認定こども園においては「幼稚園及び特別支援学校幼稚部における幼児指導要録の改善等について（通知）」（平成30年３月30日付け29文科初第1814号文部科学省初等中等教育局長通知）に基づく幼稚園幼児指導要録を作成することが、また、保育所型認定こども園においては保育所児童保育要録を作成することが可能であること。その際、送付及び保存等についても、それぞれの通知に準じて取り扱うこと。

また、認定こども園こども要録を作成した場合には、同一の子どもについて、幼稚園幼児指導要録又は保育所児童保育要録を作成する必要はないこと。

(3)　認定こども園こども要録は、学級を編制している満３歳以上の子どもについて作成すること。なお、これは、満３歳未満に関する記録を残すことを妨げるものではないこと。

⑷ 子どもの進学・就学に際して、作成した認定こども園こども要録の抄本又は写しを進学・就学先の小学校等の校長に送付すること。
⑸ 認定こども園においては、作成した認定こども園こども要録の原本等について、その子どもが小学校等を卒業するまでの間保存することが望ましいこと。ただし、学籍等に関する記録については、20年間保存することが望ましいこと。
⑹ 「3 実施時期」並びに「4 取扱い上の注意」の⑵、⑶及び⑷について、認定こども園においても同様の取扱いであること。
⑺ 個人情報については、個人情報の保護に関する法律等を踏まえて適切に個人情報を取り扱うこと。なお、個人情報の保護に関する法令上の取扱いは以下の①及び②のとおりである。
① 公立の認定こども園については、各地方公共団体が定める個人情報保護条例に準じた取扱いとすること。
② 私立の認定こども園については、当該施設が個人情報の保護に関する法律第2条第5項に規定する個人情報取扱事業者に該当し、原則として個人情報を第三者に提供する際には本人の同意が必要となるが、学校教育法施行規則第24条第2項及び第3項又は保育所保育指針第2章の4⑵ウの規定に基づいて提供する場合においては、同法第23条第1項第1号に掲げる法令に基づく場合に該当するため、第三者提供について本人（保護者）の同意は不要であること。

別紙 幼保連携型認定こども園園児指導要録に記載する事項

○ 学籍等に関する記録

学籍等に関する記録は、外部に対する証明等の原簿としての性格をもつものとし、原則として、入園時及び異動の生じたときに記入すること。

1 園児の氏名、性別、生年月日及び現住所

2 保護者（親権者）氏名及び現住所

3 学籍等の記録

⑴ 入園年月日
⑵ 転入園年月日
他の幼保連携型認定こども園、幼稚園、特別支援学校幼稚部、保育所等から転入園してきた園児について記入すること。
⑶ 転・退園年月日
他の幼保連携型認定こども園、幼稚園、特別支援学校幼稚部、保育所等へ転園する園児や退園する園児について記入すること。
⑷ 修了年月日

4 入園前の状況

当該幼保連携型認定こども園に入園する前の集団生活の経験の有無等を記入すること。

5 進学・就学先等

当該幼保連携型認定こども園で修了した場合には進学・就学した小学校等について、また、当該幼保連携型認定こども園から他園等に転園した場合には転園した園等の名称及び所在地等を記入すること。

6 園名及び所在地

7 各年度の入園（転入園）・進級時等の園児の年齢、園長の氏名、担当・学級担任の氏名

各年度に、園長の氏名及び満3歳未満の園児については担当者の氏名、満3歳以上の園児については学級担任者の氏名を記入し、それぞれ押印すること。（同一年度内に園長、担当者又は学級担任者が代わった場合には、その都度後任者の氏名を併記、押印する。）
※満3歳以上の園児については、学級名、整理番号も記入すること。
なお、氏名の記入及び押印については、電子署名（電子署名及び認証業務に関する法律（平成12年法律第102号）第2条第1項に定義する「電子署名」をいう。）を行うことで替えることも可能である。

○ 指導等に関する記録

指導等に関する記録は、1年間の指導の過程とその結果等を要約し、次の年度の適切な指導に資するための資料としての性格をもつものとすること。

【満3歳以上の園児に関する記録】

1 指導の重点等

当該年度における指導の過程について次の視点から記入すること。
① 学年の重点
年度当初に教育課程に基づき、長期の見通しとして設定したものを記入すること。
② 個人の重点
1年間を振り返って、当該園児の指導について特に重視してきた点を記入すること。

2 指導上参考となる事項

⑴ 次の事項について記入すること。
① 1年間の指導の過程と園児の発達の姿について以下の事項を踏まえ記入すること。
・幼保連携型認定こども園教育・保育要領に示

された養護に関する事項を踏まえ、第２章第３の「ねらい及び内容」に示された各領域のねらいを視点として、当該園児の発達の実情から向上が著しいと思われるもの。その際、他の園児との比較や一定の基準に対する達成度についての評定によって捉えるものではないことに留意すること。
・園生活を通して全体的、総合的に捉えた園児の発達の姿。

② 次の年度の指導に必要と考えられる配慮事項等について記入すること。

③ 最終年度の記入に当たっては、特に小学校等における児童の指導に生かされるよう、幼保連携型認定こども園教育・保育要領第１章総則に示された「幼児期の終わりまでに育ってほしい姿」を活用して園児に育まれている資質・能力を捉え、指導の過程と育ちつつある姿を分かりやすく記入するように留意すること。その際、「幼児期の終わりまでに育ってほしい姿」が到達すべき目標ではないことに留意し、項目別に園児の育ちつつある姿を記入するのではなく、全体的かつ総合的に捉えて記入すること。

⑵ 「特に配慮すべき事項」には、園児の健康の状況等、指導上特記すべき事項がある場合に記入すること。

3　出欠状況

① 教育日数

１年間に教育した総日数を記入すること。この教育日数は、原則として、幼保連携型認定こども園教育・保育要領に基づき編成した教育課程の実施日数と同日数であり、同一学年の全ての園児について同日数であること。ただし、年度の途中で入園した園児については、入園した日以降の教育日数を記入し、退園した園児については、退園した日までの教育日数を記入すること。

② 出席日数

教育日数のうち当該園児が出席した日数を記入すること。

【満３歳未満の園児に関する記録】

4　園児の育ちに関する事項

満３歳未満の園児の、次の年度の指導に特に必要と考えられる育ちに関する事項、配慮事項、健康の状況等の留意事項等について記入すること。

別添資料
（幼保連携型認定こども園園児指導要録　様式の参考例）

⇒本書053～055ページに収録

執筆者一覧

●編著者

神長美津子（國學院大學教授）
塩 谷　香（國學院大學教授）

●執筆者

序　章 ―――――――――― **神長美津子**（前掲）
第１章 ―――――――――― **塩 谷　香**（前掲）
第２章　「幼稚園」「認定こども園」 ―― **神長美津子**（前掲）
「保育所」 ―――――――― **塩 谷　香**（前掲）
「５歳児の書き方のポイント」 ― **桶田ゆかり**（東京都文京区立第一幼稚園園長）
第３章・第４章 ―――――――― **小暮安由美**（学校法人中山学園 認定こども園あかみ幼稚園保育教諭）
舘野ひろみ（学校法人中山学園 認定こども園あかみ幼稚園保育教諭）
長 島 弥 生（学校法人中山学園 認定こども園あかみ幼稚園副園長）
稲 川 知 美（宇都宮大学教育学部附属幼稚園教頭）
岩 﨑 江 莉（宇都宮大学教育学部附属幼稚園教諭）
坂 本 修 子（宇都宮大学教育学部附属幼稚園教諭）
田野邊　涼（宇都宮大学教育学部附属幼稚園教諭）
長谷部せり（宇都宮大学教育学部附属幼稚園教諭）
余川美智雄（宇都宮大学教育学部附属幼稚園教諭）
永 田 文 子（学校法人さくら学園 さくら認定こども園園長）
三 田 理 恵（学校法人ふたば幼稚園教諭）
山口加奈子（学校法人ふたば幼稚園教諭）
土 屋 塩 実（学校法人宇都宮海星学園 マリア幼稚園園長）
公立保育園園長

（同一園内：五十音順／職名は執筆時現在）

●本文イラスト：まえじま ふみえ

●編著者プロフィール

神長美津子（かみなが みつこ）
國學院大學教授。文部科学省初等中等教育局幼児教育課教科調査官、国立教育政策研究所教育課程研究センター教育課程調査官、東京成徳大学教授などを経て、現職。専門は幼児教育。

塩 谷　香（しおや かおり）
國學院大學教授。東京都品川区立二葉つぼみ保育園保育長、和泉短期大学専任講師、東京成徳大学教授などを経て、現職。専門は保育。

わかりやすい！ 平成30年改訂
幼稚園・保育所・認定こども園「要録」記入ハンドブック

2018年11月10日　第１刷発行
2022年２月10日　第10刷発行

編著者　神長美津子／塩 谷　香

発　行　株式会社ぎょうせい
〒136-8575　東京都江東区新木場1-18-11
URL：https://gyosei.jp

フリーコール　0120-953-431
ぎょうせい お問い合わせ 検索　https://gyosei.jp/inquiry/

〈検印省略〉

印刷　ぎょうせいデジタル株式会社
乱丁・落丁本は，送料小社負担にてお取り替えいたします。

ISBN 978-4-324-10503-0（5108431-00-000）［略号：幼保要録（改）］